湖北省市场监督管理培训中心系列教材

检验检测机构资质认定工作指南

JIANYAN JIANCE JIGOU ZIZHI
RENDING GONGZUO ZHINAN

湖北省市场监督管理培训中心　编著

图书在版编目(CIP)数据

检验检测机构资质认定工作指南/湖北省市场监督管理培训中心编著.—武汉:中国地质大学出版社,2022.11
湖北省市场监督管理培训中心系列教材
ISBN 978-7-5625-5447-9

Ⅰ.①检… Ⅱ.①湖… Ⅲ.①质量检验机构-资格认证-中国-指南 Ⅳ.①F279.233.2-62

中国版本图书馆CIP数据核字(2022)第206736号

检验检测机构资质认定工作指南		湖北省市场监督管理培训中心 编著
责任编辑:张燕霞 周 旭	选题策划:张燕霞	责任校对:张咏梅
出版发行:中国地质大学出版社(武汉市洪山区鲁磨路388号)		邮政编码:430074
电 话:(027)67883511	传 真:(027)67883580	E-mail:cbb@cug.edu.cn
经 销:全国新华书店		http://cugp.cug.edu.cn
开本:787毫米×1092毫米 1/16		字数:327千字 印张:12.75
版次:2022年11月第1版		印次:2022年11月第1次印刷
印刷:武汉市籍缘印刷厂		
ISBN 978-7-5625-5447-9		定价:80.00元

如有印装质量问题请与印刷厂联系调换

《检验检测机构资质认定工作指南》

编委会

主　编：陈　祁

副主编：洪　翠　　张国利　　蔡江华　　陈　魏

编　委：谭晓东　　熊　宁　　黄　茜　　宋　敏
　　　　江　丰　　郭小敏　　冯鳌章　　李文学
　　　　陈　翔　　王　婧　　石　晋　　刘媛媛
　　　　江　昭　　杨　戈　　崔嘉楠　　金　晶
　　　　袁若宁

前　言

检验检测是国家质量基础设施（national quality infrastructure，NQI）的重要组成部分，检验检测服务业也从其他产业的重要支撑逐渐发展成为自身具有无限前景的国家战略性新兴产业。根据国家市场监督管理总局发布的《2021年全国检验检测服务业统计报告》，截至2021年底，我国获得资质认定的各类检验检测机构共有51 949家，全年实现营业收入共4 090.22亿元，共有从业人员151.03万人。检验检测服务业飞速发展的背后，伴随着检验检测机构资质认定制度的不断变革。

我国的检验检测机构资质认定制度发展至今，已走过三十多年风雨历程。随着政府机构改革和市场主体发展，检验检测机构资质认定的管理部门、许可对象、许可范围、许可要求、工作程序始终处于变革之中。特别是党的十八大以来，在深化改革、依法治国的新形势下，资质认定证书有效期延长、收费取消、评审过程精简、监管分类、允许告知承诺等一系列利好措施竞相出台，"放管服"的探索步伐越走越快。近五年来，第三方检测机构呈爆发式增长，然而质量却参差不齐，行业的整体技术能力和管理水平还有很大的提升空间。为了更好地适应社会经济的发展，满足新时代的要求，迫切需要检验检测全行业的从业者、评审者、管理者统一思想、统一认识、高效协作，持续推进检验检测机构资质认定制度的实施和完善。

湖北省市场监督管理培训中心（以下简称"培训中心"）是湖北省市场监督管理局直属公益二类事业单位，成立40余年来，已发展成为具有全国影响力的市场监管培训机构。近年来，培训中心深耕检验检测领域，持续开展检验检测资质认定评审员及机构授权签字人、内审员、质量负责人、技术负责人等资质认定相关培训。自2018年以来，检验检测领域的政策、法规、制度变化较大，为满足相关培训需求，基于培训中心多年积累的检验检测资质认定培训资源和成果，结合政策法规的最新动态，我们组织多位长期在检验检测行业从事技术或管理工作的研究员、教授、评审员、权威专家编写了这本《检验检测机构资质认定工作指南》。

我们将资质认定相关知识集中编纂，力求一站式解决读者对资质认定工作的全部疑问。本书不仅综述了检验检测机构资质认定行政许可制度的产生背景和技术基础，也给出具体细致的申报流程指引，紧密结合实际的证后管理案例分析，还创新性地给出了RB/T 214和新版《评审准则》的对比解读，帮助检验检测机构提前契合未来资质认定评审的方向，最大程度降低外部风险，同时满足内部运行与时俱进的需要。本书既可作为广大检验检测机构了解和学习资质认定最新知识的参考资料，也可作为资质认定管理部门的工作手册，还可供资质认定评审员学习评审知识和技巧。

本书共包括六章:第一章,概论,编撰者为黄茜、冯鳌章;第二章,检验检测机构资质认定技术基础,编撰者为江丰;第三章,从 RB/T 214《通用要求》到《评审准则》,编撰者为熊宁、王婧;第四章,检验检测机构资质认定准备工作,编撰者为陈魏;第五章,检验检测机构资质认定程序及配套文书的填写,编撰者为宋敏、陈翔;第六章,湖北省检验检测机构资质认定证后管理,编撰者为郭小敏、李文学。全书由蔡江华统稿修订,其他编委会成员参与本书顾问、审核、修订工作。本书各章节配有二维码,读者可扫码登陆"市场监管教育在线"观看相关视频及补充文件。"市场监管教育在线"还有众多市场监管领域公益培训班及课程,欢迎您注册登陆学习。

因编者水平所限,书中不尽人意甚至谬误之处在所难免,恳请广大读者和业内专家批评指正。读者可扫描下方二维码通过微信公众号联系我们,期待您的关注。

编著者

2022 年 11 月

目 录

第一章 概 论 …………………………………………………………………… (1)

第一节　计量认证与审查认可 ………………………………………………… (1)
第二节　检验检测机构资质认定制度的产生和发展 ………………………… (4)
第三节　实验室认可 …………………………………………………………… (7)
第四节　湖北省检验检测机构资质认定管理与实施 ………………………… (10)

第二章 检验检测机构资质认定技术基础 ……………………………………… (14)

第一节　常用术语和定义 ……………………………………………………… (14)
第二节　法定计量单位和计量溯源 …………………………………………… (16)
第三节　统计技术和抽样技术 ………………………………………………… (28)
第四节　数据处理、测量误差及不确定度 …………………………………… (36)

第三章 从 RB/T 214《通用要求》到《评审准则》 ………………………… (53)

第一节　RB/T 214《通用要求》的使用情况及《评审准则》的修订背景 … (53)
第二节　《评审准则》与 RB/T 214《通用要求》条款对比阐释 …………… (55)

第四章 检验检测机构资质认定准备工作 ……………………………………… (87)

第一节　管理体系的建立 ……………………………………………………… (87)
第二节　技术能力组建和运作 ………………………………………………… (97)
第三节　内部审核和管理评审 ………………………………………………… (104)
第四节　不符合项的整改思路及示例 ………………………………………… (123)
第五节　资质认定的迎审准备工作 …………………………………………… (129)

第五章 检验检测机构资质认定程序及配套文书的填写 ……………………… (133)

第一节　资质认定工作程序概述 ……………………………………………… (133)
第二节　资质认定行政许可办事程序要点 …………………………………… (133)

第三节　资质认定技术评审程序 …………………………………………………… (138)

第四节　资质认定文书的填写 ……………………………………………………… (159)

第六章　湖北省检验检测机构资质认定证后管理 …………………………………… (166)

第一节　外部监督管理要求 ………………………………………………………… (166)

第二节　机构内部管理建议 ………………………………………………………… (186)

第一章 概 论

检验检测行业是高技术服务业、生产性服务业、科技服务业,具有公共保障性和市场开放性的特征。检验检测在服务国家经济发展、服务产业科技发展、保障社会安全、保障人民健康方面发挥着重要的支撑和引领作用。

截至2021年底,我国共有检验检测机构51 949家,较上年增长6.19%。全年实现营业收入4 090.22亿元,较上年增长14.06%。从业人员151.03万人,较上年增长6.97%。共拥有各类仪器设备900.32万台套,较上年增长11.42%;仪器设备资产原值4 525.92亿元,较上年增长9.88%。2021年共出具检验检测报告6.84亿份,较上年增长20.58%,平均每天对社会出具各类报告187.31万份。面对严峻复杂的国内外环境,特别是新冠肺炎疫情的严重冲击,我国检验检测市场逆势上扬的发展成绩难能可贵。

检验检测机构分布于工业、农业、住建、环保、交通、工信、公安、司法、石油、化工、卫生、科技、商贸、食品、药品、气象、烟草等国民经济各个领域,为我国社会和经济的发展提供公正、科学的技术支撑。确保检验检测行业的良性发展是检验检测机构资质认定制度的重要使命。

资质认定制度经过多年发展,由最初的产品质量检验机构计量认证制度演变为检验检测机构资质认定制度,并成为我国检验检测机构进入检验检测市场的基本准入制度。作为一项行政许可制度,检验检测机构资质认定制度一直在向"简政放权,放管结合,优化服务"的方向不断改革发展。

第一节 计量认证与审查认可

纵观我国认证认可的发展道路,从20世纪80年代开始的产品质量检验机构计量认证、审查认可(验收)到2006年实施的实验室资质认定,再到2015年8月1日《检验检测机构资质认定管理办法》施行后实施的检验检测机构资质认定,不难看出,认证认可随着时代的变迁、社会的发展、市场的需求正一步一步地发生着变化。

一、背景与起源

20世纪80年代初,十一届三中全会后的改革开放,使我国社会经济建设发生了巨大变化,计划经济时期造成的"短缺经济"被改革开放后的"供需平衡""供过于求"所代替,市场上也出现了假冒伪劣产品。在这种形势下,政府开始对生产和流通领域的产品实施质量监督工作。同时,随着我国对外开放和经济体制改革进程的不断加快,计划经济一统全国的局面逐渐由多种经济成分共存的新的社会主义市场经济模式所取代,产生了供需双方的验货检验需求。

于是在随后的几年里,从国家到各行业、部门,从省、自治区、直辖市到地市县相继成立了各种产(商)品质量监督检验机构,承担政府对产(商)品的质量监督检查及验货、仲裁任务。

为了规范新成立的产(商)品质量监督检验机构和依照其他法律法规设立的专业检验机构的工作行为,提高检验工作质量,国家计量局借鉴国外对检验机构管理的先进经验,在1985年9月6日全国人民代表大会批准的《中华人民共和国计量法》中,规定了为社会提供公证数据的产品质量检验机构的考核要求。1987年2月1日,国务院批准、国家计量局发布的《计量法实施细则》中将对检验机构的考核称为计量认证。为规范计量认证工作,参照英国国家实验室认可机构(NAMAS)、欧共体实验室认可机构等国外认可机构对检验机构的考核标准,结合我国实际情况,制定了对检验机构计量认证的考核标准。1985年9月,国家计量局对铁道部产品质量监督检测中心大连内燃机车检测站的柴油机试验室进行了计量认证试点工作。1986年1月28日,国家计量局上报国家经济委员会《关于报送〈大连柴油机试验室认证工作试点的总结报告〉的函》(〔86〕量局工字第027号)。在试点的基础上,于1987年开始对我国的检验机构实施计量认证考核。

二、计量认证与审查认可(验收)

在2005年之前,有关检验检测机构的资质管理制度主要包括计量认证、审查认可(审查认可又分为授权和验收两种)和各相关部门对所属检验检测机构的资格许可制度。

(一)计量认证

计量认证是指国家主管部门依据有关法律、行政法规的规定,对为社会提供公证数据的产品质量检验机构的计量检定、测试设备的工作性能、工作环境、人员的操作技能和质量体系能力进行的考核。1985年颁布的《中华人民共和国计量法》规定了对检验检测机构的考核要求。1985年12月31日,国家计量局印发了《质量检验机构的计量认证评审内容及考核办法(暂行)》。1987年开始实施的《计量法实施细则》将对检验机构的考核称为计量认证(CMA)。1987年3月13日,国家计量局计量认证办公室印发了《产品质量检验机构计量认证工作手册》；同年 6 月 25 日，又印发了《计量认证标志和标志的使用说明》。1987 年 7 月 10 日，国家计量局颁布了《产品质量检验机构计量认证管理办法》，涉及计量认证的内容、计量认证管理、计量认证程序、计量认证监督等方面。1990 年 7 月 20 日，国家技术监督局（由原国家计量局、国家标准局、国家经济委员会质量局合并而成）参照英国国家实验室认可机构和欧共体实验室认可机构等对检验机构的考核标准，制定了 JJG 1021—90《产品质量检验机构计量认证技术考核规范》（俗称 50 条），规定了计量认证考核对于产品质量检验机构"人、机、料、法、环、测"6 方面的 50 条考核，标志着我国统一的计量认证考核制度正式建立。

（二）审查认可（验收）

审查认可（验收）是指国家主管部门依据有关法律、行政法规的规定，对承担产品检验任务的检验机构的检测能力以及质量体系进行的审查。

20 世纪 80 年代中期，作为政府产品质量监督管理部门的国家标准局，为监督产品质量，建立并实施了国家产品质量抽查制度（国家级和省级），在全国范围内设立各类产品质量监督检验中心，同时国务院各部门、各省市、各地市县区也相继成立了各类产品质量监督检验机构，对生产和流通的产品进行质量监督检验。为规范这些机构的运作，国家标准局于 1986 年发布了《产品质量监督检验测试中心管理办法》和《产品质量监督检验所（站）审查认可准则》（俗称 39 条），以此为依据开始审查认可工作。1987 年 10 月 19 日，国家经济委员会向公安部沈阳消防科学研究所的"国家消防电子产品质量监督检验测试中心"颁发了首张国家产品质量监督检验测试中心审查认可证书。

1988 年 12 月 29 日颁布的《中华人民共和国标准化法》确定了设立产品质量检验机构和授权产品质量监督检验机构的法律依据。1990 年 4 月 6 日，国务院令第 53 号发布了《中华人民共和国标准化法实施条例》，其中第二十九条规定："县级以上人民政府标准化行政主管部门，可以根据需要设置检验机构，或者授权其他单位的检验机构，对产品是否符合标准进行检验和承担其他标准实施的监督检验任务。"该条例对质量监督检验机构的验收和授权定义为审查认可（验收），其中，对技术监督系统内检验检测机构的考核称为审查验收，对技术监督系统外的检验检测机构的考核称为审查认可。1993 年 2 月 22 日，《中华人民共和国产品质量法》公布，其中第十一条规定："产品质量检验机构必须具备相应的检测条件和能力，经省级以上人民政府产品质量监督管理部门或者其授权的部门考核合格后，方可承担产品质量检验工作。"

2000 年 10 月 24 日，国家质量技术监督局印发了《关于发送〈产品质量检验机构计量认证/审查许可（验收）评审准则〉（试行）的通知》（质技监认函〔2000〕046 号）。该文件规定，自 2001 年 12 月 1 日起，正式废止 JJG 1021—90《产品质量检验机构计量认证技术考核规范》（俗称 50 条）和《产品质量监督检验所（站）审查认可准则》（俗称 39 条），实施统一的《产品质量检验机构计量认证/审查许可（验收）评审准则》（试行）。《产品质量检验机构计量认证/审查许可（验收）评审准则》（试行）不仅涵盖了国际标准 ISO/IEC 导则 25：1990《校准和检测实验室能力的通用要求》的要求，同时参照了国家标准 GB/T 15481—2000（等同采用国际标准

ISO/IEC 17025:1999)《检测和校准实验室能力的通用要求》的要求,也满足了《中华人民共和国计量法》和《中华人民共和国标准化法》的特殊要求。该评审准则的发布,减轻了检验检测机构评审负担,规范了评审行为,提高了检验检测机构的管理水平。

（三）计量认证和审查认可管理机构的沿革变迁

计量认证和审查认可分别是国家计量局依据《中华人民共和国计量法》、国家标准局依据《中华人民共和国标准化法》实施的针对普遍意义的产品质检机构和特定授权（验收）的产品质检机构的两套考核制度。

1987年底,国家计量局和国家标准局合并,组成国家技术监督局,这两项考核制度分别由国家技术监督局计量司和监督司负责。1994年,国家技术监督局成立了实验室评审办公室,将计量认证、审查认可以及刚刚开展的实验室认可工作都归到实验室评审办公室管理。

1998年,国家技术监督局改为国家质量技术监督局,实验室评审办公室和认证办公室合并,组建了认证与实验室评审管理司（以下简称认评司）,统一负责计量认证、审查认可和实验室认可工作。

2001年4月,国务院批准国家质量技术监督局和国家出入境检验检疫局合并,组建国家质量监督检验检疫总局,同时,以国家质量技术监督局认评司和国家出入境检验检疫局认证司为基础组建国家认证认可监督管理委员会。2001年8月29日,国家认证认可监督管理委员会（以下简称国家认监委）正式成立,国家质量技术监督局认评司的大部分职能整体（包括人员）划归国家认监委,计量认证、审查认可这两项行政审批职能由国家认监委实验室与检测监管部负责。

2018年3月,中共中央印发《深化党和国家机构改革方案》,组建国家市场监督管理总局,统一管理计量标准、检验检测、认证认可工作等。2018年9月,中国机构编制网正式发布《国家市场监督管理总局职能配置、内设机构和人员编制规定》,对外保留国家认证认可监督管理委员会牌子。原有国家认监委的相关业务职能由认证监督管理司和认可与检验检测监督管理司承担。

第二节 检验检测机构资质认定制度的产生和发展

一、资质认定概念的出现

2001年,国务院授权成立国家认证认可监督管理委员会（以下简称国家认监委）,推进了我国认证认可制度的统一管理。检验检测机构资质的基本评价制度——计量认证制度和审查认可制度,也交由国家认监委负责管理和组织实施。其中,国家级计量认证、审查认可由国家认监委负责组织实施（通过27个行业计量认证评审组搭建横向协作机制）,各省质量技术监督部门负责省级以下各类实验室的计量认证和审查认可工作。

国务院于 2003 年 9 月 3 日公布的《中华人民共和国认证认可条例》(中华人民共和国国务院令第 390 号)第十六条规定："向社会出具具有证明作用的数据和结果的检查机构、实验室,应当具备有关法律、行政法规规定的基本条件和能力,并依法经认定后,方可从事相应活动,认定结果由国务院认证认可监督管理部门公布。"根据此条规定,确立了向社会出具具有证明作用的数据和结果的检查机构、实验室资质认定制度,并经国务院确认,该制度成为国家认监委实施的一项行政许可制度。

二、检验检测机构资质认定制度的发展

国家认监委成立以来,有关检验检测机构监管法律法规的分散性,监管制度的复杂性、重复性以及给实验室带来的负担问题,已经引起检验检测行业的高度重视,推动检验检测机构资质管理制度改革已经成为业内共同的呼声。

(一)检验检测机构资质认定 1.0 时代

2006 年 2 月 21 日,为适应国内和国际形势发展和政府职能转变,国家认监委组织开展了检验检测机构资质管理制度改革的调研和讨论,在此基础上组织起草了《实验室和检查机构资质认定管理办法》,并于 2006 年以国家质量监督检验检疫总局(以下简称国家质检总局)第 86 号局长令的形式发布实施。86 号令的施行,使《中华人民共和国认证认可条例》确定的实验室和检查机构资质认定制度逐步规范、完善和发展。自 2006 年起,我国检验检测行业的资质管理进入"资质认定 1.0"时代。2005 年,是进入"资质认定 1.0"时代的前一年,当时全国有 1.3 万余家实验室取得"计量认证"证书,占总检测机构的 69.4%;获得审查认可证书的有 2210 家,占总检测机构数的 11.67%;获得其他资质(资格)证书的有 6630 家,占总检测机构数的 35%。

2006 年 7 月 27 日,为贯彻落实 86 号令,国家认监委印发了《实验室资质认定评审准则》(国认实函〔2006〕141 号),自 2007 年 1 月 1 日起开始实施。国家认监委要求各计量认证/审查许可实验室应于 2007 年 12 月 31 日前完成转版工作,届时《产品质量检验机构计量认证/审查许可(验收)评审准则》(试行)废止。《实验室资质认定评审准则》吸纳了国际标准 ISO/IEC 17025:2005《检测和校准实验室能力的通用要求》的精髓,兼顾我国政府对检验检测市场强制管理的要求,是将产品质量检验机构计量认证和审查认可的评审要求统一为资质认定的准则,推进了产品质量检验机构计量认证和审查认可的技术评审活动与国际接轨。

(二)检验检测机构资质认定 2.0 时代

经过 2005—2015 年 10 年的发展,资质认定制度逐渐为社会各界所了解和接受,资质认定证书和带有资质认定标志(CMA)的检验检测报告在贸易和交流中已经被广泛认同,资质认定制度已经成为我国检验检测市场的基本准入制度。

党的十八大以来，特别是十八届三中全会、四中全会以来，随着检验检测市场的快速发展，在我国深化改革、依法治国的新形势、新要求下，在资质认定制度实施过程中，86号令的一些规定，已经明显不适应当前改革和事业发展的需要，亟待修订。为适应新形势下的发展需要，进一步完善统一的资质认定制度，深化"放管服"改革，2011年，国家认监委开始启动86号令的修订工作，并于2013年报送国家质检总局进行法规审查。2013—2015年，国家质检总局就86号令修订稿通过多种方式，多次征求各有关方面意见，进行多次修改完善。2015年3月23日，国家质检总局局务会议审议通过《检验检测机构资质认定管理办法》（总局令第163号），于2015年4月9日公布，自2015年8月1日起施行。自此，我国检验检测行业的资质管理进入"资质认定2.0"时代。

在国家质检总局发布的163号令中，"计量认证"仅剩下细微的体现，"审查认可"则悄然消失。一系列有利于减轻检验检测机构负担、提升行业规范运行水平的措施发布实施，资质认定证书的期限被延长、收费被取消、评审被简化，困扰业内多年的分包、租赁、多场所、非标方法等问题得到解决。同时，事中事后监管的要求明显增加，处罚严厉程度明显增强，"放宽市场准入、加强事中事后监管"的"放管并重"举措成为"资质认定2.0"时代的主要特点。

到2015年，全国3.1万余家检验检测机构，已经全部取得资质认定证书。资质认定逐步统一各类评价制度，在机动车安检机构、食品检验机构、司法鉴定机构、公安刑事技术机构、医疗器械机构、农产品安全检验机构等领域，已经实现"合并评审"或者"一次评审，颁发多证"，一张证书走遍全国的曙光已然显现。

2015年7月31日，国家认监委印发了15份资质认定配套工作文件，为8月1日正式实施新的检测机构资质认定管理办法铺平道路。同一天，为贯彻落实《检验检测机构资质认定管理办法》，国家认监委还印发了《国家认监委关于实施〈检验检测机构资质认定管理办法〉的若干意见》（国认实〔2015〕49号）和《国家认监委关于印发检验检测机构资质认定配套工作程序和技术要求的通知》（国认实〔2015〕50号）。

自2015年10月1日起，国家取消了对检测实验室资质认定（CMA）的收费。2016年5月31日，《国家认监委关于印发〈检验检测机构资质认定评审准则〉及释义和〈检验检测机构资质认定评审员管理要求〉的通知》（国认实〔2016〕33号）发出，宣布了CMA历史上第4套评审准则正式诞生。

2017年10月，国家认监委发布了RB/T 214—2017《检验检测机构资质认定能力评价 检验检测机构通用要求》、RB/T 215—2017《检验检测机构资质认定能力评价 食品检验机构要求》、RB/T 216—2017《检验检测机构资质认定能力评价 食品复检机构要求》、RB/T 217—2017《检验检测机构资质认定能力评价 医疗器械检验机构要求》、RB/T 218—2017《检验检测机构资质认定能力评价 机动车检验机构要求》、RB/T 219—2017《检验检测机构资质认定能力评价 司法鉴定机构要求》和RB/T 213—2017《检验检测机构资质认定能力评价 评审员管理要求》7项认证认可行业标准，作为检验检测机构资质认定评审和管理的要求。其中，RB/T 214—2017《检验检测机构资质认定能力评价 检验检测机构通用要求》采用了国际标准ISO/IEC 17025:2017《检测和校准实验室能力的通用要求》的要求，规定了对检验检测机构进行资质认定能力评价时,在机构、人员、场所环境、设备设施、管理体系等方面的通用要求。2018年5月7日,国家认监委发布《国家认监委关于检验检测机构资质认定工作采用相关认证认可行业标准的通知》,用RB/T 214—2017《检验检测机构资质认定能力评价 检验检测机构通用要求》等5项标准代替《检验检测机构资质认定评审准则》及其释义等,于2018年6月1日开始试行,自2019年1月1日全面实施。

三、检验检测机构资质认定制度的改革与未来

为深入贯彻"放管服"改革要求,落实"证照分离"工作部署,依照《优化营商环境条例》《国务院办公厅关于深化商事制度改革进一步为企业松绑减负激发企业活力的通知》等文件要求,国家市场监督管理总局积极推动检验检测机构资质认定改革,优化检验检测机构准入服务。

2019年11月,新组建的国家市场监督管理总局(原国家质量监督检验检疫总局、原国家工商行政管理总局、原国家食品药品监督管理总局合并)发布了《关于进一步推进检验检测机构资质认定改革工作的意见》(国市监检测〔2019〕206号),推动实施依法界定检验检测机构资质认定范围,试点告知承诺制度,优化准入服务,便利机构取证,整合检验检测机构资质认定证书,要求全面落实"双随机、一公开",加强事中事后监管等改革措施。2020年,持续推进许可事项改革,并根据疫情防控形势,推行远程评审等应急措施。2021年在全国范围内推行检验检测机构资质认定告知承诺制,全面推行检验检测机构资质认定网上审批。

为了规范检验检测机构资质认定工作,优化准入程序,2021年4月2日,国家市场监督管理总局发布《检验检测机构资质认定管理办法》(163号令修正案),自2021年6月1日起实施。该管理办法按照实施更加规范、要求更加明确、准入更加便捷和运行更加高效的原则,对《检验检测机构资质认定管理办法》的部分条款进行了修改,内容主要涉及告知承诺制度、实施范围、优化服务、固化疫情防控措施等4个方面。

2022年1月,为进一步推进检验检测机构资质认定许可改革,进一步规范、统一资质认定评审条件、评审程序,依据新修订的《检验检测机构资质认定管理办法》,国家市场监督管理总局认可检测司起草了《检验检测机构资质认定评审准则》(征求意见稿),并向社会公开征求意见。征求意见稿在技术评审方式、评审工作程序及告知承诺核查要求等方面进行补充修订。

第三节 实验室认可

实验室认可是目前国际上的通行认可制度,是认可机构对检测/校准实验室的管理能力、技术能力进行评价,并将评价结果向社会公告,以正式承认其有能力进行规定类型的检测/校准活动。实验室认可的目的在于加强实验室能力建设,不断提高管理和技术水平,促

进实验室以公正的行为、科学的手段、准确的结果,维持与提高其社会信誉度,更加有效地为客户服务。同时,通过认可,表明实验室具备了按照国际认可准则的要求开展检测/校准的技术能力,增强了市场竞争能力,赢得政府及社会各方信任,并通过签署相互承认协议,获得国际互认,促进工业、技术、商贸的发展。

一、认可的概念

在JJF 1001—2011《通用计量术语及定义》中,"实验室认可"定义为"对校准和检测实验室有能力进行特定类型校准和检测所做的一种正式承认"。在GB/T 27011—2019《合格评定 认可机构要求》中,"认可"定义为"正式表明合格评定机构具备实施特定合格评定工作能力的第三方证明"。认可的对象是合格评定机构,包括校准和检测实验室;认可的目的在于向公众证明其特定能力;认可机构则是第三方,即权威或获授权的组织。

二、国内外发展历程

实验室认可这一概念可追溯到70多年前。1947年,澳大利亚建立了世界上第一个国家实验室认可体系并成立了认可机构——澳大利亚国家检测机构协会(NATA)。20世纪60年代英国也建立了实验室认可机构,从而带动了欧洲各国实验室认可机构的建立。20世纪70年代美国、新西兰和法国等开展实验室认可活动,80年代逐渐发展到新加坡、马来西亚等东南亚国家,90年代更多的发展中国家(包括中国)加入到建立实验室认可体系的行列。

随着各国实验室认可机构的建立,20世纪70年代初在欧洲出现了区域性的合作组织。目前,国际上已成立亚太实验室认可合作组织(APLAC)、欧洲认可合作组织(EA)、中美洲认可合作组织(IAAC)、南部非洲认可发展合作组织(SADCA)等。1977年在丹麦成立国际实验室认可论坛(international laboratory accreditation conference,ILAC),并于1996年在荷兰由论坛转变成实体,即国际实验室认可合作组织(international laboratory accreditation cooperation,ILAC)。认可已成为国际通行的质量管理手段和贸易便利化工具,其运用日益广泛,发展异常迅猛,已有103个国家和经济体的100家认可机构签署了国际相互承认协议,占世界经济总量95%的国家的认可机构加入了国际或区域认可合作组织。

我国实验室认可活动可以追溯到1980年,当时国家标准局和国家进出口商品检验局共同派员组团参加了当年在巴黎召开的ILAC大会。1986年通过国家经济管理委员会授权,国家标准局开展对检测实验室的审查认可工作,同时国家计量局依据《中华人民共和国计量法》对全国的产品质检机构开展计量认证工作。

1994年9月20日,国家技术监督局成立了"中国实验室国家认可委员会"(China national accreditation committee for laboratories,CNACL),并依据ISO/IEC导则运作。1989年,国家进出口商品检验局成立"中国进出口商品检验实验室认证管理委员会",形成以该局为核心、由6个行政大区实验室考核领导小组组成的进出口领域实验室认可工作体系,后于 1996 年 1 月改组成立了"中国国家进出口商品检验实验室认可委员会"(China laboratory accreditation committee for import and export commodity inspection,CCIBLAC),并于 2000 年 8 月更名为"中国国家出入境检验检疫实验室认可委员会"。实际上,我国的实验室认可从起初的行政管理为主导,逐步过渡到市场经济下自愿、开放的认可体系。CNACL 于 1999 年、CCIBLAC 于 2001 年分别顺利通过 APLAC 同行评审,并签署了 APLAC 相互承认协议。

随着改革开放的深入与经济实力的增强,我国进出口贸易总额快速增长,面临经济全球化和加入 WTO 的新形势,2002 年 7 月 4 日,CNACL 和 CCIBLAC 合并成立了"中国实验室国家认可委员会"(China national accreditation board for laboratories,CNAL),实现了我国统一的实验室认可体系。为了进一步整合资源、发挥整体优势,2006 年 3 月 31 日,国家认监委根据《中华人民共和国认证认可条例》将中国实验室国家认可委员会(CNAL)和中国认证机构国家认可委员会(CNAB)合并,成立中国合格评定国家认可委员会(China national accreditation service for conformity assessment,CNAS),统一负责对认证机构、实验室和检验机构等相关机构(简称合格评定机构)的认可工作。

三、目的和意义

ILAC 的宗旨和目的是通过实验室认可机构之间签署相互承认协议,相互承认所认可实验室出具的检测实验室报告,从而减少贸易中商品的重复检测,消除技术壁垒,促进国际贸易发展。

实验室认可通过向社会传递经证实的实验室从事特定检测或校准能力的信任,使用户在选择实验室时能更为明智与理性,也增强了消费者对此的溢价支付意愿。由此实验室不仅可提高其质量管理与技术能力,还会带来可观的经济效益。实验室认可使"一次检测,全球承认"成为现实。

总之,实验室认可的作用和意义体现在以下 6 个方面:①表明具备了按相应认可准则开展检测或校准服务的技术能力;②增强市场竞争能力,赢得政府部门、社会各界的信任;③获得签署互相承认协议方国家和地区认可机构的承认;④有机会参与国际间合格评定机构认可双边、多边合作交流;⑤可在认可的范围内使用 CNAS 国家实验室认可标志和 ILAC 国际互认联合标志;⑥列入获准认可机构名录,提高实验室的知名度。

四、资质认定与认可的区别

就实质而言,二者都属于对质检机构、实验室的质量管理体系和技术能力的评审,且都是以 ISO/IEC 17025(GB/T 27025—2019《检测和校准实验室能力的通用要求》)作为基本条件,不管是等同采用还是参照执行,它们评审的要素大同小异。不同的是前者是我国法律法规规定的政府行为,后者是采用国际通行做法(详细区别如表 1-1 所示)。

表 1-1 资质认定与认可的异同

序号	异同点	资质认定	认可
1	法律依据	《中华人民共和国计量法》《中华人民共和国产品质量法》《中华人民共和国认证认可条例》《检验检测机构资质认定管理办法》	无
2	基本性质	强制	自愿
3	对象范围	向社会出具公证（法律效力）数据的第三方检测实验室	第一、第二、第三方检测/校准实验室
4	主管部门	国家认监委(CNCA)	国家认监委(CNCA)
5	实施部门	国家认监委、省级市场监督管理部门	中国合格评定国家认可委员会(CNAS)
6	级别类型	国家级、省级	国家级（国际相互承认）
7	评审重点	公正性和技术能力	公正性和技术能力
8	评审依据	《检验检测机构资质认定评审准则》	《检测和校准实验室能力认可准则》(CNAS-CL01及特殊领域应用说明)
9	评审目的	提高管理水平和技术能力	提高管理水平和技术能力
10	批准结果	发证书，允许使用CMA标识	发证书，允许使用CNAS标识

第四节　湖北省检验检测机构资质认定管理与实施

随着全国检验检测服务业的发展，湖北省检验检测机构的数量和规模也增长迅速，机构总数从2016年的1180家，发展到了2021年的1765家，增长率为40.25%；从业人员从2016年的39 449人，发展到2021年的51 652人，增长率36.62%；检验检测报告数量从2016年的1 150.16万份，发展到2021年的1 662.13万份，增长率为18.52%。行业覆盖率不断扩展，基本涵盖了经济发展的主要领域，形成了新的高技术服务业增长点，有效支撑了湖北省的社会经济发展。下面以湖北省为例，介绍省级检验检测机构资质认定发展情况。

湖北省的检验检测机构资质认定发展情况可以分为起步探索阶段、规范发展阶段及改革提升阶段。

一、起步探索阶段

在检验检测行业发展早期,全国还未建立统一的检验检测机构资质认定制度,主要工作为开展计量认证。实验室和检查机构的资质认定工作,主要依据《中华人民共和国计量法》《中华人民共和国产品质量法》《中华人民共和国标准化法》《中华人民共和国认证认可条例》等法律法规,对具备相应条件的机构,按照《实验室资质认定评审准则》要求实施许可。

2013年,湖北省质量技术监督局将原由计量处承担的计量认证职能划归科技认证处,实现全省检验检测实验室的统一归口管理。随后制定出台规范检验检测实验室资质认定工作的《湖北省检验检测实验室资质认定工作指南(试行)》及现场评审作业指导书,制定行政审批许可实验室和检查机构资质认定管理标准、程序标准和基础标准等3个方面的标准。

另外,主管部门对行政审批事项逐项进行了清理,优化了实验室资质认定工作流程,压缩了审批时限(将法定行政审批时限压缩了1/3),制作了实验室资质认定审批流转单,统一了现场评审标准和要求,并对审批制度进行改革,成立了行政许可技术评审中心,实现受理、评审、审批三分离。

与此同时,主管部门积极推进信息化建设,完成湖北省质量技术监督局行政审批系统办公平台软件的开发及试运行工作,并正式投入使用,实现行政审批系统平台与湖北省电子监察网的对接,基本完成审批流程建设和统一管理,提高了行政审批效率。

二、规范发展阶段

2015年,国家质量监督检验检疫总局发布《检验检测机构资质认定管理办法》(总局令第163号),标志全国的检验检测机构资质认定走上正轨。湖北省质量技术监督局按照《检验检测机构资质认定管理办法》(总局163号令)和《检验检测机构资质认定评审准则》的规定和要求,推进湖北省检验检测机构资质认定走上规范发展的道路。2016年,全省检验检测机构完成质量管理体系的转版,启用新版资质认定证书,实现资质认定工作的平稳过渡。其中,湖北省质量技术监督局根据检验检测机构资质认定"A+B"评审模式,将机动车安全技术检验机构资格认定和资格许可由湖北省质量技术监督局监督处划归到科技认证处,实行了统一评审、统一发证,避免了重复评审问题的发生。

在此基础上,湖北省质量技术监督局科技认证处进一步落实资质认定改革各项新举措,推进了检验检测机构资质认定工作。

一是统一审批事项。对检验检测机构资质认定工作进行了换版并换发新的检验检测机构资质认定证书,实行了检验检测资质的统一管理,解决了食品检验机构的重复发证问题,实现了机动车安全技术检测、综合性能检测及环保检测资质认定的统一,消除了重复发证和同一机构多证的现象。

二是简化行政审批流程。将检验检测机构更名、申请取消检验检测项目两个事项的资质审批工作流程进行了简化、再造,制订了行政审批"简易流程",将这两个事项的审批时限压缩到5个工作日,提高了行政审批效率。

三是压缩行政审批时间。按照行政审批时限要求,压缩了行政审批时间。资质认定审批时间压缩一半左右,由规定时限21个工作日,平均压缩为9个工作日。

四是推进标准化建设。2017年编制《检验检测机构资质认定审查细则》,加强评审员队伍建设管理,举办检验检测机构资质认定评审员选拔录用考试,每年举办评审员继续教育培训活动,持续提升检验检测机构资质认定评审员队伍能力素养。

五是提升审批信息化水平。完成"一张网"上报审批,实现了行政审批备案工作的网上办理,提高了审批效能,方便了市场主体。

三、改革提升阶段

2018年国家市场监督管理总局挂牌成立,11月,湖北省市场监督管理局挂牌成立。2019年5月,内设机构设置到位,湖北省市场监督管理局成立认证认可与检验检测管理处(以下简称认检处),统一负责全省的检验检测机构资质认定工作。认检处成立后,继续推进检验检测机构资质认定改革,提升审批效率,打出了一系列组合拳。

一是优化行政审批流程。重新认定和确认检验检测机构的资质认定许可事项,对审批流程,包括审批事项、材料等进行梳理,完成了行政许可事项、公共服务事项录入湖北政务服务网工作,落实了网上办理、只跑一次的要求,实现申请、审查、审批全过程电子化。

二是通过改革激发检验检测市场活力。根据《市场监管总局关于进一步推进检验检测机构资质认定改革工作的意见》(国市监检〔2019〕206号),2019年11月起将无需进行现场确认的行政许可变更(取消)事项改为自我声明备案管理制。2020年6月印发《湖北省市场监管局关于进一步推进检验检测机构资质认定改革的实施意见(试行)》,明确了检验检测机构资质认定范围,精简审批事项,8月正式开始在中国(湖北)自由贸易试验区试点推行告知承诺制,以便利机构取证为原则,不断推进审批效率的提升。2021年4月27日印发《关于全面推行检验检测机构资质认定告知承诺制的通知》,自发文之日起,湖北省检验检测机构资质认定全面实行告知承诺制。

三是压缩审批时限。持续清理资质认定许可证明材料,将证明材料纳入政府部门数据共享机制,让数据多流动、人员少跑动,实施"容缺受理"。压缩审批时限,资质认定审批由20个工作日压减到7个工作日;采取自我声明备案的适用简易程序,3个工作日内即可办理完毕;实现资质认定审批全程电子化,不现场审批,提升了审批速度。

检验检测是国家质量基础设施的重要组成部分,是产业链和创新链的关键环节,也是现代经济高质量发展的重要技术支撑。党的十九届五中全会进一步明确了质量强国的建设目标,做出完善国家质量基础设施的重大决策部署。湖北省委、省政府高度重视检验检测工作,将其作为优化营商环境的重要内容,并提出了具体要求。

2021年1月,湖北省市场监督管理局印发了《关于进一步加强检验检测工作促进经济社会高质量发展的通知》,要求全省各级市场监督管理部门、各检验检测机构提升检验检测效能,加强行业监管,做大做强检验检测品牌,构建现代产业体系和服务高质量发展。各检验检测机构要围绕服务湖北地方产业发展,加强机构能力建设,切实解决"检不了、检不准、检不快"等问题;要不断提高人员综合能力素质,坚持引进和培养并重,加快培养高层次领军人才和紧缺急需人才;等等。

扫描上方二维码观看
检验检测机构资质认定制度的产生

第二章 检验检测机构资质认定技术基础

对检验检测从业人员而言,常见的概念定义要了解,计量基础、统计抽样、测量误差和不确定度等相关知识也要熟练掌握,这是做好检验检测工作的前提条件。检验检测行业技术门槛较高,本章仅从通用的角度介绍相关知识点,挂一漏万,为读者提供一个简单的概括与索引。

第一节 常用术语和定义

一、检验检测机构 inspection body and laboratory

依法成立,依据相关标准或者技术规范,利用仪器设备、环境设施等技术条件和专业技能,对产品或者法律法规规定的特定对象进行检验检测的专业技术组织。

二、资质认定 mandatory approval

市场监督管理部门依照法律、行政法规规定,对向社会出具具有证明作用的数据、结果的检验检测机构的基本条件和技术能力是否符合法定要求实施的评价许可。

三、资质认定评审 assessment of mandatory approval

国家市场监督管理总局或者省级市场监督管理部门依据《中华人民共和国行政许可法》的有关规定,自行或者委托专业技术评价机构,组织评审人员,对检验检测机构的基本条件和技术能力是否符合评审要求和特定领域评审要求所进行的审查和考核。

四、公正性 impartiality

客观性的存在。

注1：客观性意味着利益冲突不存在或已解决，不会对实验室的后续活动产生不利影响。

注2：其他可用于表示公正性要素的术语有无利益冲突、没有成见、没有偏见、中立、公平、思想开明、不偏不倚、不受他人影响、平衡。

五、投诉 complaint

任何人员或组织向实验室就其活动或结果表达不满意，并期望得到回复的行为。

六、实验室间比对 interlaboratory comparison

按照预先规定的条件，由两个或多个实验室对相同或类似的物品进行测量或检测的组织、实施和评价。

七、实验室内比对 intralaboratory comparison

按照预先规定的条件，在同一实验室内部对相同或类似的物品进行测量或检测的组织、实施和评价。

八、能力验证 proficiency testing

利用实验室间比对，按照预先制定的准则评价参加者的能力。

九、实验室 laboratory

从事下列一种或多种活动的机构：检测；校准；与后续检测或校准相关的抽样。

十、判定规则 decision rule

当检验检测机构需要做出与规范或标准符合性的声明时，描述如何考虑测量不确定度的规则。

第二节　法定计量单位和计量溯源

一、法定计量单位

在测量中,人们总是用数值和测量单位(在我国,又称为计量单位)的乘积来表示被测量的量值。所谓计量单位,是指为定量表示同种量的大小而约定地定义和采用的特定量。为给定量值按给定规则确定的一组基本单位和导出单位,称为计量单位制。

法定计量单位是指由国家法律承认、具有法定地位的计量单位。《中华人民共和国计量法》第三条规定:"国际单位制计量单位和国家选定的其他计量单位,为国家法定计量单位。国家法定计量单位的名称、符号由国务院公布。因特殊需要采用非法定计量单位的管理办法,由国务院计量行政部门另行制定。"

国际单位制是我国法定计量单位的主体,国际标准 ISO 1000 规定了国际单位制的构成及其使用方法。国家选定的作为法定计量单位的非国际单位制单位,是我国法定计量单位的重要组成部分,具有与国际单位制单位相同的法定地位。

（一）法定计量单位的构成

国际单位制(international system of units, SI)是在米制的基础上发展起来的一种一贯单位制,其国际通用符号为"SI"。它由 SI 单位(包括 SI 基本单位、SI 导出单位)以及 SI 单位的倍数单位(包括 SI 单位的十进倍数单位和十进分数单位)组成,具有统一性、简明性、实用性、合理性和继承性等特点。SI 单位是我国法定计量单位的主体,所有 SI 单位都是我国的法定计量单位。此外,我国还选用了一些非 SI 单位作为国家法定计量单位。

我国法定计量单位的构成如表 2-1 所示。

表 2-1　中国法定计量单位构成

中华人民共和国法定计量单位	国际单位制（SI）的单位	SI 单位	SI 基本单位
			包括 SI 辅助单位在内的具有专门名称的 SI 导出单位
		SI 导出单位	
			组合形式的 SI 导出单位
		SI 单位的倍数单位(包括 SI 单位的十进倍数单位和十进分数单位)	
	国家选定的作为法定计量单位的非 SI 单位		
	由以上单位构成的组合形式的单位		

1. SI 基本单位

表 2-2 列出了 7 个 SI 基本量的基本单位,它们是构成 SI 的基础。

表 2-2 SI 基本量、基本单位、符号和定义

量的名称	单位名称	单位符号	定义
长度	米	m	当真空中光速 c 以单位 m/s 表示时,取其固定数值为 299 792 458 来定义米,其中秒用 $\Delta\nu_{Cs}$ 定义
质量	千克（公斤）	kg	当普朗克常数 h 以单位 J·s 即 kg·m^2·s^{-1} 表示时,取其固定数值为 6.626 070 15×10^{-34} 来定义千克,其中米和秒用 c 和 $\Delta\nu_{Cs}$ 定义
时间	秒	s	当铯频率 $\Delta\nu_{Cs}$,也就是铯 133 原子不受干扰的基态超精细跃迁频率,以单位 Hz 即 s^{-1} 表示时,取其固定数值为 9 192 631 770 来定义秒
电流	安［培］	A	当基本电荷 e 以单位 C 即 A·s 表示时,取其固定数值为 1.602 176 634 ×10^{-19} 来定义安培,其中秒用 $\Delta\nu_{Cs}$ 定义
热力学温度	开［尔文］	K	当玻尔兹曼常数 k 以单位 J·K^{-1} 即 kg·m^2·s^{-2}·K^{-1} 表示时,将其固定数值取为 1.380 649×10^{-23} 来定义开尔文,其中千克、米和秒用 h,c 和 $\Delta\nu_{Cs}$ 定义
物质的量	摩［尔］	mol	1 摩尔精确包含 6.022 140 76×10^{23} 个基本单元。该数即以单位 mol^{-1} 表示的阿伏加德罗常数 N_A 的固定数值,称为阿伏加德罗数。 一个系统的物质的量,符号 n,是该系统包含的特定基本粒子数量的量度。基本粒子可以是原子、分子、离子、电子,以及其他任意粒子或粒子的特定组合
发光强度	坎［德拉］	cd	当频率为 540×10^{12} Hz 的单色辐射的光视效能 K_{cd} 以单位 lm·W^{-1} 即 cd·sr·W^{-1} 或 cd·sr·kg^{-1}·m^{-2}·s^3 表示时,取其固定数值为 683 来定义坎德拉,其中千克、米、秒分别用 h,c 和 $\Delta\nu_{Cs}$ 定义

注:(1)圆括号中的单位名称,是它前面的名称的同义词。

(2)无方括号的量的名称与单位名称均为全称。方括号中的字,在不致引起混淆、误解的情况下,可以省略。去掉方括号中的字即其单位名称的简写。

(3)本表中使用的符号,除特殊指明外,均指我国法定计量单位的规定符号和国际符号。

(4)在日常生活和贸易中,质量习惯称为重量。

(5)表中定义为 2018 年第 26 届国际计量大会(CGPM)决议通过。

2. SI 导出单位

SI 导出单位是 SI 基本单位以代数形式表示的单位。这种单位符号中的乘和除采用数学符号。它由两部分构成:一部分是包括 SI 辅助单位在内的具有专门名称的 SI 导出单位

(表2-3);另一部分是组合形式的SI导出单位,即用SI基本单位和具有专门名称的SI导出单位(含辅助单位)以代数形式表示的单位。

某些SI单位,例如力的SI单位,在用SI基本单位表示时,应写成$kg \cdot m/s^2$,这种表示方法显然比较繁琐,不便使用,为了简化单位的表示式,经国际计量大会讨论通过,给它以专门的名称——牛[顿],符号为N。类似地,热和能的单位通常用焦[耳](J)代替牛顿米($N \cdot m$)和$kg \cdot m^2/s^2$。这些导出单位,称为具有专门名称的SI导出单位。

SI单位弧度(rad)和球面度(sr),称为SI辅助单位,它们是具有专门名称和符号的量纲为1的量的导出单位。例如:角速度的SI单位可写成弧度每秒(rad/s);电阻率的单位通常用欧姆米($\Omega \cdot m$)代替伏特米每安培($V \cdot m/A$),它是组合形式的SI导出单位之一。

表2-3 包括SI辅助单位在内的具有专门名称的SI导出单位

量的名称	SI导出单位名称	SI导出单位符号	用SI基本单位和导出单位表示
平面角	弧度	rad	$1\ rad = 1\ m/m = 1$
立体角	球面度	sr	$1\ sr = 1\ m^2/m^2 = 1$
频率	赫[兹]	Hz	$1\ Hz = 1\ s^{-1}$
力	牛[顿]	N	$1\ N = 1\ kg \cdot m/s^2$
压力,压强,应力	帕[斯卡]	Pa	$1\ Pa = 1\ N/m^2$
能[量],功,热量	焦[耳]	J	$1\ J = 1\ N \cdot m$
功率,辐[射能]通量	瓦[特]	W	$1\ W = 1\ J/s$
电荷[量]	库[仑]	C	$1\ C = 1\ A \cdot s$
电压,电动势,电位,(电势)	伏[特]	V	$1\ V = 1\ W/A$
电容	法[拉]	F	$1\ F = 1\ C/V$
电阻	欧[姆]	Ω	$1\ \Omega = 1\ V/A$
电导	西[门子]	S	$1\ S = 1\ \Omega^{-1}$
磁[通量]	韦[伯]	Wb	$1\ Wb = 1\ V \cdot s$
磁通[量]密度,磁感应强度	特[斯拉]	T	$1\ T = 1\ Wb/m^2$
电感	亨[利]	H	$1\ H = 1\ Wb/A$
摄氏温度	摄氏度	℃	$1\ ℃ = 1\ K$
光通量	流[明]	lm	$1\ lm = 1\ cd \cdot sr$
[光]照度	勒[克斯]	Lx	$1\ lx = 1\ lm/m^2$
[放射性]活度	贝可[勒尔]	Bq	$1\ Bq = 1\ s^{-1}$
吸收剂量	戈[瑞]	Gy	$1\ Gy = 1\ J/kg$
剂量当量	希[沃特]	Sv	$1\ Sv = 1\ J/kg$
催化活性	开特	kat	$1\ kat = 1\ mol \cdot s^{-1}$

3. SI 单位的倍数单位

在 SI 中,用以表示倍数单位的词头,称为 SI 词头。它们是构词成分,用于附加在 SI 单位之前构成倍数单位(十进倍数单位和十进分数单位),而不能单独使用。

表 2-4 共列出 20 个 SI 词头,所代表的因数的覆盖范围为 $10^{-24} \sim 10^{24}$。

词头符号与所紧接着的单个单位符号(这里仅指 SI 基本单位和 SI 导出单位)应视作一个整体对待,共同组成一个新单位,并具有相同的幂次,而且还可以和其他单位构成组合单位。例如:$1 \text{ cm}^3 = (10^{-2} \text{ m})^3 = 10^{-6} \text{ m}^3$,$1 \text{ } \mu\text{s}^{-1} = (10^{-6} \text{ s})^{-1} = 10^6 \text{ s}^{-1}$,$1 \text{ mm}^2/\text{s} = (10^{-3} \text{ m})^2/\text{s} = 10^{-6} \text{ m}^2/\text{s}$。

由于历史原因,质量的 SI 基本单位名称"千克"中已包含 SI 词头,所以,"千克"的十进倍数单位由词头加在"克"之前构成。例如:应使用毫克(mg),而不得用微千克(μkg)。

表 2-4 SI 词头

SI 词头因数	符号	词头中文名称	词头英文名称	SI 词头因数	符号	词头中文名称	词头英文名称
10^{24}	Y	尧[它]	yotta	10^{-1}	d	分	Deci
10^{21}	Z	泽[它]	zetta	10^{-2}	c	厘	Centi
10^{18}	E	艾[可萨]	exa	10^{-3}	m	毫	Milli
10^{15}	P	拍[它]	peta	10^{-6}	μ	微	Micro
10^{12}	T	太[拉]	tera	10^{-9}	n	钠[诺]	Nano
10^{9}	G	吉[咖]	giga	10^{-12}	p	皮[可]	Pico
10^{6}	M	兆	mega	10^{-15}	f	飞[母托]	Femto
10^{3}	k	千	kilo	10^{-18}	a	阿[托]	Atto
10^{2}	h	百	hecto	10^{-21}	z	仄[普托]	Zepto
10^{1}	da	十	deca	10^{-24}	y	幺[科托]	Yoct

4. 可与 SI 单位并用的我国法定计量单位

由于实用上的广泛性和重要性,在我国法定计量单位中,为 11 个物理量选定了 16 个与 SI 单位并用的非 SI 单位,如表 2-5 所示。其中 10 个是国际计量大会同意并使用的非 SI 单位,它们是:时间单位——分、[小]时、日(天);[平面]角单位——度、[角]分、[角]秒;体积单位——升;质量单位——吨和原子质量单位;能量单位——电子伏。另外 6 个,即海里、节、公顷、转每分、分贝、特[克斯],则是根据国内外的实际情况选用的。

表 2-5　可与国际单位制单位并用的我国法定计量单位

量的名称	单位名称	单位符号	与 SI 单位的关系
时间	分	min	1 min＝60 s
	[小]时	h	1 h＝60 min＝3600 s
	日,(天)	d	1 d＝24 h＝86 400 s
[平面]角	度	°	$1°=(\pi/180)$ rad
	[角]分	′	$1'=(1/60)°=(\pi/10\ 800)$ rad
	[角]秒	″	$1''=(1/60)'=(\pi/648\ 000)$ rad
体积,容积	升	L,(l)	$1\ L=1\ dm^3=10^{-3}\ m^3$
质量	吨	t	$1\ t=10^3\ kg$
	原子质量单位	u	$1\ u\approx 1.660\ 540\times 10^{-27}\ kg$
旋转速度	转每分	r/min	$1\ r/min=(1/60)s^{-1}$
长度	海里	n mile	1 n mile＝1852 m（只用于航行）
速度	节	kn	1 kn＝1 n mile/h＝(1852/3600)m/s（只用于航行）
能	电子伏	eV	$1\ eV\approx 1.602\ 177\times 10^{-19}\ J$
级差	分贝	dB	
线密度	特[克斯]	tex	$1\ tex=10^{-6}\ kg/m$
面积	公顷	hm²	$1\ hm^2=10^4\ m^2$

注:(1)周、月、年(年的符号为 a)为一般常用时间单位。
　　(2)[ ]内的字,是在不致混淆的情况下,可以省略的字。
　　(3)( )内的字为前者的同义语。
　　(4)角度单位度分秒的符号不处于数字后时,用括弧。
　　(5)升的符号中,小写字母 l 为备用符号。
　　(6)r 为"转"的符号。
　　(7)人民生活和贸易中,质量习惯称为重量。
　　(8)公里为千米的俗称,符号为 km。
　　(9)10^4 称为万,10^8 称为亿,10^{12} 称为万亿,这类数词的使用不受词头名称的影响,但不应与词头混淆。

5. 组合形式的单位

凡由 SI 基本单位、SI 导出单位和可与国际单位制单位并用的我国法定计量单位共 45 个法定单位通过乘或除组合而成的单位(表 2-6),只要具有物理意义,都是法定单位。

表 2-6 组合单位示例

量的名称	单位名称	单位符号
电阻率	欧[姆]米	$\Omega \cdot m$
浓度	摩[尔]每升	mol/L
磁旋系数	安[培]平方米每焦[耳]秒	$A \cdot m^2/(J \cdot s)$
粒子辐射度	每平方米秒球面度	$m^{-2} \cdot s^{-1} \cdot sr^{-1}$

(二)计量单位常见使用错误

1. 使用废弃量名称

随着科学技术的发展及与国际的接轨,部分量名称已遭淘汰(表 2-7)。

表 2-7 常见废弃量名称与标准量名称对照表

废弃量名称	标准量名称	说明
重量	质量	在科学技术中,重量表达的是力的概念,其单位为 N,而质量的单位为 kg,二者不可混淆。只在人民生活和贸易中,质量习惯称为重量,但国家标准不赞成这种习惯
比重	体积质量,[质量]密度相对体积质量,相对密度	历史上"比重"有多种含义:当其单位为 kg/m^3 时,应称为体积质量;当其单位为 1,即表示在相同条件下,某一物质的体积质量与另一参考物质的体积质量之比时,应称为相对体积质量
比热	质量热容,比热容	定义为热容除以质量,单位为 $J/(kg \cdot K)$
电流强度	电流	单位为 A
重量百分数,重量百分浓度	质量分数	单位为 1,是某物质的质量与混合物的质量之比
体积百分数,体积百分浓度	体积分数	单位为 1,是某物质的体积与混合物的体积之比
摩尔浓度,当量浓度	物质的量浓度,浓度	单位为 mol/m^3,常用 mol/L,是某物质的物质的量除以混合物的体积
粒子剂量	粒子注量	单位为 m^{-2}。通常粒子一词用所指粒子的名称代替,如质子注量、中子注量等
放射性强度,放射性	[放射性]活度	单位为 Bq

2. 中文名称的读写错误

(1)相除组合单位名称与其符号顺序不一致,"每"字多于 1 个。

规则:名称与符号表示的顺序一致,乘号无名称,除号读"每",且只读1次。

例如:J/(kg·K)不能读"焦耳每千克每开尔文",应读"焦耳每千克开尔文"或简称为"焦每千克开"。

(2)单位中文符号相乘时,乘点的错误省略。

规则:由两个以上单位相乘构成的组合单位,相乘单位间可用乘点也可不用。但是,单位中文符号相乘时必须用乘点。

例如:力矩单位牛顿米的符号为N·m或Nm,中文符号仅为牛·米。

(3)单位和词头的符号字体错误。

规则:法定计量单位和词头的符号,不论拉丁字母或希腊字母,一律用正体。单位符号一般为小写字母,若单位名称来源于人名时,其符号的第一个字母大写;只有"升"的符号例外,可以用L。

例如:"秒"的符号是s,电导单位"西[门子]"的符号是S。

(4)词头符号的字母大小写错误。

规则:词头符号的字母,当其所表示的因数小于10^6时,一律用小写体;而当大于或等于10^6时,则用大写体。

例如:"km"不能写成"Km";Y(10^{24})与y(10^{-24}),Z(10^{21})与z(10^{-21}),P(10^{15})与p(10^{-12}),M(10^6)与m(10^{-3})。

(5)词头的符号与单位符号之间有间隙。

规则:词头的符号与单位符号之间不得有间隙,也不加相乘的符号。

例如:长度3μ m～5μ m,应为3 μm～5 μm。

(6)单位的名称与符号拆开使用。

规则:单位的名称与符号必须作为一个整体使用,不得拆开。

例如:摄氏度的单位符号为℃,20 ℃不得读成或写成"摄氏20度"或"20度",而应读成"20摄氏度",写成"20 ℃"。

(7)法定计量单位名称使用不正确。

质量单位名称误用"斤",应为"克、千克(公斤)";长度单位名称误用"英尺",应为"米";时间单位名称误用"点、号",应为"时、天(日)"。

(8)词头符号与所紧接的单个单位符号未作为一个整体对待。

词头符号与所紧接的单个单位符号应作为一个整体对待,并具有相同的幂次。

例如:10 000 000 m^2 ≠ 10 Mm^2,应等于10 km^2;而10 Mm^2 = 10 × (10^6 m)^2 = 10 × 10^{12} m^2

(9)数词与SI词头混淆。

万、亿是我国的数词,不是SI词头,但可以与单位符号连用。如50万 t/a,24亿 m^3等。对于有幂次的单位,若错把词头当数词使用,会发生严重错误。因此在以中文单位符号为单位表示物理量时,分清中文符号是数词还是词头至关重要。

例如:10^8 m^3(1亿 m^3)<1 km^3(10^9 m^3)

二、计量溯源性

通过一条具有规定不确定度的不间断的比较链,使测量结果或测量标准的值能够与规定的参考标准(通常是国家计量基准或国际计量基准)联系起来的特性,称为量值溯源性。

这种特性使所有的同种量值,都可以按这条比较链,通过校准向测量的源头追溯,也就是溯源到同一个计量基准(国家基准或国际基准),从而使测量的准确性和一致性得到技术保证。否则,量值出于多源或多头,必然会在技术上和管理上造成混乱。

（一）量值溯源体系

量值溯源等级图,也称为量值溯源体系表,它是表明测量仪器的计量特性与给定量的计量基准之间关系的一种代表等级顺序的框图。该图对给定量及其测量仪器所用的比较链进行量化说明,以此作为量值溯源性的证据。图2-1为我国的量值溯源体系原理图。

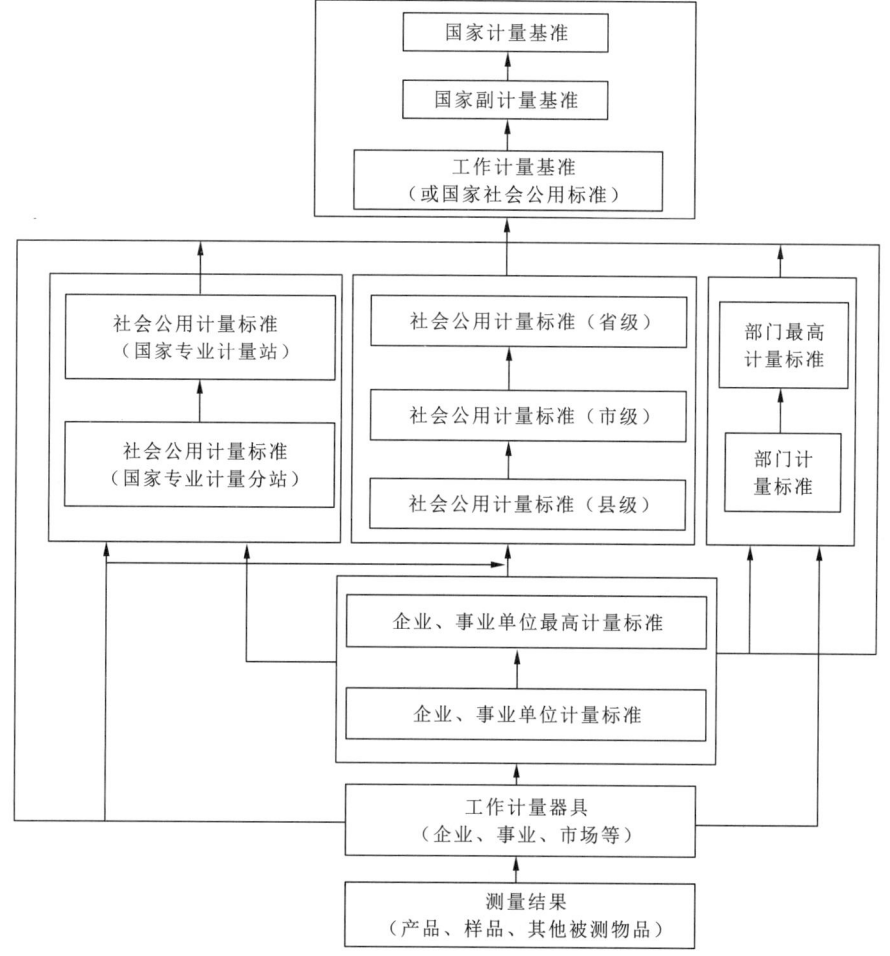

图2-1 中国量值溯源体系原理图

RB/T 214—2017《检验检测机构资质认定能力评价　检验检测机构通用要求》中 4.4.3 要求：检验检测机构应对检验检测结果、抽样结果的准确性或有效性有影响或计量溯源性有要求的设备，包括用于测量环境条件等辅助测量设备有计划地实施检定或校准。

(二)计量溯源方式

实现量值溯源的最主要的技术手段是校准和检定。检验检测机构一般可按图 2-2 来开展检定、校准工作。

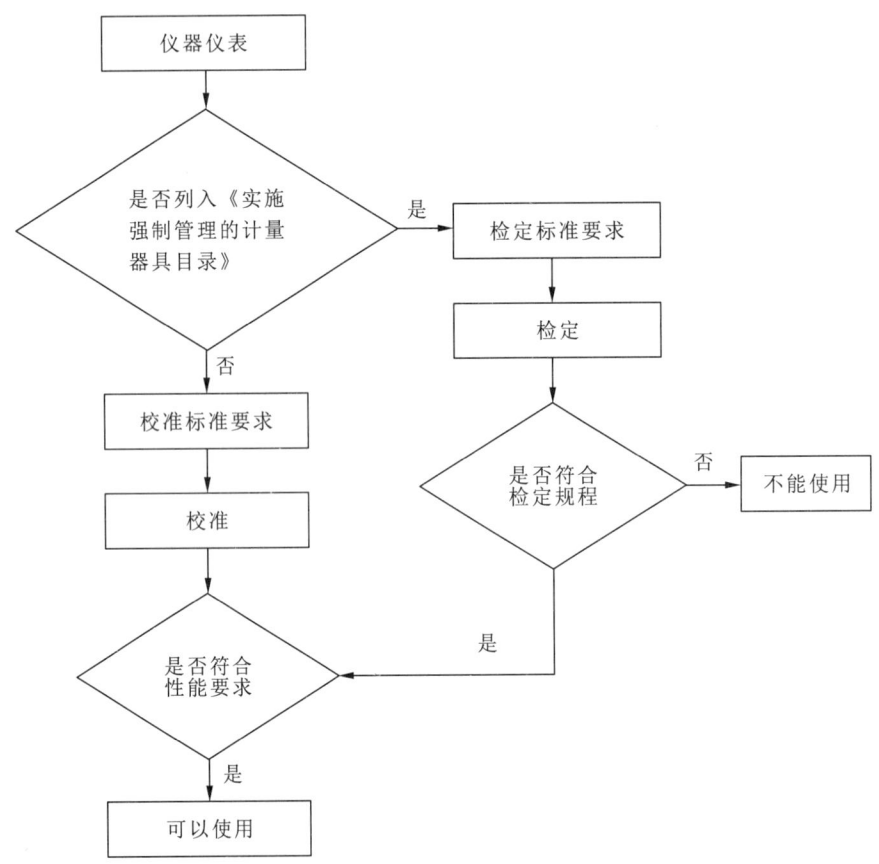

图 2-2　检定、校准流程图

1. 检定

测量仪器的检定，是指查明和确认测量仪器是否符合法定要求的程序，它包括检查、加标记和(或)出具检定证书。

强制检定是指由县级以上人民政府计量行政部门所属或者授权的计量检定机构，对用于贸易结算、安全防护、医疗卫生、环境监测方面，并列入国家市场监督管理总局公告（2020

年第42号)《实施强制管理的计量器具目录》(以下简称《目录》)的计量器具实行定点定期检定。公告规定对列入《目录》且监管方式为"强制检定"和"型式批准、强制检定"的工作计量器具,使用中应接受强制检定,其他工作计量器具不再实行强制检定,使用者可自行选择非强制检定或者校准的方式,保证量值准确。

公告中规定,根据强制检定的工作计量器具的结构特点和使用状况,强制检定采取以下两种方式。①只做首次强制检定。按实施方式分为:只做首次强制检定,失准报废;只做首次强制检定,限期使用,到期轮换。②进行周期检定。

强制检定的工作计量器具的检定周期,由相应的检定规程确定。凡计量检定规程规定的检定周期作了修订的,应以修订后的检定规程为准。

检定的依据是按法定程序审批公布的计量检定规程。我国《中华人民共和国计量法》规定:"计量检定必须按照国家计量检定系统表进行。国家计量检定系统表由国务院计量行政部门制定。计量检定必须执行计量检定规程。"在检定结果中,必须有合格与否的结论,并出具证书或加盖印记。

2. 校准

在规定的条件下,为确定测量仪器(或测量系统)所指示的量值,或实物量具(或参考物质)所代表的量值,与对应的由其测量标准所复现的量值之间关系的一组操作,称为校准。

校准的目的有4点:①确定示值误差,确定其是否处于预期的允差范围之内;②得出标称值偏差的报告值,并调整测量仪器或对其示值加以修正;③给标尺标记赋值或确定其他特性值,或给参考物质的特性赋值;④实现溯源性。

校准的依据是校准规范或校准方法,对其通常应作统一规定,特殊情况下也可自行制定。校准的结果可记录在校准证书或校准报告中,也可用校准因数或校准曲线等形式表示。

随着改革开放及经济发展,在强化检定法制性的同时,对大量的非强制检定的测量仪器,为达到统一量值的目的,应以校准为主。过去,一直没有把校准作为实现单位统一和量值准确可靠的主要方式,而常用检定取而代之。这一观念目前正在改变中,校准在量值溯源中的地位已逐步确立。

(三)开展内部校准的要求

已获资质认定的检验检测机构对其测量设备进行内部校准时,应确保:
(1)用于校准的设备满足计量溯源要求。
(2)限于非强制检定的仪器设备。
(3)实施内部校准的人员,应经过相关计量知识、校准技能等必要的培训、考核合格并持证或经授权。
(4)实验室实施内部校准的校准环境、设施应满足校准方法的要求。
(5)实验室实施内部校准应优先采用标准方法,当没有标准方法时,可以使用自编方法、测量设备制造商推荐的方法等非标准方法。使用外部非标准方法时应转化为实验室文件。

非标准方法使用前应经过确认。

(6)进行测量不确定度评定。

(7)内部校准的校准证书可以简化,或不出具校准证书,但校准记录的内容应符合校准方法,并应对校准结果予以汇总。

(8)实验室的质量控制程序、质量监督计划应覆盖内部校准活动。

(四)检定/校准结果确认

设备检定/校准结果确认是为了确保对检验检测结果、抽样结果的准确性或有效性有影响的设备,或对计量溯源性有要求的设备,包括用于测量环境条件等的辅助测量设备,在其检定/校准后其结果能够满足检验检测要求的一组操作。RB/T 214—2017《检验检测机构资质认定能力评价 检验检测机构通用要求》、CNAS-CL01:2018《检测和校准实验室能力认可准则》、JJF 1069—2012《法定计量检定机构考核规范》中都对仪器设备的检定/校准结果确认做出了要求。检定/校准结果确认的内容应包括但不限于以下几方面:

(1)检定/校准机构的资质及测量范围的确认。应当在设备检定校准实施前完成评价。实施鉴定后的报告还需要核对资质信息是否完整。在检定/校准实施之后,可以由设备管理人员或者检测人员进一步确认。

(2)检定/校准证书上记载的检验机构及设备名称、出厂编号等信息的确认。相关信息应当准确无误,但在实践工作中,也有出现差错的情况。因此,当检测机构的管理人员、检测人员在拿到检定/校准证书时,应当对这些信息进行确认,确保与实际情况相符。

(3)技术信息的确认。确认设备检定结果,看设备能否投入使用;确认检定/校准证书中的校准参数、测量范围或测量点是否与校准需求中一致,有无遗漏或偏差;确认校准参数的校准结果是否符合预期使用要求,可根据实际需要挑选其关键的或技术要求最严格的量或值进行评价;确认校准参数中测量不确定度及溯源性信息,测量不确定度通常为扩展测量不确定度,并包含因子,有时可能会提供相对测量不确定度,溯源性信息应当包括开展校准所使用的计量器具的名称等信息。

(4)结果确认的其他工作内容。

①修正信息的利用。在对检定或校准结果进行确认后,针对产生的修正值或修正因子,要考虑是否需要利用。当检测方法对其准确度有明显要求时,要用修正数值去进行修正;当测量结果参与检测结果运算,或直接读取检测结果时,需要应用修正值和修正因子去修正。

②检定校准状态标识。将设备的预期用途与检定/校准结果比较后,得出的结论可能是合格、准用或停用。检测人员应当根据确认结论在设备上粘贴或加挂适当的标识,表明设备的检定/校准状态。

③检测结果的追溯。对于不满足检测需求的测量设备,应当停止使用,并对可能受影响的检测数据进行分析,判断风险,必要时需要对已出具的检测结果进行追溯,追回检验报告,承担相应的责任。

（五）标准物质

标准物质是指具有一种或多种足够均匀和很好确定了的特性值，用以校准设备、评价测量方法或给材料赋值的材料或物质。在实验室活动中，标准物质主要用于仪器设备校准、测量过程的质量控制和质量评价，以及为材料赋值、方法确认等，从而保证测量结果的可比性和一致性，实现测量量值统一和有效传递。标准物质是量值溯源中十分重要而普遍使用的溯源方式之一。

在国际上，标准物质和标准样品英文名称均为"reference materials"，由 ISO/REMCO 组织负责这一工作。在我国，计量系统将"reference materials"称为"标准物质"，而标准化系统称为"标准样品"。

1. 标准物质的分类

（1）有证标准物质/标准样品（certified reference material，CRM）。有证标准物质/标准样品是附有由权威机构发布的文件，提供使用有效程序获得的具有不确定度和溯源性的一个或多个特性量值的标准物质/标准样品。

我国将有证标准物质/标准样品分为一级标准物质、二级标准物质和标准样品。标准物质管理机构为国家市场监督管理总局计量司，全国标准物质技术委员会负责组织和审查，由计量司批准，国家市场监督管理总局发布。标准样品管理机构为国家市场监督管理总局标准技术管理司，全国标准样品技术委员会负责组织和审查，由标准技术管理司批准，国家市场监督管理总局发布。一级标准物质与二级标准物质的区别见表 2-8。

表 2-8　一级标准物质与二级标准物质的区别

级别	一级标准物质	二级标准物质
代号	GBW	GBW(E)
定值方法	用绝对测量法或两种以上不同原理的准确可靠的方法定值。在只有一种定值方法的情况下，用多个实验室以同种准确可靠的方法定值	用与一级标准物质进行比较测量的方法或一级标准物质的定值方法定值
准确度和均匀性	准确度具有国内量高水平，均匀性在准确度范围之内	准确度和均匀性未达到一级标准物质的水平，但能满足一般测量的需要
稳定性	在一年以上或达到国际上同类标准物质的先进水平	在半年以上或能满足实际测量的需要

标准样品是为了实施和制定标准而制定的。一般只在标准涉及的范围内使用，它的代号是"GSB"。

（2）无证标准物质。无证标准物质是指未经过权威机构发布的标准物质。

2. 使用标准物质的注意事项

要使用有效期内的标准物质。尽可能使用有证标准物质。使用无证标准物质时,应确保其能够溯源到国家基准。

在运输和使用过程中,要按贮存条件保存标准物质,防止失效或特性值发生变化。液体标准物质,在使用前应尽量混匀,并尽可能一次性使用。在实验室内部标准证书—标准物质—标准溶液之间应有完整的溯源链。

另外,标准物质的置信度要定期核查,以验证标准物质在贮存、使用的过程中不发生质量的变化,避免因人员的使用和保管不当而造成标准物质量值传递产生偏差。可以分不同的情况进行期间核查。

(1)未开封的标准物质的期间核查。管理员或使用者要核查该标准物质是否在有效期内,以及是否按照该标准物质证书上所规定贮存条件和环境要求等正确保存。若满足要求,该标准物质不需要再采用其他方式进行期间核查。

(2)已开封的标准物质的期间核查。实验室要确保已开封标准物质在其有效期内使用。若该标准物质在有效期内允许多次使用,要确保其使用及贮存情况满足证书上规定的要求。必要时,根据其稳定特性、使用频率、贮存条件变化、测量结果可信度等情况,按 CNAS-GL035:2018《检测和校准实验室标准物质/标准样品验收和期间核查指南》5.4 中的核查方式对其特性量值的稳定性进行核查。

(3)期间核查特性量值的选择。对于单一特性量值的标准物质,期间核查时选择该特性量值进行核查;对于具有多个特性量值的标准物质,可选择一个或若干个最具代表性或最不稳定、最受关注的量值进行核查。

标准物质期间核查的周期和频次应根据标准物质的特点制定,如对于稳定性预期良好的标准物质,可适当放宽特性值核查的时间间隔。

第三节 统计技术和抽样技术

在工作实践中,我们通常采用统计技术对检验质量控制活动进行跟踪记录、搜集数据及质量分析。同时,为了提升产品的质量,我们也将抽样检验等有效的方法应用到检验工作中。统计技术和抽样技术是检验检测行业从业人员需要掌握的基本技术。

一、统计技术

统计中有个基本概念叫随机事件。事件是指观测或试验的一种结果。例如:明天的天气是晴天、阴天还是雨天,这三种可能性中的每一种都称为事件。又如:测量工件的直径所得的结果为 9.91 mm、9.92 mm、9.93 mm⋯,这里每个可能出现的测量结果都称为事件。

如果某一量(例如测量结果)在一定条件下,取某一值或在某一范围内取值是一个随机事件,则这样的量叫做随机变量。

(一)随机事件的概率

随机事件的特点是:在一次观测或试验中,它可能出现,也可能不出现,但是在大量重复的观测或试验中呈现统计规律性。例如:在连续 n 次独立试验中,事件 A 发生 m 次,m 称为事件的频数,m/n 则称为事件的相对频数或频率;当 n 极大时,频率 m/n 稳定地趋于某一个常数 p,此常数称为事件 A 的概率,记为

$$P(A) = p$$

测量值 x 落在 $[a,b]$ 区间内的概率可以表示为

$$P(a \leqslant x \leqslant b)$$

概率的值在 0 到 1 之间,即 $0 \leqslant P \leqslant 1$。

(二)随机变量的概率分布

概率分布,是指用于表述随机变量取值的概率规律。事件的概率表示了一次试验中某一个结果发生的可能性大小。若要全面了解试验,则必须知道试验的全部可能结果及各种可能结果发生的概率,即随机试验的概率分布。如果试验结果用变量 X 的取值来表示,则随机试验的概率分布就是随机变量的概率分布,即随机变量的可能取值及取得对应值的概率。根据随机变量所属类型的不同,概率分布取不同的表现形式。

随机变量在整个集合中取值的概率等于 1,其概率分布可以采用分布函数或概率密度函数的形式表示。

1. 分布函数

对于每个 x 值给出了随机变量 X 小于或等于 x 的概率的一个函数称分布函数,用 $F(x)$ 表示:

$$F(x) = P(X \leqslant x)$$

分布函数 $F(x)$ 具有下述基本性质:

(1) $F(x)$ 是一个不减的函数。
(2) $0 \leqslant F(x) \leqslant 1$。
(3) $F(-\infty) = \lim_{x \to -\infty} F(x) = 0$。
(4) $F(\infty) = \lim_{x \to \infty} F(x) = 1$。

2. 概率密度函数

设 X 为一随机变量,若存在非负实函数 $f(x)$,使对任意实数 $a<b$,有

$$P(a < x \leqslant b) = \int_a^b f(x) \mathrm{d}x$$

则 $f(x)$ 称为 X 的概率密度函数。

概率密度函数具有如下性质：

(1)非负性，$f(x) \geqslant 0$。

(2) $\int_{-\infty}^{+\infty} f(x) \mathrm{d}x = 1$。

（三）概率分布的数字特征

尽管概率分布反映了该随机变量的全貌，但在实际使用中更关心代表该概率分布的若干数字特征，如期望、方差、标准偏差等。

1. 期望

期望又称概率分布或随机变量的均值(mean)或期望值(expected value)，有时又称数学期望。

常用符号 μ 表示，也用 $E(X)$ 表示。

离散随机变量 X 的数学期望为

$$\mu = E(X) = \sum_{i=1}^{\infty} P_i x_i$$

连续随机变量 X 的数学期望为

$$\mu = E(X) = \int_{-\infty}^{+\infty} x f(x) \mathrm{d}x$$

通俗地说，期望值是无穷多次测量的平均值。

期望是概率分布曲线与横坐标轴所构成面积的重心所在的横坐标，所以期望是决定概率分布曲线位置的量。对于单峰、对称的概率分布来说，期望值在分布曲线峰顶对应的横坐标处。因为实际上不可能进行无穷多次测量，所以测量中期望值是可望而不可得的。

此外，期望与真值之差即为系统误差，如果系统误差可以忽略，则期望就是被测量的真值。期望代表了测量的最佳估计值，或相对真值的系统误差大小。从图 2-3 可以看出 3 条测量值分布曲线的精密度相同，但正确度不同。

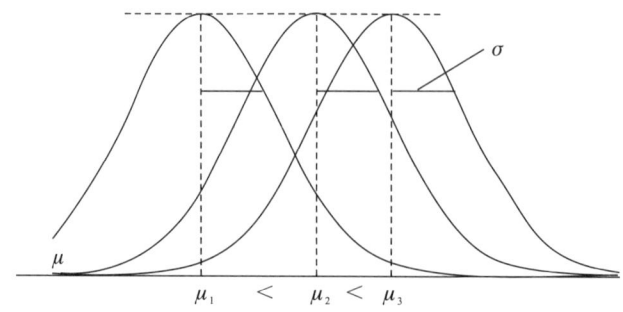

图 2-3 3 条测量值分布曲线

2. 方差

对于一个随机变量,仅用数学期望还不足以充分描述其特性。比如,两组测量数据:

28、29、30、31、32,数学期望 30,各个数据在 28 和 32 之间波动;

10、20、30、40、50,数学期望 30,各个数据在 10 和 50 之间波动。

两组数据具有相同的数学期望,但它们具有重要的差别。第二组数据比第一组数据分散得多。

随机变量或概率分布的方差用符号 σ^2 表示。

$$\sigma^2 = \lim_{n\to\infty}\frac{\sum_{i=1}^{n}(x_i-\mu)^2}{n}$$

测量值与期望之差是随机误差,方差就是随机误差平方的期望值。

$$\sigma^2 = V(X) = E\{[X-E(X)]^2\} = \int_{-\infty}^{+\infty}(x-\mu)^2 f(x)\,\mathrm{d}x$$

方差说明了随机误差的大小和测量值的分散程度。但由于方差的量纲是单位的平方,使用不方便,因此引出了标准偏差这个术语。

3. 标准偏差

概率分布或随机变量的标准偏差是方差的正平方根值,用符号 σ 表示。

$$\sigma = \sqrt{V(X)}$$

标准偏差是无穷多次测量的随机误差平方的算术平均值的正平方根值的极限。

$$\sigma = \lim_{n\to\infty}\sqrt{\frac{\sum_{i=1}^{n}(x_i-\mu)^2}{n-1}}$$

标准偏差是表明测得值分散性的参数,σ 值小表明测得值比较集中,σ 值大表明测得值比较分散。通常,测量的重复性或复现性是用标准偏差 σ 来表示的。如图 2-4 所示,3 条误差分布曲线的正确度相同,但精密度不同。

由于标准偏差 σ 是无穷多次测量时的极限值,所以又称总体标准偏差。期望和方差(或标准偏差)是表征概率分布的两个特征参数,理想情况下,应该以期望为被测量的测量结果,以标准偏差表示测得值的分散性。

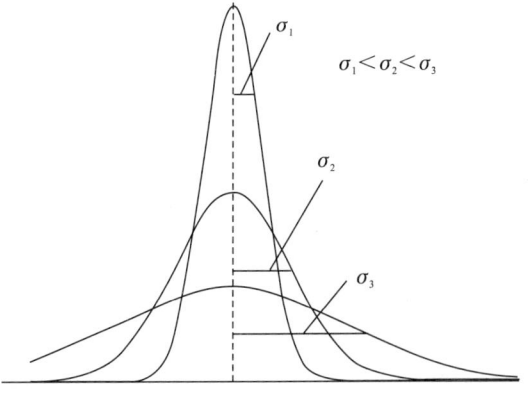

图 2-4 3 条误差分布曲线

由于期望、方差和标准偏差都是以无穷多次测量的理想情况定义的,因此都是概念性的术语,无法由测量得到 μ、σ^2 和 σ。

4. 有限次测量时 μ 和 σ 的估计值

在相同测量条件下,对某被测量 X 进行有限次独立重复测量,得到一系列测量值 x_1, x_2, $\cdots$, x_n,算术平均值为

$$\bar{x} = \frac{x_1 + x_2 + \cdots + x_n}{n} = \frac{1}{n}\sum_{i=1}^{n} x_i$$

若干个独立同分布的随机变量的平均值以无限接近于 1 的概率接近于其期望 μ,所以 $\bar{x}$ 是期望 μ 的最佳估计值。

实际工作中,即使在同一条件下对同一量进行多组测量,每组的平均值都不相同,说明算术平均值本身也是随机变量。

由于有限次测量时的算术平均值是其期望的最佳估计值,因此,通常用算术平均值作为测量结果的值。

5. 实验标准偏差

实际工作中不可能测量无穷多次,因此无法得到总体标准偏差 σ。常将有限次测量的数据得到标准偏差的估计值称为实验标准偏差,用符号 s 表示。

(四)常用的概率分布

1. 正态分布

正态分布(normal distribution),也称"常态分布",又名高斯分布(Gaussian distribution)。正态分布是一个连续的概率分布函数,随机变量在均值(μ)和方差(σ^2)周围对称分布。

$$f(x) = \frac{1}{\sigma\sqrt{2\pi}} e^{-\frac{1}{2}\left(\frac{x-\mu}{\sigma}\right)^2}$$

正态分布曲线是一种概率分布曲线。正态分布是具有两个参数 μ 和 σ^2 的连续型随机变量的分布,第一个参数 μ 是遵从正态分布的随机变量的均值,第二个参数 σ^2 是此随机变量的方差,所以正态分布记作 $N(\mu, \sigma^2)$。如图 2-5 所示,服从正态分布的随机变量的概率规律为:取 μ 邻近的值的概率大,而取离 μ 越远的值的概率越小;σ 越小,分布越集中在 μ 附近,σ 越大,分布越分散。正态分布的密度函数的特点是:关于 μ 对称,在 μ 处达到最大值,在正(负)无穷远处取值为 0,在 $\mu \pm \sigma$ 处有拐点。它的形状是中间高两边低,图像是一条位于 x 轴上方的钟形曲线。

如果我们设置 $\mu = 0$ 和 $\sigma = 1$,则称为标准正态分布或标准正态变量,记为 $N(0,1)$,一般表达式变为

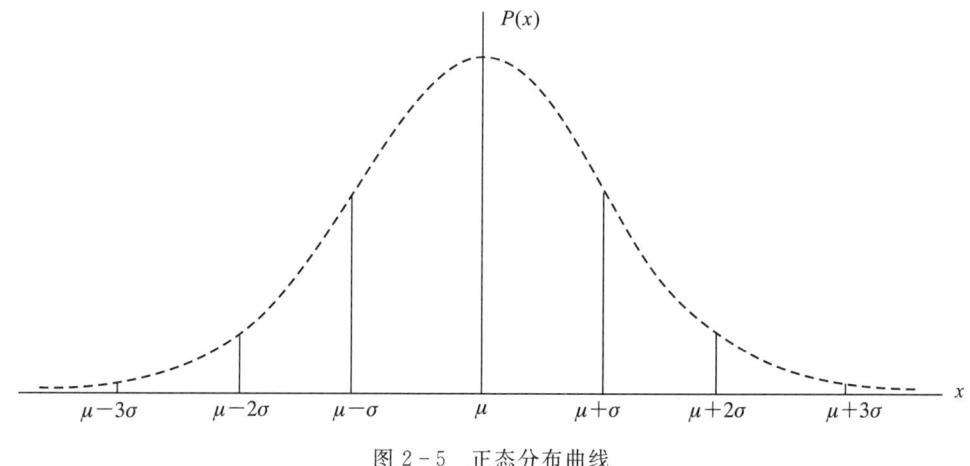

图 2-5　正态分布曲线

$$\varphi(x)=\frac{1}{\sqrt{2\pi}}e^{-\frac{1}{2}x^2}$$

我们从正态分布中可以得到很多有用的数据分割信息。以图 2-6 为例。

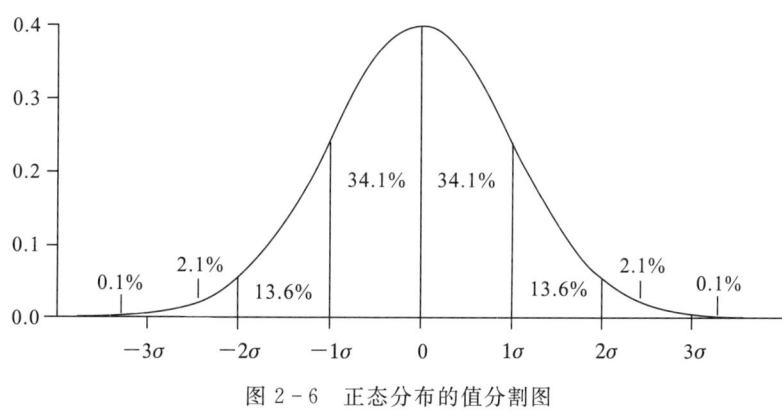

图 2-6　正态分布的值分割图

如图 2-6 所示,如果我们从平均值右移一个标准差,这个分布存储了总量的 34.1%;如果我们从平均值右移 2 个标准偏差,则为 47.7%。因为这条曲线是对称的,所以两边都适用。将这个现象运用到概率论中,则概率论中正态分布的置信概率(P)与置信因子(k)的关系见表 2-9。

表 2-9　概率论中正态分布的置信概率与置信因子的关系

置信概率 P	0.5	0.682 7	0.9	0.95	0.954 5	0.99	0.997 3
置信因子 k	0.675	1	1.645	1.96	2	2.576	3

2. 其他几种非正态分布的标准偏差与置信因子的关系(表 2-10)

其他几种非正态分布的介绍可以见 CNAS-GL007:2020《电器领域测量不确定度的评估指南》中 4.3。

表 2-10 其他几种非正态分布的标准偏差与置信因子的关系

概率分布	三角分布	梯形分布	反正弦分布	均匀分布
标准偏差 σ	$a/\sqrt{6}$	$a\sqrt{1+\beta^2}/\sqrt{6}$	$a/\sqrt{2}$	$a/\sqrt{3}$
置信因子 $k(P=100\%)$	$\sqrt{6}$	$\sqrt{6}/\sqrt{1+\beta^2}$	$\sqrt{2}$	$\sqrt{3}$

二、抽样技术

抽样,就是从总体(样品全体)随机取若干个体(样品)构成样本的过程。抽样是为了进行抽样检查,抽样检查的目的则是对总体作出判断。检测机构具体的抽样程序可参考 GB/T 2828 抽样检验程序系列标准、GB/T 30642—2014《食品抽样检验通用导则》等。与抽检相对应的是全检,即全数检查。全检自然最好,但考虑到经济性,大部分情况是进行抽检。

从检查批中抽取样本的方法称为抽样方法。要保证抽样方法的正确,需保证抽样的代表性和抽样过程的随机性。这时,采用简单随机抽样方法最为合理。在采用简单随机抽样比较困难的情况下,可以采用代表性和随机性可能较差的分层随机抽样或系统随机抽样,甚至采用分段随机抽样或整群随机抽样。这些抽样方法除简单随机抽样外,都是带有主观限制条件的随机抽样法。通常只要不是有意识地抽取质量好或坏的产品,尽量从检查批的各部分抽样,都可以近似地认为是随机抽样。抽样方法分概率抽样与非概率抽样两类。

(一)概率抽样

概率抽样的原则(随机性原则)是总体中的每一个样本被选中的概率相等。概率抽样之所以能够保证样本对总体的代表性,其原理就在于它能够很好地按总体内在结构中所蕴含的各种随机事件的概率来构成样本,使样本成为总体的缩影。概率抽样又有以下 4 种方法。

1. 简单随机抽样

抽样前先将总体中所有个体统一编号,使每一个编号与一个个体对应,然后用抽签或查随机数表的办法,确定要抽个体的编号,最后按号从总体中抽取个体组成样本。从理论上讲,利用简单随机抽样的方法得到的样本代表性强、误差小,但在具体应用中比较烦琐,不常用。

2. 系统随机抽样(等距抽样或机械抽样)

对总体的单位进行排序,再计算出抽样距离,然后按照这一固定的抽样距离抽取样本。第一个样本采用简单随机抽样的办法抽取。K(抽样距离)$=N$(总体规模)$/n$(样本规模)。

前提条件是总体中个体的排列对于研究的变量来说应是随机的,即不存在某种与研究变量相关的规则分布。可以在调查允许的条件下,从不同的样本开始抽样,对比几次样本的特点。如果有明显差别,说明样本在总体中的分布呈现某种循环性规律,且这种循环和抽样距离重合。

3. 分层随机抽样(类型抽样)

如果一个批是由质量有明显差异的几个部分所组成,则可将其分为若干层,使层内的质量较为均匀,而层间的差异较为明显。从各层中按一定的比例随机抽样,即称为分层按比例抽样。在正确分层的前提下,分层抽样的代表性比较好。但是,如果对批质量的分布不了解或者分层不正确,则分层抽样的效果可能会适得其反。

4. 整群随机抽样

抽样的单位不是单个的个体,而是成群的个体。它是从总体中随机抽取一些小的群体,然后由所抽出的若干个小群体内的所有元素构成调查的样本。对小群体的抽取可采用简单随机抽样、系统抽样和分层抽样的方法。

分层抽样与整群抽样的区别:分层抽样要求各子群体之间的差异较大,而子群体内部差异较小;整群抽样要求各子群体之间的差异较小,而子群体内部的差异性很大。换句话说,分层抽样是用代表不同子群体的子样本来代表总体中的群体分布;整群抽样是用子群体代表总体,再通过子群体内部样本的分布来反映总体样本的分布。

4种概率抽样方法的区别:一般情况下,当样本含量一定,几种方法抽样误差大小的排序为分层抽样≤系统抽样≤单纯随机抽样≤整群抽样。4种概率抽样方法的区别见表2-11。

(二)非概率抽样

非概率抽样不是按照等概率原则,而是根据人们的主观经验或其他条件来抽取样本,常用于探索性研究。非概率抽样的种类主要有:

(1)偶遇抽样。并非简单随机抽样,概率不等。

(2)判断抽样(立意抽样)。抽样标准取决于调查者的主观选择。

(3)配额抽样。尽可能地根据那些影响研究变量的各种因素来对总体分层,并找出不同特征的成员在总体中所占的比例。配额抽样要求在抽样前对样本在总体中的分布有准确的了解。

表 2-11 4 种概率抽样方法的区别

抽样方式	优点	缺点	适用场合
简单随机抽样法	简单直观,是最基本的概率抽样方法	当总体例数较多时,编号麻烦,实际工作中难以实施;样本分散,组织困难	多用于总体例数较少的情况
系统随机抽样法	①易于理解,简便易行。②容易得到一个按比例分配的样本。③一般情况下样本的观察单位在总体中分布均匀,其抽样误差小于简单随机抽样	如果总体中观察单位按顺序有周期趋势或单调递增(减)趋势时,采用系统抽样可能产生明显的系统误差	多用于总体例数较多的情况
分层随机抽样法	①由于分层后增加了层内的同质性,观察指标变异减小,各层的抽样误差减小。②分层抽样便于对不同层采用不同的抽样方法。③分层抽样便于对各层独立进行分析	层间变异较大,抽样误差较小;如果分层特征选择不当,层内变异较大,层间变异较小,抽样误差仍然较大,分层抽样就失去了意义	常用在总体由差异明显的几部分构成的情形
整群随机抽样法	便于组织调查、易于质量控制和节省调查成本	当样本含量一定时,因为样本观察单位并非广泛散布于总体中,整群随机抽样的抽样误差一般大于简单随机抽样	常用在"群"间差异较小的情形

第四节　数据处理、测量误差及不确定度

检测工作会得到大量数据,检测结果的展现也涉及数据的处理,以及测量误差和不确定度的处理。本节是检验检测机构日常工作中的常见内容。

一、数据处理

数据处理是指从获得的数据得出结果的加工过程,包括记录、整理、计算、分析等处理方法。数据处理是计量检定、质量检测过程中的重要环节,恰当地处理测量所得的数据,可以最大限度地减少测量误差的影响,给出一个尽可能精确的结果。

(一)算数平均值与最小二乘法原理

算数平均值表示为

$$\bar{x} = \frac{1}{n}\sum_{i=1}^{n} x_i$$

当计量次数 n 足够大时,系列计量值的算术平均值趋近于真值,并且 n 越大,算术平均值越趋近于真值。实际检测工作中,计算结果常常以算数平均值来表示。例如:GB 5009.97—2016《食品安全国家标准 食品中环己基氨基磺酸钠的测定》中要求,计算结果以重复性条件下获得的两次独立测定结果的算术平均值表示。

最小二乘法的基本原理:在一系列等精度计量的计量值中的最佳值,是使所有计量值的误差的平方和最小的值;对于等精度计量的一系列计量值来说,它们的算术平均值即最佳值。

(二)异常值的剔除

在实验中,由于测量产生误差,从而个别数据出现异常,往往导致结果产生较大的误差,即出现数据的异常。而异常数据的出现会掩盖实验数据的变化规律,以致研究对象变化规律异常,得出错误结论。因此,正确分析并剔除异常值有助于提高实验精度。

设有一组正态样本的观测值,按其大小顺序排列为 $x_1, x_2, x_3, \cdots, x_n$。其中最小值 x_1 或最大值 x_n 为离群值(x_{out})。对于离群值的统计检验,大都是建立在被检测的总体服从正态分布的基础上。基于此,在给定的检出水平或显著水平 α(通常取值为 0.05 和 0.01)和样本容量 n 条件下,可查表获得临界值,再通过计算统计量后与临界值比较,若统计量大于临界值就判为异常。临界值表通常给出的是置信度 P,对双侧检验而言,$P = 1 - \alpha/2$;对单侧检验而言,$P = 1 - \alpha$。具体的判别方法可参考 GB/T 4883—2008《数据的统计处理和解释正态样本离群值的判断和处理》。

(三)有效数字的运算

在检测中,分析结果的数值所表达的不仅仅是试样中待测组分含量的多少,还反映了测量的精确程度。因此,在实验数据的记录、运算处理以及结果的表示中,保留几位数字不是任意的,要根据测量仪器、分析方法的精度来决定。这就必须了解有效数字的概念。

在实际检测中,很多使用的标准方法对计算结果的有效位数进行了要求。如 GB 5009.12—2017《食品安全国家标准 食品中铅的测定》中规定:当铅含量≥1.00 mg/kg(或 mg/L)时,计算结果保留三位有效数字;当铅含量<1.00 mg/kg(或 mg/L)时,计算结果保留两位有效数字。

有效数字是以数字来表示有效数量,它是指在具体分析工作中实际能测量到的数字,即在记录测定数据时,测得结果的数值所表示的准确程度应与测试时所用的仪器和分析方法的精度相一致。例如:将一称量瓶用万分之一的分析天平称量,称得质量为 15.511 9 g,说明该类天平可称至小数点后第四位,这些数是有效数字,即有六位有效数字。

在有效数字中,只有最后一位数字是不确定的,称为可疑数字,其余数字都应该是准确的。又如:用一分析天平称得某物质的质量为 0.518 0 g,为四位有效数字。其中 0.518 是准确的,"0"位可疑,说明其有上下一个单位的误差,即该物质称量的绝对误差为±0.000 1 g,该物质的质量应为(0.518 0±0.000 1)g,其相对误差约为±0.02%;若将0.5180写成0.518 g,则其绝对误差为±0.001 g,相对误差约为±0.2%。可见多一位或少一位数字"0",从数学角度看关系不大,但记录反映出的精度却相差了10倍。所以,在数据中代表着一定的量的每一个数字都是重要的。因此记录和报告的测定结果应包含有效数字,其位数不能任意增删。关于有效数字位数的确定,还应注意以下几点:

(1)"0"在数据中具有双重意义。它可以作为有效数字使用,但有时只起定位作用,就不是有效数字。例如:定量分析中所用的0.020 10 mol/L的$KMnO_4$标准溶液,此数据具有四位有效数字。数字前面的"0"只起定位作用,不是有效数字;中间的"0"和后面的"0"均算有效数字。该数据准确到小数点第四位,第五位可能有±1的误差。

(2)改变单位并不改变有效数字的位数。例如:滴定管读数12.34 mL,若该读数改用升为单位,则是0.012 34 L,这时前面的两个"0"只起定位作用,不是有效数字,0.012 34 L与12.34 mL一样都是四位有效数字。当进行单位换算,需要在数的末尾加"0"作定位作用时,最好采用指数形式表示,否则有效数字的位数含混不清。又如:质量为25.0 g的某物质,若以毫克为单位,则可表示为$2.50×10^4$ mg;若表示为25 000 mg,就易误解为五位有效数字。

(3)分析化学中还经常遇到pH、lgK等对数值。对数值有效数字位数,仅由真数小数部分的位数决定,首数(整数部分)只起定位作用,不是有效数字。因此对数运算时,对数小数部分的有效数字位数应与相应的真数的有效数字位数相同。例如,pH=12.68,即$[H^+]$=$2.1×10^{-13}$ mol/L,其有效数字为两位,而不是四位。

(4)对于非测量得的数字,如倍数、分数、π、e等,它们具有不确定性,其有效数字位数可视为无限制,应根据具体情况来确定,即在计算过程中需要几位写几位。

由于与误差传递有关,计算时加减法和乘除法的运算规则不太相同。

1. 加减法

几个数相加减时,和或差的有效数字的保留,应以小数点后位数最少的数据为根据,即取决于绝对误差最大的那个数据。

例如:0.012 1+25.64+1.057 82=26.71

25.64的绝对误差为±0.01,是最大的,故按小数点后保留两位。

小数点后位数的多少反映了测量绝对误差的大小。如小数点后有一位,它的绝对误差为±0.1;小数点后有两位时,绝对误差为±0.01。可见,小数点后具有相同位数的数字,其绝对误差的大小也相同。而且,绝对误差的大小仅与小数部分有关,而与有效数字位数无关。所以,在加减运算中,原始数据的绝对误差,决定了计算结果的绝对误差大小,计算结果的绝对误差必然受到绝对误差最大的那个原始数据的制约而与之处在同一水平上。

2. 乘除法

几个数相乘、除时,其积或商的有效数字应与参加运算的数字中有效数字位数最少的那个数字相同,即所得结果的位数取决于相对误差最大的那个数字。

例如:(0.032 5×5.103×60.06)/139.8＝0.071 179 184＝ 0.071 1(三位有效数字)

0.032 5(三位有效数字)的相对误差为(±0.000 1÷0.032 5)×100%＝±0.3%

5.103(四位有效数字)的相对误差为(±0.001÷5.103)×100%＝±0.02%

60.06(四位有效数字)的相对误差为(±0.01÷60.06)×100%＝±0.02%

139.8(四位有效数字)的相对误差为(±0.1÷139.8)×100%＝±0.07%

0.032 5、5.103、60.06、139.8 四个数字的相对误差分别为 ±0.3%、±0.02%、±0.02%、±0.07%,故结果应以 0.032 5 为标准,修约为三位有效数字。

具有相同有效数字位数的数字,其相对误差 E_r 处在同一水平上,而且 E_r 的大小仅与有效数字位数有关,而与小数点位数无关。因此,积或商的相对误差必然受到相对误差最大的那个有效数字的制约,且在同一水平上。

注意:计算有效数字位数时,若数据的首位数等于或大于8,其有效数字的位数可多算一位。如 0.870、0.928 等实际上虽只有三位有效数字,但其相对误差约为 0.1%,与 0.100 8、0.110 2 等四位有效数字数值的相对误差接近,所以通常将它们当四位有效数字的数值处理。

在较复杂的计算过程中,中间各步可暂时多保留一位不定值数字,以免多次舍弃,造成误差的积累。待到最后结束时,再弃去多余的数字。

目前,电子计算器的应用相当普遍。由于计算器上显示的数值位数较多,虽运算过程中不必对每一步计算结果进行位数确定,但应注意正确保留最后结果的有效数字位数。

(四)数值修约规则

数值修约是通过省略原数值的最后若干位数字,调整所保留的末位数字,使最后所得到的值最接近原数值的过程。在不同的检验方法中,对数值修约的要求也不一样。如 GB 4789.2—2016《食品安全国家标准 食品微生物学检验 菌落总数测定》中要求菌落数小于 100CFU 时,按"四舍五入"原则修约,以整数报告;菌落数大于或等于 100CFU 时,第三位数字采用"四舍五入"原则修约后,取前两位数字,后面用"0"代替位数,也可用 10 的指数形式来表示,按"四舍五入"原则修约后,采用两位有效数字。

在 GB/T 8170—2008《数值修约规则与极限数值的表示和判定》3"数值修约规则"中描述了具体的修约规则。

(五)极限数值的表示和判定

标准(或其他技术规范)中规定考核的以数量形式给出的指标或参数等,应当规定极限数值。极限数值表示符合该标准要求的数值范围的界限值,它通过给出最小极限值和(或)最大极限值,或给出基本数值与极限偏差值等方式表达。标准中极限数值的表示形式及书写位数应适当,其有效数字应全部写出。书写位数表示的精确程度,应能保证产品或其他标准化对象应有的性能和质量。如 GB 2763—2021《食品安全国家标准 食品中农药最大残留限量》中给出不同农药在不同食品中的最大残留限量;GB 10765—2021《食品安全国家标准　婴儿配方食品》中要求乳基婴儿配方食品的蛋白质含量,最小值为 0.43 g/100 kJ,最大值为 0.72 g/100 kJ。

在 GB/T 8170—2008《数值修约规则与极限数值的表示和判定》4"极限数值的表示和判定"中描述了书写极限数值的一般原则、表示极限数值的用语和测定值或其计算值与标准规定的极限数值作比较的方法。

二、测量误差和测量结果修正

（一）测量误差

测量结果减去被测量的真值所得的差,称为测量误差,简称误差。测量结果是人们认识的结果,不仅与量的本身有关,而且与测量程序、测量仪器、测量环境以及测量人员等有关。而被测量真值从本质上说是不能确定的。但在实践中,对于给定的目标,并不一定需要获得特定量的"真值",而只需要与"真值"足够接近的值,这样的值就是约定真值。例如:可以将通过校准或检定得出的某特定量的值,或由更高准确度等级的测量仪器测得的值,或多次测量的结果所确定的值,作为约定真值。

测量结果的误差往往是由若干个分量组成的,这些分量按其特性可分为随机误差与系统误差两大类。换言之,任意一个误差,均可分解为系统误差和随机误差的代数和（图 2-7）,即可用下式表示：

$$误差 = 测量结果 - 真值$$
$$= (测量结果 - 总体均值) + (总体均值 - 真值)$$
$$= 随机误差 + 系统误差$$

测量结果与在重复性条件下,对同一被测量进行无限多次测量所得结果的平均值之差,称为随机误差。随机误差大抵来源于影响量的变化,这种变化在时间上和空间上是不可预知的或随机的,它会引起被测量重复观测值的变化,故称之为"随机效应"。可以认为,正是这种随机效应导致了重复观测中的分散性。尽管测量结果的随机误差不能用修正来补偿,但通常可以用增加观测次数来减小,其期望值为零。

在重复性条件下,对同一被测量进行无限多次测量所得结果的平均值与被测量的真值之差,称为系统误差。由于只能进行有限次数的重复测量,真值也只能用约定值代替,因此可能确定的系统误差只是其估计

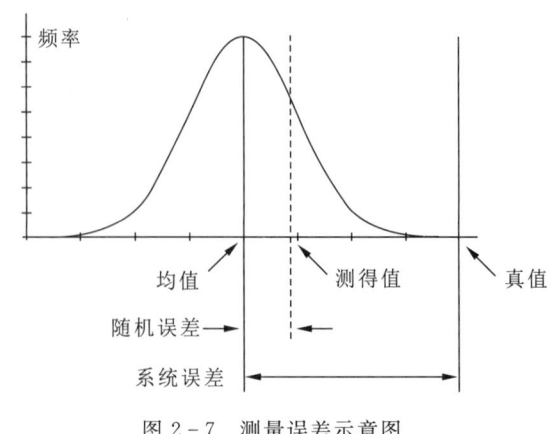

图 2-7　测量误差示意图

值,并具有一定的不确定度。系统误差与随机误差一样是不可能被消除的,但通常也可以被减小。系统误差大抵来源于影响量,它对测量结果的影响若已识别,则可定量表述,故称之为"系统效应"。该效应的大小若是显著的,则可通过估计的修正值予以补偿。可以假设,修正后由系统效应引起的误差的期望值为零。

(二)测量结果修正

对系统误差尚未进行修正的测量结果,称为未修正结果。当由测量仪器获得的只是单个示值时,该示值通常是未修正结果;而当获得几个示值时,未修正结果通常由这几个示值的算术平均值求得。

对系统误差进行修正后的测量结果,称为已修正结果。用代数方法与未修正测量结果相加,以补偿其系统误差的值,称为修正值。修正值等于负的系统误差,也就是说,加上某个修正值就像扣掉某个系统误差,其效果是一样的,即

$$真值=测量结果+修正值=测量结果-误差$$

需要强调的是:系统误差可以用适当的修正值来估计并予以补偿,但这种补偿是不完全的,也即修正值本身就含有不确定度。当测量结果以代数和的方式与修正值相加之后,其系统误差的绝对值会比修正前的小,但不可能为零,即修正值只能对系统误差进行有限程度的补偿。

例如:用某尺测量圆柱直径,单次观测所得的示值为 14.7 mm,则该测得值是未修正结果。如果进行 10 次测量,所得的示值分别为 14.9、14.6、14.8、14.6、14.9、14.7、14.7、14.8、14.9、14.8(单位:mm),则该测量列的未修正结果为其算术平均值,即$(14.9+14.6+\cdots+14.8)/10=14.77\approx 14.8(\mathrm{mm})$。

在上述例子中,若该尺经量块检定,其修正值为 -0.1 mm,则单次测量的已修正结果为$(14.7-0.1)\mathrm{mm}=14.6\mathrm{mm}$;而 10 次测量的已修正结果为$(14.8-0.1)\mathrm{mm}=14.7\mathrm{mm}$。

三、测量不确定度

当报告物理量的测量结果时,必须对测量结果的质量给出定量的表述,以便使用者能评估其可靠性。如果没有这样的表述,则测量结果之间、测量结果与标准或规范中指定的参考值之间都不可能进行比较。所以必须要有一个便于实现、容易理解和公认的方法来表征测量结果的质量,也就是要评定和表示其不确定度。

(一)不同文件中对测量不确定度的要求

RB/T 214—2017《检验检测机构资质认定能力评价 检验检测机构通用要求》中第4.5.15 款要求:"检验检测机构应根据需要建立和保持应用评定测量不确定度的程序。检验检测项目中有测量不确定度的要求时,检验检测机构应建立和保持应用评定测量不确定度的程序。检验检测机构应建立相应数学模型,给出相应检验检测能力的评定测量不确定

度案例。检验检测机构可在检验检测出现临界值、内部质量控制或客户有要求时,需要报告测量不确定度。"GB/T 27025—2019《检测和校准实验室能力的通用要求》中第 7.6 款也同样要求检测和校准实验室具备不确定度评定的能力。

在国家计量技术规范 JJF 1001—2011《通用计量术语及定义》第 9.46 款中,检测(testing)被定义为"对给定产品,按照规定程序确定某一种或多种特性、进行处理或提供服务所组成的技术操作"。可见检测实验室的对象是给定的产品;而检测所用的仪器设备或测量设备至关重要,其正确与否需要用测量标准进行校准,其合格与否则需要进行检定,可见校准/检定实验室的对象是测量设备或计量器具。

众所周知,评价检测数据或者校准/检定数据品质高低的重要指标之一是测量不确定度。它是根据所用到的信息,表征赋予被测量值分散性的非负参数。鉴于检测实验室与校准实验室所用到的信息来源不同,因而对测量不确定度评定的要求显然有所不同。

ISO/IEC GUIDE 98-3:2008《测量不确定度 第 3 部分:测量不确定度表示指南》(guide to the expression of uncertainty in measurement,GUM)即我国 JJF 1059.1—2012《测量不确定度评定与表示》,为不确定度的评定或评估提出了通用方法。同时,针对不同特点、量大面广的检验检测机构,我国颁布了 GB/T 27411—2012《检测实验室中常用不确定度评定方法与表示》、GB/T 27415—2013《分析方法检出限和定量限的评估》等相关国家标准。

中国合格评定国家认可委员会(CNAS)则按不同领域的需求,颁布了一系列专业性的认可指南(GL),诸如 CNAS-GL006:2019《化学分析中不确定度的评估指南》、CNAS-GL007:2020《电器领域测量不确定度的评估指南》、CNAS-GL07:2006《电磁干扰测量中不确定度的评定指南》、CNAS-GL009:2018《材料理化检验测量不确定度评估指南及实例》、CNAS-GL016:2020《石油石化领域理化检测测量不确定度评估指南及实例》、CNAS-GL022:2018《基于质控数据环境检测测量不确定度评定指南》、CNAS-GL023:2018《汽车和摩托车检测领域典型参数的测量不确定度评估指南》、CNAS-GL026:2018《无线电领域测量不确定度评估指南及实例》、CNAS-GL043:2020《兽医检测实验室 ELISA 试验测量不确定度评估指南》等。

国家认证认可监督管理委员会也颁布了一系列专业性的认可指南,如 RB/T 151—2016《食品微生物定量检测的测量不确定度评估指南》、RB/T 030—2020《化学分析中测量不确定度评估指南》和 RB/T 141—2018《化学检测领域测量不确定度评定 利用质量控制和方法确认数据评定不确定度》。

同时,CNAS 还以实验室技术报告(TRL)的方式,发布了 CNAS-TRL-001:2012《医学实验室——测量不确定度的评定与表达》、CNAS-TRL-002:2020《纺织品检测测量不确定度的评估及实例》等行业检测实验室中不确定度的评定方法与实例。

(二)测量不确定度的来源

测量过程中有许多引起测量不确定度的来源,它们可能来自以下 10 个方面:
(1)被测量的定义不完善。

(2)被测量定义的复现不理想。

(3)取样的代表性不够,即被测量的样本不完全代表所定义的被测量。

(4)对测量受环境条件的影响认识不足或对环境条件的测量不完善。

(5)对模拟式仪器的人员读数偏移。

(6)测量仪器的计量性能(如最大允许误差、灵敏度、鉴别力、分辨力、死区及稳定性等)的局限性,即导致仪器的不确定度。

(7)测量标准或标准物质提供的标准值不准确。

(8)引用的常量和其他参数值不准确。

(9)测量方法和测量程序中的近似和假定。

(10)在相同条件下,被测量重复观测值的变化。

上述不确定度的来源不一定是独立的,如第(10)项可能与前面各项都有关。

(三)检测实验室对测量不确定度的要求

按照 CNAS 实验室认可准则与 CNCA 资质认定评审准则,大体上可将检测实验室对测量不确定度的要求归纳为以下 9 条:

(1)检测实验室应制定与检测工作特点相适应的测量不确定度评估程序,并将其用于不同类型的检测工作。

(2)检测实验室应有能力对每一项有数值要求的测量结果进行测量不确定度评估。当不确定度与检测结果的有效性或应用有关,或在用户有要求时,或当不确定度影响到对规范限度的符合性时,或当测试方法中有规定时和 CNAS 或 CNCA 有要求时(如认可准则在特殊领域的应用说明中有规定),检测报告必须提供测量结果的不确定度。

(3)检测实验室对于不同的检测项目和检测对象,可以采用不同的评估方法。

(4)检测实验室在采用新的检测方法时,应按照新方法重新评估测量不确定度。

(5)检测实验室对所采用的非标准方法、实验室自己设计和研制的方法、超出预定使用范围的标准方法以及经过扩展和修改的标准方法重新进行确认时,其中应包括对测量不确定度的评估。

(6)对于某些广泛公认的检测方法,如果该方法规定了测量不确定度主要来源的极限值和计算结果的表示形式,实验室只要按照该检测方法的要求操作,并出具测量结果报告,即被认为符合本要求。

(7)由于某些检测方法的性质,决定了无法从计量学和统计学角度对测量不确定度进行有效而严格的评估,这时至少应通过分析方法,列出各主要的不确定度分量,并作出合理的评估,同时应确保测量结果的报告形式不会使客户造成对所给测量不确定度的误解。

(8)如果检测结果不是用数值表示或者不是建立在数值基础上(如合格/不合格,阴性/阳性,或基于视觉和触觉等的定性检测),则不要求对不确定度进行评估,但鼓励实验室在可能的情况下了解结果的可变性。

(9)检测实验室测量不确定度评估所需的严密程度取决于检测方法的要求、用户的要求以及用来确定是否符合某规范所依据的误差限的宽窄。

(四)不确定度的评定方法

1. 自下而上(Bottom-up)

此方法常特指为GUM方法或模型(modeling)。我国目前发布的许多文件均按GUM路线来进行测量不确定度的评定,如JJF 1059.1—2012《测量不确定度评定与表示》(ISO/IEC GUIDE 98-3:2008)、JJF 1135—2005《化学分析测量不确定度评定》(Eurachem:2000)、CNAS-GL05:2016《测量不确定度要求的实施指南》和CNAS-GL006:2019《化学分析中不确定度的评估指南》等。GUM方法是基于对测量的全面、系统分析后,识别出每个可能的不确定度来源并加以评定,通过统计学或其他方法,如从文献、器具或产品的性能规格等处搜集数据,评定每一来源对不确定度贡献大小,然后将识别的不确定度用方差方法合并得到测量结果的"合成标准不确定度"。用GUM法评定测量不确定度的一般流程见图2-8。

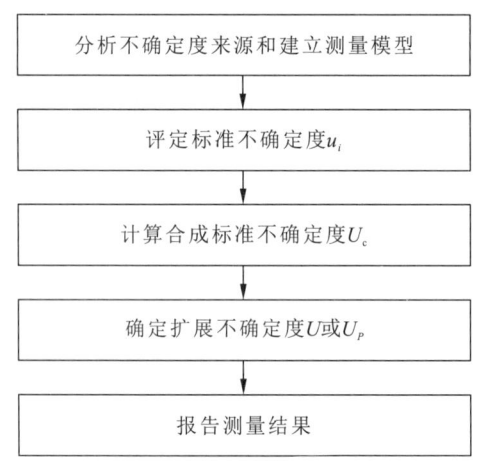

图2-8 用GUM法评定测量不确定度的一般流程

1)测量模型的建立

通常,被测量Y并非直接测得,而是由其他N个已知量$X_1,X_2,\cdots,X_N$,通过函数关系f来确定,即

$$Y = f(X_1, X_2, \cdots, X_N)$$

上式表示的这种函数关系,就称为测量模型,或测量过程的数学模型。

测量模型f代表所使用的测量程序和评定方法,它描述如何从输入量X_i的值求得输出量Y的值。输入量$X_1,X_2,\cdots,X_N$本身可看做被测量,也可能取决于其他量,甚至包括系统效应的修正值和修正因子,因此,函数关系式f可能非常复杂,以至于不能明确地表示出来。当然,数学模型有时也可能简单到$Y=X$。例如:用卡尺测量工件的尺寸,工件的尺寸就等于卡尺的示值。

数学模型不是唯一的。采用不同的测量方法和不同的测量程序,就可能有不同的数学模型。例如:一个随温度 t 变化的电阻器两端的电压为 V,在温度为 t_0 时的电阻为 R_0,电阻器的温度系数为 α,则电阻器的损耗功率 P(输出量或被测量)取决于 V,R_0,α 和 t(输入量),即

$$P = f(V,R_0,\alpha,t) = V^2/R_0[1+\alpha(t-t_0)]$$

同样是测量该电阻器的损耗功率 P,我们也可采用测量其端电压和流经电阻的电流 I 来获得,则 P 的数学模型就变成

$$P = f(V,I) = VI$$

数学模型可用已知的物理公式求得,也可用实验的方法确定,有时甚至只能用数值方程给出。

2)输入估计值测量不确定度的评定

与输入估计值相关的测量不确定度,采用"A 类"或采用"B 类"方法评定。标准不确定度的 A 类评定,是通过对观测列的统计分析来评定不确定度的方法。此时,标准不确定度为通过求平均值或适当的回归分析求得的平均值的实验标准差。标准不确定度的 B 类评定,是用不同于对观测列统计分析的方法来评定不确定度的方法。此时,标准不确定度是根据其他知识或信息得出的。

(1)标准不确定度的 A 类评定

a)贝塞尔法

对一系列观测值进行统计分析以计算标准不确定度的方法称 A 类评定。由于随机效应的存在,对同一量进行多次重复测量,所得结果都不相同。测得值围绕着该测量列的算术平均值有一定的分散,此分散说明了测量列中单次测得值的不可靠性。一般用按贝塞尔公式计算出的实验标准偏差 $s(x_k)$ 来表征,也就是不确定度的 A 类评定。贝塞尔公式如下:

$$s(x_k) = \sqrt{\frac{1}{n-1}\sum_{i=1}^{n}(x_i - \bar{x})}$$

实验标准偏差 $s(x_k)$ 表征了单个测得值的分散性。被测量估计值 x 的 A 类评定的标准不确定度 $u(\bar{x})$ 为

$$u(\bar{x}) = s(\bar{x}) = s(x_k)/\sqrt{n}$$

值得注意的是,一般而言,当重复测量次数 n 较小($n<10$)时,按上式表述的 A 类标准不确定度评定的可靠性就有所降低。此时,若无法增加观测次数,可以考虑采用其他方法来评定标准不确定度。另外,多次测量必须在重复测量条件下进行,重复性条件指:①相同的测量程序;②相同的测量人员;③在相同条件下使用相同的测量设备;④相同的地点;⑤短时间内重复测量,所谓短时间,一般理解为其他条件能充分保证的时间。

例:对一等标准活塞压力计的有效面积进行测量。在各种压力下,测得 10 次活塞有效面积 S_0 与工作基准活塞面积 S_s 之比 l_i 如下:0.250 670、0.250 673、0.250 670、0.250 671、0.250 675、0.250 671、0.250 675、0.250 670、0.250 673、0.250 670。

则其最佳估计值，即测量结果 $\bar{L}$ 为

$$\bar{L} = \sum_{i=1}^{10} l_i/10 = 0.250\ 672$$

求得实验标准差 $s(l_i)$ 为

$$s(l_i) = \sqrt{\frac{1}{10-1}\sum_{i=1}^{10}(l_i-\bar{L})} = 2.05 \times 10^{-6}$$

求得 L 的标准不确定度 $u(L)$ 为

$$u(L) = s(L) = s(l_i)/\sqrt{10} = 0.63 \times 10^{-6}$$

b) 预评估重复性

在日常开展同一类被测对象的常规检测工作中，如果测量系统稳定，测量重复性无明显变化，则可用该测量系统以与测量被测件相同的测量程序、操作者、操作条件和地点，预先对典型的被测件的典型被测量值进行 n 次测量（一般 n 取值 6~10 次为宜），由贝塞尔公式计算出单个测得值的实验标准偏差 $s(x_k)$，即测量重复性。在对某个被测件实际测量时可以只测量 n' 次（$1 \leq n' < n$），并以 n' 次独立测量的算术平均值作为被测量的估计值，则该被测量估计值由于重复性导致的 A 类标准不确定度按下式计算：

$$u(\bar{x}) = s(\bar{x}) = s(x_k)/\sqrt{n'}$$

应注意，当怀疑测量重复性有变化时，应及时重新测量和计算实验标准偏差 $s(x_k)$。

例：在对压力计校准中，我们预先对与被校压力计同类的压力计的典型刻度测量 10 次（$n=10$），用贝塞尔公式计算出测量系统的重复性 $s(x_k)$，然后在重复性条件下，对被校压力计的刻度进行 5 次测量（$n=5$），取 5 次测量的平均值作为被测量的估计值，则由测量重复性引入的标准不确定度分量用 A 类评定为

$$u_A = s(x_k)/\sqrt{5}$$

(2) 标准不确定度的 B 类评定

B 类标准不确定度评定是用不同于对观测列统计分析的方法，来评定与输入量 X_i 的估计值 x_i 相关的不确定度。即根据所有可获得的关于 X_i 可能变异性的信息，做出科学的、经验的判断，来评定标准不确定度 $u(x_i)$。用于不确定度 B 类评定的信息来源一般包括：①以前的观测数据；②对有关材料和仪器特性的了解和经验；③生产部门提供的技术说明文件；④校准证书、检定证书或其他文件提供的数据；⑤手册或某些资料给出的参考数据及其不确定度；⑥规定实验方法的国家标准或类似技术文件中给出的重复性限或复现性限。

运用所掌握的信息进行测量不确定度的 B 类评定，要求有一定的知识、经验和技巧。适当评出的 B 类标准不确定度，可与 A 类标准不确定度一样可靠。

B 类不确定度评定的最常用方法有以下 4 种。

a) 已知扩展不确定度和包含因子

如输入估计值 x_i 来源于制造部门的说明书、校准证书、手册或其他资料，其中同时还明确给出其扩展不确定度 $U(x_i)$ 及包含因子 k 的大小，则与输入估计值相关的标准不确定度 $u(x_i)$ 为

$$u(x_i) = U(x_i)/k$$

例：校准证书上指出，标称值为 1 kg 的砝码的实际质量 $m=1\,000.000\,32$ g，并说明按包含因子 $k=3$ 给出的扩展不确定度 $U=0.24$ mg。则由该砝码导致的测量标准不确定度分量 $u(m)$ 为

$$u(m) = 0.24 \text{ mg}/3 = 80 \text{ mg}$$

b) 已知扩展不确定度和置信水平的正态分布

如果给出 x_i 在一定置信水平 P 下的置信区间的半宽，即扩展不确定度 U_P，除非另有说明，一般按正态分布来评定其标准不确定度 $u(x_i)$，即

$$u(x_i) = U_P/k_P$$

式中：k_P 为置信水平 P 下的包含因子。

例：校准证书上给出标称值为 10 Ω 的标准电阻器的电阻 R_s 在 23 ℃ 时为

$$R_s(23\text{ ℃}) = (10.000\,74 \pm 0.000\,13)\text{ Ω}$$

同时说明置信水平 $P=99\%$。

由于 $U_{99}=0.13$ mΩ，按 $P=99\%$，$k_P=2.58$，故其标准不确定度 $u(R_s)=0.13$ mΩ/2.58=50 μΩ。

c) 其他几种常见的分布

除了正态分布外，其他常见的分布有 t 分布、均匀分布、反正弦分布、三角分布、梯形分布、两点分布等。

d) 由重复性限或再现性限求不确定度

在规定实验方法的国家标准或类似技术文件中，按规定的测量条件，当明确指出输入量的两次测得值之差的重复性限 r 或再现性限 R 时，如无特殊说明，则输入估计值的标准不确定度为

$$u(x_i) = r/2.83$$

或

$$u(x_i) = R/2.83$$

这里，重复性限 r 或再现性限 R 的置信水准为 95%，并作为正态分布处理。

(3) 合成标准不确定度的计算

当全部输入量彼此独立或不相关时，与输出估计值 y 相关的标准不确定度，即合成标准不确定度，由下式得出：

$$u_c(y) = \sqrt{\sum_{i=1}^{N} u_i^2(y)}$$

式中：$u_i(y)$ 是与输入估计值 x_i 相关的标准不确定度对于与输出估计值 y 相关的标准不确定度的贡献，即

$$u_i(y) = c_i u(x_i)$$

合成标准不确定度除以测量结果，即 $u_c(y)/y$ 称为相对合成标准不确定度。合成标准不确定度计算流程图见图 2-9。

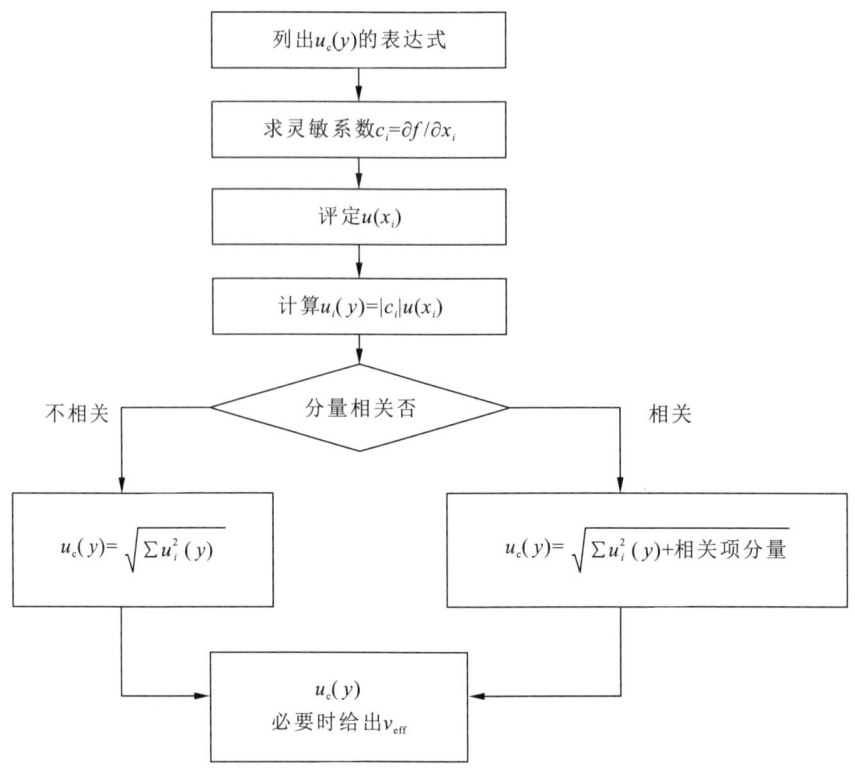

图 2-9 合成标准不确定度计算流程图

(4)扩展不确定度的评定

a)包含因子

合成标准不确定度 $u_c(y)$ 已经可以直接用于表示测量结果的不确定度,但在某些工业、商业、规程应用及卫生和安全领域,通常需要将合成标准不确定度乘以一个系数 k,得出扩展不确定度,用以提供测量结果的一个区间 $[y-U,y+U]$,期望对被测量有相当影响的值落在该区间内,并具有较高的包含概率。这里所乘的系数称为包含因子。

要计算扩展不确定度 U,必须先确定包含因子 k(k 是与置信区间所具有的包含概率 P 密切相关的),同时还需要对表征测量结果及合成标准不确定度的概率分布有详细的了解。

例如:对一个随机变量 $X \sim N(\mu_X, \sigma)$,可以很快算出包含概率 P 的置信区间 $X-k_P\sigma \leqslant \mu_X \leqslant X+k_P\sigma$ 的 k_P 值。常见的有 $P=68.27\%, k=1$;$P=90\%, k=1.645$;$P=95\%, k=1.96\approx 2$;$P=99\%, k=2.576\approx 3$;$P=99.73\%, k=3$。

一般情况下可取 $k=2$ 或者 $k=3$,$k=2$ 常用于一般的测量,$k=3$ 常用于有较高质量要求的测量。

b)扩展不确定度

$$U = ku_c(y)$$

式中：U——扩展不确定度；
　　k——包含因子。

被测量的最终测量结果可表示为 $Y=y\pm U$。

(5)测量不确定度的报告

当给出完整的测量结果时，一般应报告其测量不确定度。在实际工作中，正式报告测量结果及其不确定度时，应包括哪些信息，取决于测量目的，一般应有：①阐明试验观测列和输入量得到测量结果及其不确定度的评定方法；②列出全部不确定度分量，并给评定方法；③数据的分析方法；④列出不确定度分析中使用的全部修正因子和常数及其来源。

例：测量的风扇的电动机绕组温度为 90.3 ℃，则最后的结果表示为 $t=(90.3\pm1.4)$ ℃（$k=2$，对应约 95% 的包含概率）。

(6)测量不确定度的分类和评定流程

归纳上述内容，可将测量不确定度的分类简示如图 2-10。

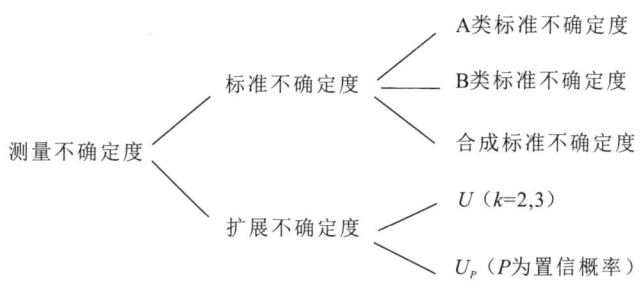

图 2-10　测量不确定度的分类简示图

2. 自上而下(Top-down)

自上而下(Top-down)是在控制不确定度来源或程序的前提下，评定测量不确定度，即运用统计学原理直接评定特定测量系统之受控结果的测量不确定度。典型方法是依据特定方案(正确度评估和校准方案)的试验数据、质量控制(quality control, QC)数据或方法验证试验数据进行评定，正确度/偏倚(b)和精密度/实验室内复现性$[s(R_w)]$是两个主要的分量。常规检测实验室常将这两者与系统误差和随机误差相联系。

如果采用自上而下的方法评定的测量不确定度没有达到目标不确定度的要求，可用自下而上的方法来识别不确定度的各种来源，改进主要影响因素从而减小测量不确定度。

JJF 1059.1—2012《测量不确定度评定与表示》第 4.2.4 款指出："物理量测量的测量模型一般根据物理原理确定。非物理量或不能用物理原理确定的情况下，测量模型也可以用实验方法确定，或仅以数值方程给出，在可能情况下，尽可能采用按长期积累的数据建立的经验模型。用核查标准和控制图的方法表明测量过程始终处于统计控制状态时，有助于测量模型的建立。"第 5.2.5 款又指出："如果数据表明测量函数没有能将测量过程模型化至测量所要求的准确度,则要在测量模型中增加附加输入量来反映对影响量的认识不足。"

鉴于检测领域的多样性与特殊性,JJF 1059.1—2012《测量不确定度评定与表示》直接用于不同性质的检测实验室有时会显得缺乏可操作性与实用性。为此,CNAS 发布了化学分析、电器、电磁干扰、材料理化、石油石化、环境、纺织、医学、汽车和摩托车等领域不确定度的评估指南及实例,其中 CNAS-GL06《化学分析中不确定度的评估指南》实际上等同采用了欧洲 EURACHEM 与 CITAC 联合发布的指南文件《分析测量中不确定度的量化》。CNAS 根据需要,将继续组织发布其他检测领域的相关评估指南及实例。

国家标准 GB/T 27411—2012《检测实验室中常用不确定度评定方法与表示》,给出了不同条件下检测项目的 4 种不确定度评定方法:精密度法、控制图法、线性拟合法、经验模型法,现简述如下。

1) 精密度法

精密度法适用于排除或修正了系统效应的情况下,即测量过程偏倚受控并且精密度控制有效的情况下,相关检测项目不确定度的评定。偏倚受控可通过标准物质或能力验证予以确认;精密度控制有效可通过使用 95% 包含概率的 F 检验,计算实验室给出的标准偏差与方法或能力验证给出标准偏差的比值,如果比值小于 F 检验临界值,则视为精密度控制有效。详见 GB/T 27411—2012《检测实验室中常用不确定度评定方法与表示》5"精密度法"及其附录 A"肉含量测定的不确定度评定(精密度法)"。

2) 控制图法

控制图法适用于质控样品测量结果呈正态分布情况下,以期间精密度表示的测量不确定度的评定。JJF 1059.1—2012《测量不确定度评定与表示》第 4.3.2.4 款指出:"对一个测量过程,采用核查标准和控制图的方法使测量过程处于统计控制状态……,则统计控制下的测量过程的 A 类标准不确定度可以用合并实验样本标准偏差 s_P 表征。"详见 GB/T 27411—2012《检测实验室中常用不确定度评定方法与表示》6"控制图法"及其附录 B"汽油爆震特性研究法辛烷值测定的不确定度评定"。

3) 线性拟合法

线性拟合法适用于线性拟合函数失拟误差受控的情况下,即通过不同水平的标准物质建立工作曲线,并利用方差分析方法确定在此过程中的偏倚受控;然后建立控制图,确保其数据排列呈随机状态,在期间精密度测量条件下给出的两倍标准偏差即可视为实验室获得的扩展不确定度。JJF 1059.1—2012《测量不确定度评定与表示》第 4.3.2.7 款指出:"当输入量的估计值是由实验数据用最小二乘法拟合的曲线上得到时,曲线上任何一点和表征曲线拟合参数的标准不确定度,可用有关的统计程序评定。如果被测量估计值在多次观测中呈现与时间有关的随机变化,则应采用专门的统计分析方法。"详见 GB/T 27411—2012《检测实验室中常用不确定度评定方法与表示》7"线性拟合法"及其附录 C"光学成像系统下集成线路光掩模线距的不确定度评定"。

4) 经验模型法

经验模型法适用于测量过程受控和排除偏倚情况下,通过长期、大量的数据积累,建立一个目标不确定度,并基于此进行评定。该标准给出的模型系根据 Horwitz 函数式通过 ISOTC17 和 ASTME01 多次能力验证的数据(钢铁、金属和矿产等相关领域)拟合而成。化学检测实验室可借鉴 Horwitz 函数式的拟合路线,给出自己的经验模型,并通过 F 检验,判定经验模型是否有效。详见 GB/T 27411—2012《检测实验室中常用不确定度评定方法与表示》8"经验模型法"及其附录 D"钢铁与矿产化学分析测量中的不确定度评定"。

5)其他方法

除 GB/T 27411—2012《检测实验室中常用不确定度评定方法与表示》外,RB/T 141—2018《化学检测领域测量不确定度评定 利用质量控制和方法确认数据评定不确定度》着眼于利用现成的质控数据或能力验证及实验室间比对数据来评定不确定度,要点是用期间精密度数据评定不确定度。它引入了安德森-达林(Anderson Darling,AD)统计检验和正态概率值 P_i 表,用于判定测量系统是否处于统计受控;引入曼德尔(Mandel)h/k 的统计检验和 h 与 k 临界值表,用于判定测量系统是否处于一致性状态。由于采用此法评定的不确定度,包含了长期影响、人员影响、多台相同仪器影响等,故评定出来的不确定度能更充分反映被测量量值的分散性。

上述几种评定方法集中代表了"Top-down"(自上而下)的技术路线,在欧美的检测实验室已广泛使用,可以认为它们是在满足特定条件下对 GUM 的简化和延伸应用。它们各有特点,但又有交叉与关联,其核心要求或理念是"统计受控",即测量不确定度评定应该与测量过程的质量保证(quality assurance,QA)及质量控制(QC)结合起来。如果测量过程处于受控状态,就可不必关注每个不确定度来源及其交互影响,控制图其实是变"事后检验"为"事前预防"的最为便捷的监控手段之一,参见 CNAS-GL39:2016《化学分析实验室内部质量控制指南——控制图的应用》。

(五)评定测量不确定度的注意事项

评定测量不确定度的严密程度应以满足实际应用需要为依据,力求合理。

(1)首先要全面考虑不确定度的各种来源,应避免疏漏或重复估算。

(2)力求合理评定各个分量的数值,要避免不适当的高估或低估,尤其是主要分量。

(3)各分量对合成标准不确定度的贡献和它们的标准差平方成正比。当某一分量比最大不确定度分量的三分之一还小时,只需估计其上限;小于最大分量的五分之一或者小于合成标准不确定度的十分之一的分量时,可以忽略,除非数目较多。凡是忽略的分量需要说明,可以不评定。

(4)当测量模型中各输入量之间相关性不明显或不清楚时,可以视为不相关。

(5)如无特殊要求,对于通常的应用,在计算扩展不确定度 U 时,取包含因子 $k=2$;在报告扩展不确定度 U_P 时,包含概率取 95%。

(6)报告中不确定度的有效数字不要多于两位。

(六)检测实验室不确定度评定的新动向

在 RB/T 141—2018《化学检测领域测量不确定度评定 利用质量控制和方法确认数据

评定不确定度》、CNAS-TRL-001:2012《医学实验室——测量不确定度的评定与表达》,以及 CNAS-GL022:2018《基于质控数据环境检测测量不确定度评定指南》中,均描述了如何利用自上而下"Top-down"的方法来评定与测量过程相关的不确定度。

在 ISO/IEC 17025:2017《检测和校准实验室能力的通用要求》中,将"测量不确定度评定"列于 7"过程要求"的第 7.6 款,不再强调必须有程序,而是要求进行评定并增加注释,明确只要关键影响因素受控就无需对每次得到的结果都重新评定。第 7.1 款首次提出抽样不确定度评定问题,但考虑到抽样结果是获得有代表性的样品而非测量数据,对如何评定尚有争议,比如对如何将抽样不确定度反映到最终不确定度中的问题,尚无统一方法。因此,未来也许会提出对抽样不确定度评定的要求。

扫描上方二维码观看
测量不确定度评定和表示

第三章　从 RB/T 214《通用要求》到《评审准则》

认证认可行业标准 RB/T 214—2017《检验检测机构资质认定能力评价　检验检测机构通用要求》(以下简称 RB/T 214《通用要求》)于 2017 年 10 月 16 日发布,2018 年 5 月 1 日实施。该标准取代了《检验检测机构资质认定评审准则》(简称 2016 版《评审准则》),成为资质认定评审的依据。数年后,相关部门启动了 2016 版《评审准则》的修订工作,并于 2022 年初发布了新版《评审准则》的征求意见稿。预计在不久的将来,新版《评审准则》将成为资质认定评审的新依据。新版《评审准则》修订的背景是什么？对比 RB/T 214《通用要求》有哪些变化？为什么有这些变化？这是我们在这一章要阐述的问题。

第一节　RB/T 214《通用要求》的使用情况及《评审准则》的修订背景

RB/T 214《通用要求》吸收了 ISO/IEC 17025《检测和校准实验室能力的通用要求》、ISO/IEC 17020《检查机构能力的通用要求》等国际标准最新内容,融合了国内相关管理部门的特殊要求,对检验检测机构资质认定的评审和管理活动进行了进一步规范。该标准虽为推荐性标准,但在国家认监委 2018 年 5 月 7 日发布文件《国家认监委关于检验检测机构资质认定工作采用相关认证认可行业标准的通知》(国认实〔2018〕28 号)后,便作为资质认定的强制性文件开始推行,替代 2016 年国家认监委印发的《检验检测机构资质认定评审准则及释义》(以下简称 2016 版《评审准则》),于 2018 年 6 月 1 日起试行,2019 年 1 月 1 日全面实施,运用于检验检测机构资质认定的技术评审和管理活动中。

在继承 2016 版《评审准则》内容的基础上,RB/T 214《通用要求》采用标准文本形式,使结构更加清晰,同时较为细致地考虑了条款的可操作性和检验检测机构市场化的现实状况,突出了以下新要求:强调公正性风险长效识别机制的建立;以"管理层"代替"最高管理者";删除了"持证上岗""培训的有效性评价";强调将对场所和环境条件的要求制定成文件;明确定义了"设备"的范畴(包括标准物质、软件等);新增了对租用设备的管理要求;新增了判定规则;新增了客户满意度调查;新增了应对风险和机遇的措施;明确了非标准方法确认的记录内容；明确了什么情况下应报告测量不确定度；加入了报告的风险管理（分包结果、部分复制报告等）。

RB/T 214《通用要求》自试行之日起，经过4年的培训宣贯和实践利用，已被全国范围内的市场监督管理部门、资质认定评审员和各领域检验检测机构广泛熟知和接受。在此期间，我国检验检测机构的数量快速增长，从2018年底的39 472家上升至2021年底的51 949家，增长率达32%。新增机构均按照RB/T 214《通用要求》完成资源配置和管理体系建设，并通过资质认定技术评审。已获证的老机构也按照RB/T 214《通用要求》完成了体系文件改版和管理体系运行，以满足监管要求。

随着依法治国的全面推进，逐步实现国家治理制度化、程序化、规范化、法治化成为了社会共识。根据《中华人民共和国行政许可法》第十六条，仅行政法规、地方性法规、规章可对实施行政许可事项作出具体规定。检验检测机构资质认定技术评审属于行政许可事项，而RB/T 214《通用要求》是推荐性行业标准，不属于行政法规、地方性法规、规章，因此不适宜作为市场监督管理部门开展行政许可工作的依据。经审议各方反馈意见，国家市场监督管理总局开始考虑重新启用2016版《评审准则》。然而，数年过去，检验检测行业的发展形势已发生了较大变化，2016版《评审准则》在技术评审方式、评审工作程序及告知承诺核查要求等方面尚未作出规定，已无法满足当下的社会需要。

2020年7月，国家市场监督管理总局认可检测司启动2016版《评审准则》修订工作；2020年12月底，完成《评审准则》（修订稿）初稿。2021年2—3月，《评审准则》征求部分行业专家、检验检测机构、地方市场监督管理部门意见。2021年4月，于成都举办相关工作研讨会，广东、上海、浙江、江苏、四川、湖北、重庆市场监督管理局有关工作负责同志、资质认定评审员代表参加会议，对《评审准则》（修订稿）初稿的各项条款进行了逐一研讨，形成征求意见稿。2021年5—6月，征求地方市场监督管理部门及有关行业评审组意见，对征求意见稿进行了梳理、完善。2021年9月，认可检测司第11次司务会审议并原则通过，要求进一步修改完善。2021年9月底，在全国资质认定改革工作会议上再次征求地方局意见；11—12月，认可检测司就《评审准则》征求了法规司、登记注册局、信用监管司意见。法规司、登记注册局、信用监管司对拟以总局公告形式发布《评审准则》无意见，对个别文字提出的修改建议，得到采纳。

2022年1月28日—2月28日，向社会公开征求意见。

新版《评审准则》按照法律条文的书写格式制定，共分为4章21条（含5个附件）。

第一章　总则。主要规定了制定评审准则的目的、适用范围、相关定义、评审原则等。

第二章　评审内容与要求。主要规定了评审内容、机构主体、人员、场所环境、设备设施、管理体系评审要求以及特殊评审要求。

第三章　评审方式与程序。主要规定了技术评审方式，现场评审、书面评审、远程评审的使用情形与要求，告知承诺现场核查程序和要求。

第四章　附则。主要规定了评审行为要求和施行时间。

第二节 《评审准则》与 RB/T 214 《通用要求》条款对比阐释

《评审准则》在编排格式、内容上与 RB/T 214《通用要求》有所不同。格式上,《评审准则》按照法律条文的书写格式制定,共分为 4 章 21 条(含 5 个附件);RB/T 214《通用要求》依据标准文本格式编写,共分为 4 章 63 条。内容上的差异主要如下。

一是《评审准则》的内容更全面。对涉及资质认定技术评审的相关方(技术评价机构、检验检测机构)及评审的方式和程序均作出了要求。新增了评审原则、评审方式和程序、评审行为规定等要求。并根据《检验检测机构资质认定管理办法》的相关规定,增加了告知承诺现场核查的要求。RB/T 214《通用要求》仅是对检验检测机构的要求。

二是《评审准则》文字更简练、适用性更强。RB/T 214《通用要求》的内容基本包含于《评审准则》第二章"评审内容与要求"。法律、法规有明确规定的,技术标准或技术规范有要求的,《评审准则》只提原则要求。如对检验检测人员的从业要求,就用"法律、行政法规对检验检测人员执业资格或者禁止从业另有规定的,依照其规定",代替 RB/T 214《通用要求》中的"检验检测机构不得使用同时在两个及以上检验检测机构从业的人员"。这样既严谨,又具灵活性。严谨体现在对检验检测人员执业资格或者禁止从业的要求,要依照有关的法律、法规;灵活性体现在当法律法规对检验检测人员执业资格或者禁止从业有特殊规定的,也可适用;且当相关法律、法规对执业资格或者禁止从业的规定进行了修订,此条款仍能适用。

三是《评审准则》以目标为导向,体现简政放权的思想。《评审准则》对机构主体、人员、场所环境、设备设施、管理体系这 5 个要素的评审要求,均只提目标性的要求,而没有对如何实现目标作出具体规定,给予了检验检测机构在实现目标的方式和路径上更大的自主权,有利于发挥检验检测机构管理层的主观能动性,建立高效、适用和具有特色的实验室管理体系。而 RB/T 214《通用要求》基本在每个要素评审要求中,对如何实现目标的方式和路径作了较详细的规定,容易导致不同的检验检测机构的管理体系文件大同小异,机构在管理体系上难以创新和体现特色。但对于缺乏实验室管理经验的检验检测机构及人员,按《评审准则》进行资质认定评审时,RB/T 214《通用要求》仍具有借鉴参考作用。

为帮助检验检测机构充分理解《评审准则》条款,深入把握《评审准则》与 RB/T 214《通用要求》之间的异同,本节将对《评审准则》逐条予以阐释,同时与 RB/T 214《通用要求》进行对比分析。作为《评审准则》第二章配套的《评审准则》附件 4《〈评审准则〉一般程序审查表》(以下简称《审查表》),与《评审准则》第二章一并阐释。

一、总则

（一）准则原文

第一章　总则

第一条〔目的〕依照《中华人民共和国计量法》及其实施细则、《中华人民共和国认证认可条例》等法律、行政法规的规定，为依法实施《检验检测机构资质认定管理办法》相关资质认定技术评审要求，制定本准则。

第二条〔适用范围〕在中华人民共和国境内，开展检验检测机构资质认定技术评审工作应当遵守本准则。

第三条〔定义〕本准则所称检验检测机构，是指依照《检验检测机构资质认定管理办法》的相关规定，依法成立，依据相关标准或者技术规范，利用仪器设备、环境设施等技术条件和专业技能，对产品或者法律法规规定的特定对象进行检验检测的专业技术组织。

本准则所称资质认定，是指依照《检验检测机构资质认定管理办法》的相关规定，由市场监督管理部门依照法律、行政法规规定，对向社会出具具有证明作用的数据、结果的检验检测机构的基本条件和技术能力是否符合法定要求实施的评价许可。

本准则所称资质认定技术评审，是指依照《检验检测机构资质认定管理办法》的相关规定，由市场监管总局或者省级市场监督管理部门（以下统称资质认定部门）自行或者委托专业技术评价机构组织相关专业评审人员，对检验检测机构申请的资质认定事项是否符合资质认定条件以及相关要求所进行的技术性审查。

第四条〔特殊要求〕针对不同行业或者领域的特殊性，市场监管总局和国务院有关主管部门，依照有关法律法规的规定，制定和发布相关技术评审补充要求，评审补充要求与本准则一并作为技术评审依据。

第五条〔告知承诺现场核查〕依照《检验检测机构资质认定管理办法》的相关规定，对于采用告知承诺程序实施资质认定的，对检验检测机构承诺内容是否属实进行现场核查的内容与程序，应当符合本准则的相关规定。

第六条〔评审原则〕资质认定技术评审工作应当坚持统一规范、客观公正、科学准确、公平公开的原则。

（二）条文释义及对比

1. 第一条是制定《评审准则》的目的

《评审准则》是依照《中华人民共和国计量法》第二十二条"为社会提供公证数据的产品

质量检验机构,必须经省级以上人民政府计量行政部门对其计量检定、测试的能力和可靠性考核合格",《中华人民共和国计量法实施细则》第二十九条"为社会提供公证数据的产品质量检验机构,必须经省级以上人民政府计量行政部门计量认证"、《中华人民共和国认证认可条例》第十五条"向社会出具具有证明作用的数据和结果的检查机构、实验室,应当具备有关法律、行政法规规定的基本条件和能力,并依法经认定后,方可从事相应活动,认定结果由国务院认证认可监督管理部门公布"等要求,为依法实施《检验检测机构资质认定管理办法》中第六条"市场监管总局依据国家有关法律法规和标准、技术规范的规定,制定检验检测机构资质认定基本规范、评审准则以及资质认定证书和标志的式样,并予以公布"而制定。

【对比】RB/T 214《通用要求》按照标准的要素编写,内容未涉及制定目的及依据。

2. 第二条是《评审准则》的适用范围

《评审准则》适用于在中华人民共和国境内,开展检验检测机构资质认定的技术评审工作。对适用地域(中华人民共和国境内)、适用领域(开展检验检测机构资质认定的技术评审工作)进行了明确界定,涵盖了评审方(资质认定部门或专业技术评价机构)和被评审方(检验检测机构),进一步明确了资质认定的评审是技术评审。比RB/T 214《通用要求》的适用范围涵盖更广、要求更具体。

【对比】RB/T 214《通用要求》1"范围":"向社会出具具有证明作用的数据、结果的检验检测机构的资质认定能力评价,也适用于检验检测机构的自我评价。"此适用范围仅涵盖检验检测机构。

3. 第三条是定义

(1)"检验检测机构"是指依照《检验检测机构资质认定管理办法》的相关规定,依法成立的从事检验、检测和检验检测活动机构的总称。检验检测机构取得资质认定后,可根据自身业务特点,对外出具检验检测报告或证书。此定义与RB/T 214《通用要求》基本一致。

【对比】RB/T 214《通用要求》3.1"检验检测机构":"依法成立,依据相关标准或者技术规范,利用仪器设备、环境设施等技术条件和专业技能,对产品或者法律法规规定的特定对象进行检验检测的专业技术组织。"该定义与《检验检测机构资质认定管理办法》(163号令修正案)中的定义相同。

(2)"资质认定"是国家对检验检测机构进入检验检测行业的一项行政许可制度,依据《中华人民共和国计量法》《中华人民共和国认证认可条例》《中华人民共和国食品安全法》《中华人民共和国农产品质量安全法》等法律法规设立和实施。依照上述法律、行政法规和《检验检测机构资质认定管理办法》的相关规定,国家市场监督管理总局和省级市场监督管理部门对向社会出具具有证明作用的数据、结果的检验检测机构的基本条件和技术能力是否符合法定要求实施评价许可。

【对比】RB/T 214《通用要求》3.2"资质认定":"国家认证认可监督管理委员会和省级质量技术监督部门依据有关法律法规和标准、技术规范的规定,对检验检测机构的基本条件和技术能力是否符合法定要求实施的评价许可。"《评审准则》中除资质认定主管部门名称变更、资质认定依据不再包含标准、技术规范之外,其余内容基本一致。

(3)资质认定技术评审:明确了评审主体的3个层级——国家市场监管总局(负责组织实施国务院有关部门以及相关行业主管部门依法成立的检验检测机构的资质认定),或省级市场监督管理部门(负责组织实施辖区内除总局负责以外的其他检验检测机构资质认定),或专业技术评价机构(接受总局或省级市场监督管理部门委托)。首次将资质认定评审明确界定为技术性审查。检验检测机构未申请资质认定事项的,不进行评审,明确了评审的边界。

【对比】RB/T 214《通用要求》3.3"资质认定评审":"国家认证认可监督管理委员会和省级质量技术监督部门依据《中华人民共和国行政许可法》的有关规定,自行或者委托专业技术评价机构,组织评审人员,对检验检测机构的基本条件和技术能力是否符合《检验检测机构资质认定评审准则》和评审补充要求所进行的审查和考核。"涉及的评审依据为《中华人民共和国行政许可法》和《检验检测机构资质认定评审准则》,《评审准则》中则为《检验检测机构资质认定管理办法》。

4. 第四条是特殊要求

针对不同行业或领域的特殊性,明确由国家市场监督管理总局和国务院有关主管部门,依照有关法律法规的规定,制定和发布相关技术评审补充要求,其评审补充要求与本准则一并作为技术评审的依据。

【对比】RB/T 214《通用要求》"引言":"本标准是检验检测机构资质认定对检验检测机构能力评价的通用要求,针对各个不同领域的检验检测机构,应参考依据本标准发布的相应领域的补充要求。"未明确补充要求的制定和发布机构。

5. 第五条是告知承诺现场核查

此条款为新增条款。

6. 第六条是评审原则

此条款为新增条款。明确开展资质认定技术评审工作,应当坚持统一规范、客观公正、科学准确、公平公开的原则。

二、评审内容与要求

(一)准则原文

第二章 评审内容与要求

第七条〔评审内容〕 资质认定技术评审内容包括：对检验检测机构主体、机构人员、场所环境、设备设施和管理体系等方面是否符合资质认定要求的审查。

第八条〔机构主体评审要求〕 检验检测机构应当是依法成立并能够承担相应法律责任的法人或者其他组织。

（一）检验检测机构或者其所在的组织应当有明确的法律地位，对其出具的检验检测数据、结果负责，并承担法律责任。不具备独立法人资格的检验检测机构应经所在法人单位授权。

（二）检验检测机构应当以公开方式对其遵守法定要求、独立公正从业、履行社会责任、严守诚实信用等情况进行自我声明，并对声明内容的真实性、全面性、准确性负责。

（三）检验检测机构应当独立于其出具的检验检测数据和结果所涉及的利益相关方，不受任何可能干扰其技术判断的因素影响，保证检验检测数据和结果公正准确，可追溯。

第九条〔人员评审要求〕 检验检测机构应当具有与其从事检验检测活动相适应的检验检测技术人员和管理人员。

（一）检验检测机构人员的受教育程度、专业技术背景和工作经历、资质资格、技术能力应当符合工作需要。法律、行政法规对检验检测人员执业资格或者禁止从业另有规定的，依照其规定。

（二）检验检测报告授权签字人应当具有中级及以上相关专业技术职称或者同等能力，并符合相关技术能力要求。

（三）检验检测机构人员应当与本机构建立劳动关系，临时性、辅助性或者替代性工作岗位可以采取劳务派遣用工形式。检验检测机构用工情况应当符合《中华人民共和国劳动法》《中华人民共和国劳动合同法》的相关规定，符合从业竞业限制。

第十条〔场所环境评审要求〕 检验检测机构应当具有固定的工作场所，工作环境符合检验检测要求。

（一）检验检测机构具有符合标准或者技术规范要求的检验检测场所，包括固定的、临时的、可移动的或者多个地点的场所。

（二）检验检测工作环境及安全条件符合检验检测活动要求。

第十一条〔设备设施评审要求〕 检验检测机构应当具备从事检验检测活动所必需的检验检测设备设施。

（一）检验检测机构应当配备具有独立支配使用权、性能符合工作要求的设备和设施。

（二）检验检测机构应当对检验检测数据和结果的准确性或者有效性有影响的设备（包括用于测量环境条件等辅助测量设备）实施检定或者校准，保证数据和结果符合计量溯源性要求。检验检测机构应当对溯源结果进行确认，确认内容包括溯源性证明文件（溯源证书）的有效性，及其提供的溯源性结果是否符合检验检测要求。溯源产生的修正信息（修正值、修正因子等）应当有效正确利用。

(三)检验检测机构如使用标准物质,可能时,标准物质应当溯源到国际单位制(SI)或者有证标准物质。

第十二条〔管理体系评审要求〕检验检测机构应当具有保证其检验检测活动独立、公正、科学、诚信的管理体系,并确保该管理体系能够得到有效、可控、稳定实施,持续符合检验检测机构资质认定条件以及相关要求。

(一)检验检测机构应当依据法律法规、标准(包括但不限于国家标准、行业标准、国际标准)的规定制定完善的管理体系文件,包括政策、制度、计划、程序和作业指导书等。检验检测机构建立的管理体系应当符合自身实际情况并有效运行。

(二)检验检测机构应当开展有效的合同评审。对要求、标书、合同的偏离、变更应当征得客户同意并通知相关人员。

(三)检验检测机构能正确使用有效的方法开展检验检测活动。检验检测方法包括标准方法和非标准方法,应当优先使用标准方法。使用标准方法前应当进行验证。使用非标准方法前,应当先对方法进行确认,再验证。

(四)当检验检测标准、技术规范或者判定规则有测量不确定度要求时,检验检测机构应当报告测量不确定度。

(五)检验检测机构出具的检验检测报告应当客观真实、方法有效、数据完整、信息齐全、结论明确、表述清晰并使用法定计量单位。检验检测报告应当加盖检验检测机构公章或者检验检测专用章,由检验检测报告授权签字人在其授权范围内签发。如需使用电子签名按相关法律法规规定执行。

(六)检验检测机构应当对质量记录和技术记录管理做出规定。包括记录标识、贮存、保护、归档留存和处置等内容。记录信息应当充分、清晰、完整。检验检测原始记录和报告保存期限不少于6年。

(七)检验检测机构在运用计算机与信息技术自动设备系统实施检验检测、数据传输或者对检验检测数据和相关信息进行管理时,具备保障安全性、完整性、正确性措施。

(八)检验检测机构应当实施有效的数据结果质量控制,质量控制活动与检验检测工作相适应。数据结果质量控制活动包括内部质量控制活动和外部质量控制活动。内部质量控制活动包括但不限于人员比对、设备比对、留样再测、盲样考核等。外部质量控制活动包括但不限于能力验证、实验室间比对等。

第十三条〔特殊评审要求〕有关法律法规及标准、技术规范对检验检验检测机构的人员、场地环境等条件有特殊规定的,检验检测机构还应当符合相关特殊要求。检验检测机构应当以公开方式对其遵守法律、行政法规、部门规章的规定,遵循客观独立、公平公正、诚实信用原则,恪守职业道德,承担社会责任等情况进行自我声明,并对声明内容的真实性、全面性、准确性负责。

(二)条文释义及对比

1. 第七条是评审内容

资质认定技术评审内容包含检验检测机构主体、机构人员、场所环境、设备设施和管理体系等五大要素,是依照《检验检测机构资质认定管理办法》中第九条"申请资质认定的检验检测机构应当符合的条件"而设定的。

【对比】RB/T 214《通用要求》1"范围":"本标准规定了对检验检测机构进行资质认定能力评价时,在机构、人员、场所环境、设备设施、管理体系方面的通用要求。"

对"机构""人员",《评审准则》中明确界定为"检验检测机构主体""机构人员",表述更严谨、清晰。

2. 第八条是机构主体评审要求

(1)第八条第(一)款是对检验检测机构的法律地位和法律责任的要求。

《审查表》中审查内容如下:

条款	序号	具体审查内容	审查结论(在□中打☑)		
			符合	基本符合	不符合
第二章		评审内容与要求			
第八条		检验检测机构应当是依法成立并能够承担相应法律责任的法人或者其他组织。			
2.8.1*		检验检测机构或者其所在的组织应当有明确的法律地位,对其出具的检验检测数据、结果负责,并承担法律责任。不具备独立法人资格的检验检测机构应经所在法人单位授权。	□	□	□
	1)	检验检测机构是法人机构的应依法进行登记。企业法人注册经营范围不得包含生产、销售等影响公正性的内容。			
	2)	检验检测机构是其他组织(包括法人分支机构)的应依法进行登记。			
	3)	法人、其他组织登记、注册的机构名称、地址应与资质认定申请书一致,且登记、注册证书在有效期内。			
	4)	允许事业法人、机关法人以内设机构名义从事检验检测服务,其所属法人机构应当对该内设机构独立对外开展检验检测服务进行授权,并明确相应法律责任由所属法人机构承担。			
	5)	法定代表人不担任检验检测机构最高管理者的,应当对检验检测机构的最高管理者进行授权,并明确法律责任。			

①该条款为关键项,评审时应重点核查。如不符合,则评审结论为不符合。体现了《评

审准则》对检验检测机构主体身份合法性的高度重视。

依法设立的法人包括机关法人、事业单位法人、企业法人和社会团体法人。其他组织包括取得工商行政管理机关颁发的《营业执照》的企业法人分支机构、特殊普通合伙检验检测企业、民政部门登记的民办非企业单位(法人)、经核准登记的司法鉴定机构等。

法人或者其他组织应具有有效的登记、注册文件,且登记、注册文件中的业务或经营范围应包含检验、检测、检验检测或者相关表述,不得有影响其检验检测活动公正性的经营项目(诸如生产、销售等)。

生产企业内部的检验检测机构不在资质认定范围之内。但生产企业出资设立的具有独立法人资格的检验检测机构可以申请资质认定。

②检验检测机构作为检验检测活动的第一责任人,应对其出具的检验检测数据、结果负责。因检验检测机构自身原因导致检验检测数据、结果出现错误、不准确或者其他后果的,应当承担相应解释、召回报告或证书的后果,并承担赔偿责任。涉及违反相关法律法规规定的,需承担相应的法律责任。

③非独立法人检验检测机构,其所在的法人单位应为依法成立并能承担法律责任的实体,该检验检测机构在其法人单位内应有相对独立的运行机制。申请资质认定时,应提供其法人单位的法律地位证明文件和法人授权文件。非独立法人检验检测机构所在法人单位的法定代表人不担任检验检测机构管理层的,应由法定代表人对管理层进行授权。

【对比】RB/T 214《通用要求》4.1.1:"检验检测机构应是依法成立并能够承担相应法律责任的法人或者其他组织。检验检测机构或者其所在的组织应有明确的法律地位,对其出具的检验检测数据、结果负责,并承担相应法律责任。不具备独立法人资格的检验检测机构应经所在法人单位授权。"此条款与《评审准则》第八条第(一)款内容一致。

(2)第八条第(二)款是检验检测机构公开自我声明的内容,以及对声明应承担的责任。

《审查表》中审查内容如下:

条款	序号	具体审查内容	审查结论(在□中打☑)		
			符合	基本符合	不符合
第二章		评审内容与要求			
2.8.2		检验检测机构应当以公开方式对其遵守法定要求,遵循客观独立、公平公正、诚实信用原则,恪守职业道德,承担社会责任等情况进行自我声明,并对声明内容的真实性、全面性、准确性负责。	□	□	□
	6)	检验检测机构应当真实、全面、准确地自我声明其遵守法定要求,遵循客观独立、公平公正、诚实信用原则,恪守职业道德,承担社会责任等情况。			

①检验检测机构应公开声明"遵守法定要求、独立公正从业、履行社会责任、严守诚实信用",并对所作声明内容的真实性、全面性、准确性负责。

②该条款一是从法律层面,要求检验检测机构遵守国家相关法律法规的规定;二是从职

业道德层面,要求检验检测机构遵循三个原则(客观独立、公平公正、诚实信用)、两个要求(恪守职业道德、承担社会责任);三是首次明确检验检测机构应公开声明,并对声明内容负责。

公平是指检验检测机构为客户提供平等的服务;公正是指站在第三方立场,不徇私、不偏袒,客观独立地出具数据结果。

承担社会责任是指检验检测机构的运营应考虑对社会和环境的影响,秉持负责任的态度,保证检验检测机构的各项活动不损害社会利益,符合可持续发展的要求,以道德为基础,遵守法律和契约。

严守诚实信用是指检验检测机构应通过建立公正诚信体系,识别影响公正诚信方面的风险,采取措施控制任何有损公正诚信的行为,坚持诚信守法检验检测,实行检验检测事务公开。可通过制定诚信要素识别和诚信要素监控等程序,建立诚信保障机制。

【对比】RB/T 214《通用要求》4.1.3:"检验检测结构及其人员从事检验检测活动,应遵守国家相关法律法规的规定,遵循客观独立、公平公正、诚实信用原则,恪守职业道德,承担社会责任。"此条款未要求作出公开承诺。

(3)第八条第(三)款是检验检测机构保证公正性的要求。

《审查表》中审查内容如下:

条款	序号	具体审查内容	审查结论(在□中打☑)		
			符合	基本符合	不符合
第二章		评审内容与要求			
2.8.3		检验检测机构应当独立于其出具的检验检测数据、结果所涉及的利益相关方,不受任何可能干扰其技术判断的因素影响,保证检验检测数据、结果公正准确,可追溯。	□	□	□
	7)	检验检测机构不得开展影响其检验检测公正性的经营项目,如生产、销售等。			
	8)	非独立法人的检验检测机构,其所在法人组织还从事检验检测以外的活动时,该机构应当独立运作,与其他部门或者岗位的关系不会影响其判断的独立性和诚实性。			

①检验检测机构应公正地从事检验检测活动,确保检验检测机构与检验检测委托方、数据结果使用方及其他相关方不存在影响检验检测公正性的关系。检验检测机构应不受任何来自外部、内部等可能干扰检验检测活动及结果判断的因素影响,能独立开展检验检测活动,确保检验检测数据、结果的真实性、公正性、准确性和可追溯性。

外部的干扰主要来自客户及相关方的不合理要求。内部的干扰主要来自本机构或所在法人单位的相关部门和人员的不正当干预。以商业、财务的手段施加的干扰,属于商业贿赂行为。检验检测机构应有防止商业贿赂的具体规定,并有效地识别、防止商业贿赂行为。

②检验检测机构应坚持第三方公正地位,不得参与有损于检验检测独立性和诚信度的活动,不得开展与检验检测能力有利益冲突的活动,如产品的设计、研发、生产、维修、

保养等。

③所在法人还从事其他非检验检测活动,或非独立法人检验检测机构所在的法人组织还从事检验检测以外活动的,检验检测机构应明确授权职责,确保检验检测机构的各项活动不受其所属单位其他部门的影响,保持客观公正。检验检测机构应明确其检验检测人员是否还从事其他非检验检测活动(与检验检测活动相关的设计、研发、生产、销售、维修、保养等),检验检测设备设施及检验检测场所是否与其他经营活动、其他非检验检测人员共同使用。

【对比】RB/T 214《通用要求》4.1.4:"检验检测机构应建立和保持维护其公正和诚信的程序。检验检测机构及其人员应不受来自内外部的、不正当的商业、财务和其他方面的压力和影响,确保检验检测数据、结果的真实、客观、准确和可追溯。检验检测机构应建立识别出现公正性风险的长效机制。如识别出公正性风险,检验检测机构应能证明消除或减少该风险。若检验检测机构所在的组织还从事检验检测以外的活动,应识别并采取措施避免潜在的利益冲突。检验检测机构不得使用同时在两个及以上检验检测机构从业的人员。"

《评审准则》删除了 RB/T 214《通用要求》中对人员保持"公正性"的要求和"不得使用同时在两个及以上检验检测机构从业的人员"的要求。因为此条款是对机构的要求,故《评审准则》将对人员的要求放在专门的人员评审条款中,更为合理。

3. 第九条是人员评审要求

检验检测机构应有与其检验检测活动相适应的检验检测技术人员和管理人员,建立和保持人员管理程序。

(1)第九条第(一)款是对检验检测机构人员执业资格的要求。

《审查表》中审查内容如下:

条款	序号	具体审查内容	审查结论(在□中打☑)		
			符合	基本符合	不符合
第二章		评审内容与要求			
第九条		检验检测机构应当具有与其从事检验检测活动相适应的检验检测技术人员和管理人员。			
2.9.1		检验检测机构人员的受教育程度、专业技术背景和工作经历、资质资格、技术能力、管理能力应当符合工作需要。法律、行政法规对检验检测人员执业资格或者禁止从业另有规定的,依照其规定。	□	□	□
	9)	检验检测机构具有为保证管理体系的有效运行、出具正确检验检测数据、结果所需的技术人员和管理人员(包括最高管理者、技术负责人、质量负责人、授权签字人等)。			
	10)	检验检测机构技术人员和管理人员的结构、数量、受教育程度、理论基础、技术背景和经历、实际操作能力、职业素养等符合工作类型、工作范围和工作量的需要。			
	11)	检验检测机构的技术负责人覆盖检验检测机构的全部技术活动范围。			

12)	技术负责人具有中级及以上相关专业技术职称或者同等能力。同等能力是指博士研究生毕业,从事相关专业检验检测活动1年及以上;硕士研究生毕业,从事相关专业检验检测活动3年及以上;大学本科毕业,从事相关专业检验检测活动5年及以上;大学专科毕业,从事相关专业检验检测活动8年及以上。
13)	质量负责人、技术负责人、授权签字人符合管理体系任职要求、授权条件,具有任职文件,有充分的证据证明其能力持续符合要求。

①检验检测机构应具有为保证管理体系有效运行、出具正确检验检测数据、结果所需的技术人员(检验检测人员、设备操作人员、抽样人员等)和管理人员(最高管理者、技术负责人、质量负责人、授权签字人等)。

②技术人员和管理人员的结构和数量、受教育程度、理论基础、技术背景和经历、技术职能、实际操作能力、职业素养及组织、协调方面管理能力等应满足检验检测机构工作类型、工作范围和工作量的需要。检验检测机构应对人员进行系统管理,包括录用、资格确认、授权和能力保持等。

检验检测机构对人员能力的要求,还应包括专业判断能力要求。因此检验检测人员应了解被检物品生产过程的相关技术知识,被检物品在使用过程中可能出现的缺陷或失效等方面的知识。详细要求应根据所在行业的特殊要求作出规定。通常,一个检验检测项目应有两个及以上具备资质的检验检测人员。

③检验检测机构应有技术负责人全面负责技术运作。技术负责人可以是一人,也可以是多人,以覆盖检验检测机构不同的技术活动领域。技术负责人应具有中级及以上相关专业技术职称或者同等能力,胜任所承担的工作。

④检验检测机构应在管理体系文件中明确规定质量负责人、技术负责人、授权签字人的职责和任职要求,以正式文件进行授权,赋予相关的职责和权限,以使质量负责人能确保管理体系的有效实施和保持;技术负责人能胜任对技术运作过程进行全面控制;授权签字人能在授权的能力范围内签发检验检测报告。同时,对质量负责人、技术负责人、授权签字人的能力持续满足岗位要求,应给出确认依据和证据。

⑤检验检测机构录用的人员应符合有关法律、行政法规对其执业资格或者禁止从业的规定。依照《检验检测机构监督管理办法》第七条"从事检验检测活动的人员,不得同时在两个以上检验检测机构从业",检验检测机构应以文件规定或者合同约定等方式确保不录用同时在两个及以上检验检测机构从业的检验检测人员。

【对比】RB/T 214《通用要求》4.2.1:"检验检测机构应建立和保持人员管理程序,对人员资格确认、任用、授权和能力保持等进行规范管理。检验检测机构应与其人员建立劳动、聘用或录用关系,明确技术人员和管理人员的岗位职责、任职要求和工作关系,使其满足岗位要求并具有所需的权力和资源,履行建立、实施、保持和持续改进管理体系的职责。检验检测机构中所有可能影响检验检测活动的人员,无论是内部还是外部人员,均应行为公正,受到监督,胜任工作,并按照管理体系要求履行职责。"

4.2.2:"检验检测机构应确定全权负责的管理层,管理层应履行其对管理体系的领导作用和承诺:

a)对公正性做出承诺;

b)负责管理体系的建立和有效运行;

c)确保管理体系所需的资源;

d)确保制定质量方针和质量目标;

e)确保管理体系要求融入检验检测的全过程;

f)组织管理体系的管理评审;

g)确保管理体系实现其预期结果;

h)满足相关法律法规要求和客户要求;

i)提升客户满意度;

j)运用过程方法建立管理体系和分析风险、机遇。"

4.2.3:"检验检测机构的技术负责人应具有中级及以上专业技术职称或同等能力,全面负责技术运作;质量负责人应确保管理体系得到实施和保持;应指定关键管理人员的代理人。"

RB/T 214《通用要求》4.2.1对检验检测机构人员如何满足工作需要及规范管理的方式提出了要求,4.2.2对检验检测机的管理层的职责提出明确要求,4.2.3对技术负责人和质量负责人任职资格提出了要求,且指明关键管理人员要指定代理人。

《评审准则》仅要求检验检测机构人员适应工作需要,符合相关法律法规对执业资格或禁止从业的规定,并未限制具体方式,给检验检测机构的个性化管理留出了发挥空间。对技术负责人的具体要求体现在《审查表》中。

(2)第九条第(二)款是对授权签字人的能力要求。

《审查表》中审查内容如下:

条款	序号	具体审查内容	审查结论(在□中打☑)		
			符合	基本符合	不符合
第二章		评审内容与要求			
2.9.2		检验检测报告授权签字人应当具有中级及以上相关专业技术职称或者同等能力,并符合相关技术能力要求。	□	□	□
	14)	检验检测报告授权签字人具有中级及以上相关专业技术职称或者同等能力。同等能力是指博士研究生毕业,从事相关专业检验检测活动1年及以上;硕士研究生毕业,从事相关专业检验检测活动3年及以上;大学本科毕业,从事相关专业检验检测活动5年及以上;大学专科毕业,从事相关专业检验检测活动8年及以上。			
	15)	检验检测报告授权签字人的授权文件明确规定授权签字人签字范围,授权签字人的工作经历和教育背景与授权文件规定的签发报告范围相适应,授权签字人的能力胜任所承担的工作。			

①检验检测报告授权签字人是由检验检测机构确认授权,在其资质认定授权的能力范围内签发检验检测报告或证书的人员。

②授权签字人应符合以下条件:

a)熟悉检验检测机构资质认定相关法律法规、《评审准则》及其相关技术文件的要求;

b)具备从事相关专业检验检测的工作经历,掌握所承担签字领域的检验检测技术、标准或者技术规范;

c)熟悉检验检测报告或证书的签发程序,具备对检验检测结果做出评价的判断能力;

d)检验检测机构对其签发报告或证书的职责和范围有正式授权;

e)具有中级及以上专业技术职称或者同等能力。

③非授权签字人不得对外签发检验检测报告或证书。授权签字人一般不设代理人,如必要,代理人必须同样是授权签字人,而且授权的范围相同。

【对比】RB/T 214《通用要求》4.2.4:"检验检测机构的授权签字人应具有中级及以上专业技术职称或同等能力,并经资质认定部门批准,非授权签字人不得签发检验检测报告或证书。"

《评审准则》中删除了"授权签字人应经资质认定部门批准"的要求。

(3)第九条第(三)款是对人员与机构建立劳动关系的要求。

《审查表》中审查内容如下:

条款	序号	具体审查内容	审查结论(在□中打☑)		
			符合	基本符合	不符合
第二章	评审内容与要求				
2.9.3*		检验检测机构人员应当与本机构建立劳动关系,临时性、辅助性或者替代性工作岗位可以采取劳务派遣用工形式。检验检测机构用工情况应当符合《中华人民共和国劳动法》《中华人民共和国劳动合同法》的相关规定,符合从业竞业限制。	□	□	□
	16)	检验检测机构人员均应签订劳动、聘用合同,建立劳动关系,且符合相关法律法规的规定。			

①此条款为关键项,评审时应重点核查,如不符合,则评审结论为不符合。这表现了《评审准则》对人员身份合法性的高度重视。检验检测机构应与工作人员确定劳动关系,签订劳动、聘用合同。未与机构建立劳动关系的临时人员、借用人员不得从事检验检测活动。

②首次明确可以聘用劳务派遣人员从事临时性、辅助性或者替代性工作。这使检验检测机构因工作需要,采用劳务派遣的用工方式有了法规依据。

③检验检测机构聘用或录用人员,应当符合《中华人民共和国劳动法》《中华人民共和国劳动合同法》的相关规定,不得使用在两个及以上检验检测机构兼职人员。

【对比】RB/T 214《通用要求》4.2.1:"检验检测机构应与其人员建立劳动、聘用或录用关系,明确技术人员和管理人员的岗位职责、任职要求和工作关系,使其满足岗位要求并具有所需的权力和资源,履行建立、实施、保持和持续改进管理体系的职责。"

关于人员能力确认、培训和监督的条款,《评审准则》中已不再体现。但为切实规范人员管理、保证人员能力,仍建议检验检测机构将 RB/T 214《通用要求》中 4.2.5、4.2.6、4.2.7 的条款内容纳入管理体系文件。

4. 第十条是场所环境评审要求

(1)第十条第(一)款是对场所的要求。

《审查表》中审查内容如下:

条款	序号	具体审查内容	审查结论(在□中打☑)		
			符合	基本符合	不符合
第二章		评审内容与要求			
第十条		检验检测机构应当具有固定的工作场所,工作环境符合检验检测要求。			
2.10.1*		检验检测机构应当具有符合标准或者技术规范要求的检验检测场所,包括固定的、临时的、可移动的或者多个地点的场所。	□	□	□
	17)	检验检测机构的工作场所与《检验检测机构资质认定申请书》填写的工作场所地址一致。			
	18)	检验检测机构对工作场所具有完全的使用权,并能提供证明文件。			

①此条款为关键项,评审时应重点核查,如不符合,则评审结论为不符合。检验检测机构应具有满足检验检测要求的工作场所,并依据标准、技术规范和管理体系文件,识别检验检测所需要的环境条件,对环境条件进行控制。检验检测机构的工作场所与《检验检测机构资质认定申请书》填写的工作场所地址应一致。

②固定的场所是指不随检验检测任务而变更,且不可移动的开展检验检测活动的场所;临时的场所是指检验检测机构根据现场检验检测需要,临时建立的工作场所(如对公共场所和作业场所环境的噪声检验检测的现场;在高速公路施工阶段和桥梁通车前所建立的检验检测临时场所);可移动的场所是指利用汽车、动车和轮船等装载检验检测设备设施,可在移动中实施检验检测的场所;多个地点的场所(多场所)是指检验检测机构存在两个及以上地址不同的检验检测工作场所。

③工作场所权属包括检验检测机构自有产权、上级配置、出资方调配或租赁等。不管工作场所是否为自有产权,检验检测机构应有证据证明工作场所合法且对其具有完全使用权。

【对比】RB/T 214《通用要求》4.3.1:"检验检测机构应有固定的、临时的、可移动的或多个地点的场所,上述场所应满足相关法律法规、标准或技术规范的要求。检验检测机构应将其从事检验检测活动所必需的场所、环境要求制定成文件。"此条款与《评审准则》中要求基本一致,但《评审准则》删去了"将场所、环境要求制定成文件"的具体要求。

（2）第十条第（二）款是对环境的要求。

《审查表》中审查内容如下：

条款	序号	具体审查内容	审查结论（在□中打☑）		
			符合	基本符合	不符合
第二章		评审内容与要求			
2.10.2		检验检测工作环境和安全条件应当符合检验检测活动要求。	□	□	□
	19)	检验检测机构的场所符合开展检验检测相应标准或者技术规范要求。			
	20)	标准或者技术规范对开展检验检测活动的环境条件有要求,或者当环境条件影响检验检测结果质量时,检验检测机构应当对环境条件进行监测、控制和记录,使其持续符合标准或者技术规范要求。			
	21)	检验检测机构应当有效识别检验检测活动所涉及的安全因素（如危险化学品的规范存储和领用、危废处理的合规性、气瓶的安全管理和使用等）,并设置必要的防护设施、应急设施,制定相应预案。			

①检验检测机构的工作环境和安全条件应满足检验检测方法或技术规范要求,保证检验检测有效。此条款充分体现《评审准则》的目标导向原则,删除了 RB/T 214《通用要求》4.3.2、4.3.3、4.3.4 中对实验室工作环境和安全条件的具体环节（室外检验检测或抽样）和措施（有效隔离、防止交叉污染）的要求。但《审查表》中对相应的措施进行了补充性要求。

②检验检测机构的场所应符合开展检验检测相应标准或者技术规范要求。当相邻区域的活动不相容或相互影响时,检验检测机构应进行有效隔离,采取有效措施消除影响,防止相互干扰、交叉污染和产生安全隐患。例如：精密电子仪器设备不能和对其有影响的其他设备放在同一房间内,除非有措施保障避免造成相互影响或交叉污染；有高电压的区域,不仅要有明确的标识,还要有应急处理措施；在微生物检测领域,洁净区和污染区必须有效隔离并明确标识。

③检验检测机构应根据检验检测标准或者技术规范,识别和评估检验检测所需的工作环境条件。当工作环境条件对结果的质量有影响时,应监测、控制和记录环境条件,并有措施确保工作环境条件持续符合标准或者技术规范要求。

④检验检测机构应有效识别检验检测活动所涉及的安全因素,主要涉及危险化学品、有害生物、电离辐射、高温、高电压、有毒及易燃易爆气体、火灾、触电事故等,并设置必要的防护和应急设施,制定应急预案。

实验室防护应急设施包括消防设施设备、应急药箱、应急器材（如各类防护服、吸附处置装备、遗撒物回收处理装备等）、喷淋洗眼装置等。

【对比】RB/T 214《通用要求》4.3.2："检验检测机构应确保其工作环境满足检验检测的

要求。检验检测机构在固定场所以外进行检验检测或抽样时,应提出相应的控制要求,以确保环境条件满足检验检测标准或者技术规范的要求。"

4.3.3:"检验检测标准或者技术规范对环境条件有要求时或环境条件影响检验检测结果时,应监测、控制和记录环境条件。当环境条件不利于检验检测的开展时,应停止检验检测活动。"

4.3.4:"检验检测机构应建立和保持检验检测场所良好的内务管理程序,该程序应考虑安全和环境的因素。检验检测机构应将不相容活动的相邻区域进行有效隔离,应采取措施以防止干扰或者交叉污染。检验检测机构应对使用和进入影响检验检测质量的区域加以控制,并根据特定情况确定控制的范围。"

《评审准则》中删除了"固定场所以外"的相关要求,因为对检验检测机构工作环境的要求已涵盖所有的工作场景。未提及"当环境条件不利于检验检测的开展时,应停止检验检测活动",意在允许检验检测机构面临此类问题时根据具体情况采取合理应对措施。不再提及"内务管理",因为检验检测机构的工作环境和安全条件,不仅包含内务管理,还涉及外部因素,同时要承担相应的社会责任。

5. 第十一条是设备设施评审要求

检验检测机构应具备满足检验检测标准或者技术规范要求的检验检测设备和设施。

(1)第十一条第(一)款是对设备设施配备的要求。

《审查表》中审查内容如下:

条款	序号	具体审查内容	审查结论(在□中打☑)		
			符合	基本符合	不符合
第二章		评审内容与要求			
第十一条		检验检测机构应当具备从事检验检测活动所必需的检验检测设备设施。			
2.11.1*		检验检测机构应当配备具有独立支配使用权、性能符合工作要求的设备和设施。	□	□	□
	22)	检验检测机构应当配备符合开展检验检测(包括抽样、样品制备、数据处理与分析等)工作要求的设备和设施。			
	23)	检验检测机构使用租用、借用的设备设施申请资质认定的,应当有合法的租用、借用合同,并对租用、借用的设备设施具有完全的使用权、支配权。同一台设备设施不得共同租用、借用、使用。不得以临时租用、借用的设备设施申请资质认定。			

①此条款为关键项,评审时应重点核查,如不符合,则评审结论为不符合。强调了检验检测机构对设备设施拥有独立支配使用权的重要性。

②检验检测机构所用仪器设备(包括抽样工具、样品制备、数据处理与分析等)的技术指标和功能应满足要求,量程应与被测参数的技术指标范围相适应。检验检测活动所必需并

影响结果的仪器、软件、测量标准、标准物质、参考数据、试剂、消耗品、辅助设备或相应组合装置,应有利于检验检测工作的正常开展。

③检验检测机构的设施包括固定和非固定设施,这些设施应满足相关标准或者技术规范的要求,避免影响检验检测结果的准确性。

固定设施主要指供水供电设施、通风排气设施、信息和通信设施等。非固定设施主要是指车、船等仪器设备的承载设施,也包括样品的搬运、吊装等设施。

④使用租用、借用的设备设施申请资质认定的,应当有合法的租用、借用合同,并对租用、借用的设备设施具有完全的使用权、支配权,即:租用的仪器设备由本检验检测机构的人员操作、维护、检定或校准,并对使用环境和贮存条件进行控制。同一台设备设施不得共同租用、借用、使用。不得以临时租用、借用的设备设施申请资质认定。

【对比】RB/T 214《通用要求》4.4.1:"检验检测机构应配备满足检验检测(包括抽样、物品制备、数据处理与分析)要求的设备和设施。用于检验检测的设施,应有利于检验检测工作的正常开展。设备包括检验检测活动所必需并影响结果的仪器、软件、测量标准、标准物质、参考数据、试剂、消耗品、辅助设备或相应组合装置。检验检测机构使用非本机构的设施和设备时,应确保满足本标准要求。

检验检测机构租用仪器设备开展检验检测时,应确保:

a)租用仪器设备的管理应纳入本检验检测机构的管理体系;

b)本检验检测机构可全权支配使用,即:租用的仪器设备由本检验检测机构的人员操作、维护、检定或校准,并对使用环境和贮存条件进行控制;

c)在租赁合同中明确规定租用设备的使用权;

d)同一台设备不允许在同一时期被不同检验检测机构共同租赁和资质认定。"

《评审准则》中首次明确检验检测机构配备的检验检测仪器设备和设施要有独立支配所有权,对于非独立法人的检验检测机构而言,意味着不能与同属一个法人组织下的其他部门共用仪器设备从事资质认定的检验检测。

(2)第十一条第(二)款是对设备量值溯源的要求。

《审查表》中审查内容如下:

条款	序号	具体审查内容	审查结论(在□中打☑)		
			符合	基本符合	不符合
第二章		评审内容与要求			
	2.11.2	检验检测机构应当对检验检测数据、结果的准确性或者有效性有影响的设备(包括用于测量环境条件等辅助测量设备)实施检定或者校准,保证数据、结果符合计量溯源性要求。检验检测机构应当对溯源结果进行确认,确认内容包括溯源性证明文件的有效性,及其提供的溯源性结果是否符合检验检测要求,溯源产生的修正信息应当有效利用。	□	□	□

	24)	对检验检测数据、结果有影响的设备,投入使用前应当实施核查、检定或者校准及周期核查、检定或者校准;检定或者校准应当符合计量溯源性要求。
	25)	对计量溯源性要求符合性进行确认,确认其符合检验检测要求,所有修正信息得到有效利用、更新和备份。

①"检验检测机构应当对检验检测数据、结果的准确性或者有效性有影响的设备(包括用于测量环境条件等辅助测量设备)实施检定或者校准,保证数据、结果符合计量溯源性要求"有两层含义:一是明确需要实施检定或者校准的设备是对检验检测数据、结果的准确性或者有效性有影响的设备(包括用于测量环境条件等辅助测量设备),并不是所有的设备都要实施检定或者校准;二是明确实施检定或者校准的目的是保证数据、结果符合计量溯源性要求。

《评审准则》中删除了 RB/T 214《通用要求》中对"计量溯源性有要求的设备"需实施检定或校准的要求。因为对"计量溯源性有要求的设备"覆盖面广,如强检设备是需进行计量溯源的,但对检验检测数据、结果的准确性或者有效性没有影响的强检设备是不需实施检定的。

②首次要求对溯源结果进行确认,并明确确认内容包括溯源性证明文件的有效性,其提供的溯源性结果符合检验检测要求,溯源产生的修正信息(包括修正因子、修正值、修正曲线等)得到有效利用、更新和备份。

【对比】RB/T 214《通用要求》4.4.3:"检验检测机构应对检验检测结果、抽样结果的准确性或有效性有影响或计量溯源性有要求的设备,包括用于测量环境条件等辅助测量设备有计划地实施检定或校准。设备在投入使用前,应采用核查、检定或校准等方式,以确认其是否满足检验检测的要求。所有需要检定、校准或有有效期的设备应使用标签、编码或以其他方式标识,以便使用人员易于识别检定、校准的状态或有效期。

检验检测设备,包括硬件和软件设备应得到保护,以避免出现致使检验检测结果失效的调整。检验检测机构的参考标准应满足溯源要求。无法溯源到国家或国际测量标准时,检验检测机构应保留检验检测结果相关性或准确性的证据。

当需要利用期间核查以保持设备的可信度时,应建立和保持相关的程序。针对校准结果包含的修正信息或标准物质包含的参考值,检验检测机构应确保在其检测数据及相关记录中加以利用并备份和更新。"

为体现"放管服",《评审准则》删除了 RB/T 214《通用要求》4.4.3 中有关设备标识管理、期间核查等内容和"4.4.2 设备设施的维护""4.4.4 设备控制""4.4.5 故障处理"等措施要求,仅保留了目标要求。检验检测机构要满足这些目标要求,而 RB/T 214《通用要求》中的条款内容仍值得借鉴参考。

(3)第十一条第(三)款是对标准物质量值溯源的要求。

《审查表》中审查内容如下:

条款	序号	具体审查内容	审查结论(在□中打☑)		
			符合	基本符合	不符合
第二章	评审内容与要求				
2.11.3		检验检测机构如使用标准物质,可能时,标准物质应当溯源到国际单位制(SI)或者有证标准物质。	□	□	□
	26)	若使用标准物质,可能时,溯源到SI单位或者有证标准物质。			

该条款是对标准物质的溯源要求。可能时,标准物质应溯源到国际单位制(SI)或者有证标准物质。

【对比】RB/T 214《通用要求》4.4.6:"检验检测机构应建立和保持标准物质管理程序。标准物质应尽可能溯源到国际单位制(SI)单位或有证标准物质。检验检测机构应根据程序对标准物质进行期间核查。"《评审准则》删除了"对标准物质进行期间核查"的要求。期间核查不属于溯源,而是一种保证标准物质有效性的管理措施。

6. 第十二条是管理体系评审要求

首次明确了管理体系的性质——能够保证其检验检测活动独立、公正、科学、诚信。检验检测机构应确保该管理体系能够得到有效、可控、稳定实施,持续符合检验检测机构资质认定条件以及相关要求。

【对比】RB/T 214《通用要求》4.5.1:"检验检测机构应建立、实施和保持与其活动范围相适应的管理体系。"此条款对管理体系的要求仅为"与其活动范围相适应",有"建立、实施、保持"的过程。《评审准则》细化了对这3个过程的要求:在建立层面,首次明确管理体系应保证检验检测活动独立、公正、科学、诚信;在实施层面,强调应有效、可控、稳定;在保持层面,点明以持续符合检验检测机构资质认定条件以及相关要求为目的。

(1)第十二条第(一)款是对检验检测机构制定管理体系文件的要求。

《审查表》中审查内容如下:

条款	序号	具体审查内容	审查结论(在□中打☑)		
			符合	基本符合	不符合
第二章	评审内容与要求				
第十二条		检验检测机构应当具有保证其检验检测活动独立、公正、科学、诚信的管理体系,并确保该管理体系能够得到有效、可控、稳定实施,持续符合检验检测机构资质认定条件以及相关要求。			
2.12.1		检验检测机构应当依据法律法规、标准(包括但不限于国家标准、行业标准、国际标准)的规定制定完善的管理体系文件,包括政策、制度、计划、程序和作业指导书等。检验检测机构建立的管理体系应当符合自身实际情况并有效运行。	□	□	□

	27)	检验检测机构建立的管理体系符合机构自身实际情况。
	28)	检验检测机构建立的管理体系文件包含政策、制度、计划、手册、程序和作业指导书,以恰当的文件形式体现。文件形式包括但不限于质量手册、程序文件、作业指导书等。
	29)	检验检测机构建立的管理体系应当有效运行,具有体系运行相应的记录。 a)管理体系文件标识、批准、发布、变更和废止控制记录; b)客户投诉的接收、确认、调查、处理和服务客户记录; c)检验检测不符合工作的处理记录; d)检验检测机构采取纠正措施、应对风险和机遇的措施和改进记录; e)检验检测样品全过程控制记录; f)检验检测机构管理体系内部审核记录; g)检验检测机构管理评审记录。
	30)	检验检测机构建立的管理体系对机构组织结构、岗位职责、任职要求和能力确认做出规定。检验检测机构依据管理体系建立人员技术档案,技术档案内容包括不限于教育背景、培训经历、资格确认、授权、监督和能力监控的相关记录。检验检测机构的管理体系对人员培训做出规定,并按规定开展人员培训活动,保存训记录,培训活动包括但不限于:管理体系培训、方法培训、设备使用培训和安全培训。

①"检验检测机构应当依据法律法规、标准(包括但不限于国家标准、行业标准、国际标准)的规定制定完善的管理体系文件,包括政策、制度、计划、程序和作业指导书等"表达了两层含义:第一,首次明确了管理体系文件的制定依据是法律法规、标准,并且明确了标准的范围包括但不限于国家标准、行业标准、国际标准。言下之意,不属于法律法规、标准的文件,或与法律法规、标准相悖的文件,不应作为管理体系文件编制的依据。第二,提出管理体系文件的完整结构应由政策、制度、计划、程序和作业指导书等组成,即凡是管理工作所需的文件,层级应齐全,不缺漏。

②"检验检测机构建立的管理体系应当符合自身实际情况并有效运行"对应RB/T 214《通用要求》4.5.1"检验检测机构应建立、实施和保持与其活动范围相适应的管理体系"。其中,"符合自身实际情况"即"与其活动范围相适应",但表达更准确,重点更突出。首次提出管理体系"有效运行",表明资质认定部门从关注管理形式逐渐转向关注管理效果,体现了"放管服"思想。"有效运行"的证据是各种记录,其中服务客户记录、不符合工作的处理记录、样品全过程控制记录为新增内容,目的是满足市场需求、降低法律风险。

③要求管理体系对能力确认和人员培训做出规定,并按规定开展相关工作。明确了技术档案、人员培训应包含的内容,对应RB/T 214《通用要求》4.2.7"检验检测机构应保留人员的相关资格、能力确认、授权、教育、培训和监督的记录,记录包含能力要求的确定、人员选择、人员培训、人员监督、人员授权和人员能力监控"。

【对比】RB/T 214《通用要求》4.5.1"总则":"检验检测机构应建立、实施和保持与其活动范围相适应的管理体系,应将其政策、制度、计划、程序和指导书制定成文件,管理体系文件应传达至有关人员,并被其获取、理解、执行。"检验检测机构管理体系至少应包括:管理体系文件、管理体系文件的控制、记录控制、应对风险和机遇的措施和改进、纠正措施、内部审核和管理评审。4.5.2"方针目标":"检验检测机构应阐明质量方针,制定质量目标,并在管理评审时予以评审。"4.5.3"文件控制":"检验检测机构应建立和保持控制其管理体系的内部和外部文件的程序,明确文件的标识、批准、发布、变更和废止,防止使用无效、作废的文件。"这些条款在《评审准则》中被简化、浓缩成第十二条第(一)款,或被整合至《审查表》中。"阐明质量方针""制定质量目标""管理体系文件应传达至有关人员,并被其获取、理解、执行""防止使用无效、作废的文件"等内容被删除,给予检验检测机构更多的自主管理权。

(2)第十二条第(二)款是对检验检测机构合同评审的要求。

《审查表》中审查内容如下:

条款	序号	具体审查内容	审查结论(在□中打☑)		
			符合	基本符合	不符合
第二章	评审内容与要求				
2.12.2		检验检测机构应当开展有效的合同评审。对要求、标书、合同的偏离、变更应当征得客户同意并通知相关人员。	□	□	□
	31)	检验检测机构建立的管理体系包含对评审客户要求、标书、合同的偏离、变更做出规定的内容。			
	32)	检验检测机构的管理体系包含对服务、供应品、分包和使用判定规则的相关规定。			

首次强调"开展有效的合同评审",由形式层面的要求深入效果层面的要求。同时强调了管理体系需对以下内容做出规定:合同评审的做法;标书、合同的偏离、变更;服务和供应品采购;分包;判定规则的使用。具体形式不限,只要科学合理,能够保证合同评审"有效"即可。

【对比】RB/T 214《通用要求》4.5.4"合同评审"要求判定规则的前提是客户要求报告或证书中包含符合性声明,且判定规则的选择要征得客户同意。4.5.5"分包"要求分包方具有资质,分包应取得客户同意,报告中将分包项目予以区分,法律法规、技术标准等文件禁止分包的项目不得分包。4.5.6"采购"要求明确购买、验收、存储对检验检测质量有影响的服务和供应品的要求,并保存对供应商评价记录。以上措施要求在《评审准则》中均被删除,以贯彻"放管服"理念。

(3)第十二条第(三)款是对检验检测机构使用方法标准的要求。

《审查表》中审查内容如下:

条款	序号	具体审查内容	审查结论(在□中打☑)		
			符合	基本符合	不符合
第二章		评审内容与要求			
2.12.3*		检验检测机构应当正确使用有效的方法开展检验检测活动。检验检测方法包括标准方法和非标准方法,应当优先使用标准方法,使用标准方法前应当进行验证。使用非标准方法前,应当先对方法进行确认,再验证。	□	□	□
	33)	检验检测机构对新引入或者变更的标准方法进行方法验证并保留方法验证记录,方法验证记录可以证明人员、环境条件、设备设施和样品符合相应方法要求,检验检测的数据、结果质量得到有效控制。检验检测机构在使用非标方法应当进行确认、验证,并保留相关方法确认记录和方法验证记录。			
	34)	检验检测机构根据所开展检验检测活动需要制定作业指导书,如:设备操作规程、样品的制备程序、补充的检验检测细则等。作业指导书与检验检测机构开展的检验检测活动相适应。			
	35)	检验检测机构的管理体系包含对检验检测方法定期查新和保留查新记录做出规定的内容。检验检测机构保留查新记录,证明所用方法正确有效。			

①该条款为关键项,评审时应重点核查,如不符合,则评审结论为不符合。因为方法是否正确选择和运用直接关系到检验检测数据结果的科学性和有效性,所以地位极其重要。

"检验检测机构应当正确使用有效的方法开展检验检测活动。检验检测方法包括标准方法和非标准方法,应当优先使用标准方法,使用标准方法前应当进行验证。使用非标准方法前,应当先对方法进行确认,再验证"有两个重点:第一,首次强调了"正确使用""有效"的方法,而不仅仅是 RB/T 214《通用要求》4.5.14 中的"使用标准的有效版本",因为"正确使用""有效"的方法还包括了方法选择的科学性、适用性这层含义,并且对结果负责;第二,首次提出非标准方法要先确认,再验证,逻辑上更为完整,而不仅仅是 RB/T 214《通用要求》4.5.14 中的"确认"。

②明确了验证的对象包括新引入的标准和变更的标准。要求方法验证记录能够证明人员、环境条件、设备设施和样品符合相应方法要求,检验检测的数据、结果质量得到有效控制,换言之,给出了方法验证记录应包括的内容,即人员能力确认记录、设备量值溯源记录、样品管理记录、检测原始记录、质量控制记录等。

③指明了作业指导书包括设备操作规程、样品的制备程序、补充的检验检测细则等。要求作业指导书的制定与检验检测机构开展的检验检测活动相适应,不仅仅是 RB/T 214《通用要求》4.5.14 中的"必要时",将前提条件表达得更为充分。

④要求检验检测机构的管理体系对检验检测方法定期查新和保留查新记录做出规定,不仅仅是 RB/T 214《通用要求》4.5.14 中的"确保使用标准的有效版本",进一步要求将查

新过程文件化、痕迹化。

【对比】RB/T 214《通用要求》4.5.14"方法的选择、验证和确认":"在使用非标准方法（含自制方法）前,应进行确认。检验检测机构应跟踪方法的变化,并重新进行验证或确认。必要时,检验检测机构应制定作业指导书。如确需方法偏离,应有文件规定,经技术判断和批准,并征得客户同意。当客户建议的方法不适合或已过期时,应通知客户。

非标准方法（含自制方法）的使用,应事先征得客户同意,并告知客户相关方法可能存在的风险。需要时,检验检测机构应建立和保持开发自制方法控制程序,自制方法应经确认。检验检测机构应记录作为确认证据的信息:使用的确认程序、规定的要求、方法性能特征的确定、获得的结果和描述该方法满足预期用途的有效性声明。"该条款中,自制方法的概念、方法偏离的条件、非标准方法的使用要求在《评审准则》中均被删除,非标准方法的确认在《评审准则》中改为"先对方法进行确认,再验证"。因为自制方法包含于非标准方法中,无需单独提要求。方法偏离、非标准方法的使用,应属于合同评审环节,合同评审时就需征得客户同意。对非标准方法先确认、再验证,即首先确认该方法能否实现预期用途,然后验证是否能够正确运用。

（4）第十二条第（四）款是对检验检测机构报告测量不确定度的要求。

《审查表》中审查内容如下:

条款	序号	具体审查内容	审查结论（在□中打☑）		
			符合	基本符合	不符合
第二章		评审内容与要求			
2.12.4		当检验检测标准、技术规范或者判定规则有测量不确定度要求时,检验检测机构应当报告测量不确定度。	□	□	□
	36）	检验检测机构的管理体系包含对报告检验检测结果测量不确定度做出规定的内容。			
	37）	检验检测机构开展检验检测活动所依据的方法中有不确定度要求、对检验检测结果使用判定规则有要求时,检验检测机构根据管理体系的规定报告不确定度并保留记录。			

①明确了需要报告测量不确定度的两种情况——一是方法标准有测量不确定度要求时,二是判定规则有测量不确定度要求时。对于RB/T 214《通用要求》4.5.15中的"检验检测出现临界值、内部质量控制或客户有要求"的3种情况,不再要求报告测量不确定度。

②要求检验检测机构的管理体系对报告检验检测结果测量不确定度做出规定。

③要求检验检测机构根据管理体系的规定报告测量不确定度并保留记录。

【对比】RB/T 214《通用要求》4.5.15"测量不确定度":"检验检测机构应根据需要建立和保持应用评定测量不确定度的程序。

检验检测项目中有测量不确定度的要求时,检验检测机构应建立和保持应用评定测量不确定度的程序,检验检测机构应建立相应数学模型,给出相应检验检测能力的评定测量不确定度案例。检验检测机构可在检验检测出现临界值、内部质量控制或客户有要求时,需要报告测量不确定度。"该条款未提及判定规则有测量不确定度要求的情况,而是列举了"检验检测出现临界值、内部质量控制或客户有要求"3 种需要报告测量不确定度的情况,并要求检验检测机构建立相应数学模型,给出评定测量不确定度案例。在《评审准则》中,这 3 种情况可在判定规则中根据机构的实际需要自行拟定,故不再单独点明,允许检验检测机构根据实际需要自行决定是否给出评定测量不确定度案例。

(5)第十二条第(五)款是对检验检测机构出具检验检测报告的要求。

《审查表》中审查内容如下:

条款	序号	具体审查内容	审查结论(在□中打☑)		
			符合	基本符合	不符合
第二章		评审内容与要求			
2.12.5		检验检测机构出具的检验检测报告、结果应当客观真实、方法有效、数据完整、信息齐全、结论明确、表述清晰并使用法定计量单位。检验检测报告、结果应当加盖检验检测机构公章或者检验检测专用章,由检验检测报告授权签字人在其授权范围内签发。如需使用电子签名,按相关法律法规规定执行。	□	□	□
	38)	检验检测机构的管理体系包含检验检测报告、结果的固定格式。报告、结果应当客观真实、方法有效、数据完整、信息齐全、结论明确、表述清晰、使用法定计量单位并符合检验检测方法的规定。			
	39)	检验检测机构开展检验检测活动的原始记录信息能有效支撑对应出具的报告、结果内容。			
	40)	检验检测机构出具的报告、结果至少应当包括:标题、唯一性标识、资质认定标志、检验检测机构的检验检测专用章或者公章、授权签字人识别、客户的名称和地址、检验检测方法的识别、样品的识别、样品接收时间和检验检测时间、签发时间、发布时间。存在抽样时的抽样信息和存在分包时的分包信息。			
	41)	检验检测机构如果使用电子签名,符合相关法律法规规定。			

①要求验检测机构的管理体系规定检验检测报告、结果的固定格式。从真实性、方法有效、数据完整、信息齐全、结论明确、表述清晰 6 个方面对报告、结果提出了全面要求。强调使用法定计量单位并符合检验检测方法的规定,相对于 RB/T 214《通用要求》4.5.20 中"检验检测结果的测量单位(适用时)"的要求更高。

②"检验检测机构开展检验检测活动的原始记录信息能有效支撑对应出具的报告、结果内容"是对应"客观真实、方法有效、数据完整、信息齐全"的要求。

③要求检验检测机构出具的报告、结果内容至少包括:标题、唯一性标识、资质认定标

志、检验检测机构的检验检测专用章或者公章、授权签字人识别、客户的名称和地址、检验检测方法的识别、样品的识别、样品接收时间和检验检测时间、签发时间、发布时间。

存在抽样时的抽样信息和存在分包时的分包信息。其中,"存在抽样时的抽样信息和存在分包时的分包信息"对应 RB/T 214《通用要求》4.5.20 中"检验检测结果来自于外部提供者时的清晰标注"。"检验检测机构公章或者检验检测专用章""样品接收时间"在 RB/T 214《通用要求》4.5.20 中是适用时才需要,《评审准则》中则为必要,目的是降低检验检测机构的法律风险。"发布时间"为《评审准则》新增内容;删除了 RB/T 214《通用要求》4.5.20 中"检验检测机构的名称和地址""未经本机构批准,不得复制(全文复制除外)报告或证书的声明"等内容。

④允许依法依规使用电子签名,以顺应信息化时代的需求,提高管理效率。

【对比】RB/T 214《通用要求》4.5.20 仅要求报告标注资质认定标识,不要求必须加盖检验检测专用章,也未说明公章可代替检验检测专用章使用;仅要求报告包含检验检测日期、签发日期,不要求必须包含样品接收日期和报告发布时间;未提及电子签名使用问题。

(6)第十二条第(六)款是对检验检测机构记录管理的要求。

《审查表》中审查内容如下:

条款	序号	具体审查内容	审查结论(在□中打☑)		
			符合	基本符合	不符合
第二章		评审内容与要求			
2.12.6		检验检测机构应当对质量记录和技术记录管理做出规定。包括记录标识、贮存、保护、归档留存和处置等内容。记录信息应当充分、清晰、完整。检验检测原始记录和报告保存期限不少于 6 年。	□	□	□
	42)	检验检测机构的管理体系包含对记录管理的规定,记录应当信息充分、清晰、完整。记录管理内容包括记录标识、贮存、保护、归档留存和处置。检验检测原始记录和报告保存期限不少于 6 年。			
	43)	检验检测机构具备保存记录和相关文件的场所,该场所的环境设施及环境条件符合保存要求。			

①将记录分为质量记录和技术记录两个类型,要求验检测机构的管理体系对质量记录和技术记录管理做出规定,并明确规定的内容至少包括记录标识、贮存、保护、归档留存和处置。对于 RB/T 214《通用要求》4.5.11 中的"检索"未做硬性要求。

②"记录信息应当充分、清晰、完整",既针对技术记录,也针对质量记录,不仅仅是 RB/T 214《通用要求》4.5.11 中的"技术记录的信息充分"。"清晰、完整"是对"信息充分"的严谨补充,因为仅内容充分是不够的,还应有清晰、完整的描述和计算,才能确保信息的有效性和可追溯性。

③要求检验检测原始记录和报告保存期限不少于 6 年,且保存记录的场所、设施和环境

条件应满足资料长期保存的要求。

【对比】RB/T 214《通用要求》4.5.11"记录控制":"检验检测机构应建立和保持记录管理程序,确保每一项检验检测活动技术记录的信息充分,确保记录的标识、贮存、保护、检索、保留和处置符合要求。"4.5.27"记录和保存":"检验检测机构应对检验检测原始记录、报告、证书归档留存,保证其具有可追溯性。检验检测原始记录、报告、证书的保存期限通常不少于6年。"该条款仅要求确保"技术记录"的信息充分,对"质量记录"缺乏要求;未对记录保存的场所和环境提出要求。

(7)第十二条第(七)款是对检验检测机构数据信息管理的要求。

《审查表》中审查内容如下:

条款	序号	具体审查内容	审查结论(在□中打☑)		
			符合	基本符合	不符合
第二章		评审内容与要求			
2.12.7		检验检测机构在运用计算机与信息技术自动设备系统实施检验检测、数据传输或者对检验检测数据和相关信息进行管理时,应当具备保障安全性、完整性、正确性措施。	□	□	□
	44)	检验检测机构在利用计算机或者自动化设备对检验检测数据进行采集、处理、记录、报告、存储或者检索,检验检测机构建立的管理体系文件包含保护数据完整性、安全性和不可伪造篡改的内容,防止未经授权的访问,确保检验检测数据、结果不被篡改、不丢失,可追溯。			
	45)	检验检测机构在运用计算机与信息技术自动设备系统实施检验检测、数据传输或者对检验检测数据和相关信息进行管理时,正确有效开展保障安全性、完整性、正确性的措施。			
	46)	检验检测机构对所使用的自动化软件,包括信息化管理系统、数据采集系统、数据处理系统的正确性进行验证并保留相关活动记录。			
	47)	检验检测机构建立的管理体系包含对计算机与信息技术自动设备系统的数据保护、电子存储和传输结果规定的内容。			

①要求检验检测机构制定措施(如加密、加权、加备),以保障数据信息在产生、传输和管理过程中的安全性、完整性、正确性。即建立相关程序文件,且该程序文件应包含保护数据完整性、安全性和不可伪造篡改的内容,防止未经授权的访问,确保检验检测数据、结果不被篡改、不丢失,可追溯。

②强调按照程序文件正确有效地开展保障安全性、完整性、正确性的措施。

③要求检验检测机构对所使用的自动化软件,包括信息化管理系统、数据采集系统、数据处理系统的正确性进行验证并保留相关活动记录。

④要求管理体系对计算机与信息技术自动设备系统的数据保护、电子存储和传输结果

做出规定并执行。

【对比】RB/T 214《通用要求》4.5.16"数据信息管理":"检验检测机构应获得检验检测活动所需的数据和信息,并对其信息管理系统进行有效管理。

检验检测机构应对计算和数据转移进行系统和适当的检查。当利用计算机或自动化设备对检验检测数据进行采集、处理、记录、报告、存储或检索时,检验检测机构应:

a)将自行开发的计算机软件形成文件,使用前确认其适用性,并进行定期确认、改变或升级后再法确认,应保留确认记录;

b)建立和保持数据完整性、正确性和保密性的保护程序;

c)定期维护计算机和自动设备,保持其功能正常。"

该条款未强调数据信息的安全性;仅要求对计算和数据转移进行系统和适当的检查和对自行开发的计算机软件进行确认,未要求对所有在用自动化软件的正确性进行验证。

(8)第十二条第(八)款是对检验检测机构数据结果质量控制的要求。

《审查表》中审查内容如下:

条款	序号	具体审查内容	审查结论(在□中打☑)		
			符合	基本符合	不符合
第二章		评审内容与要求			
2.12.8		检验检测机构应当实施有效的数据、结果质量控制,质量控制活动与检验检测工作相适应。数据、结果质量控制活动包括内部质量控制活动和外部质量控制活动。内部质量控制活动包括但不限于人员比对、设备比对、留样再测、盲样考核等。外部质量控制活动包括但不限于能力验证、实验室间比对等。	□	□	□
	48)	检验检测机构建立的管理体系包含对数据、结果质量控制做出规定的内容。检验检测机构开展的数据、结果质量控制活动与其开展的检验检测工作相适应。			
	49)	检验检测机构具有依据管理体系规定开展数据、结果质量控制活动的相关记录。			
	50)	检验检测机构在开展数据、结果质量控制活动时,数据的记录方式便于发现其发展趋势,若发现偏离了预先目标,应当采取有效的措施纠正,防止出现错误的结果。			

①首次明确质量控制的对象是"数据、结果";质量控制的结果应是"有效的";将质量控制分为内部质量控制和外部质量控制;对 RB/T 214《通用要求》4.5.19 中"定期使用标准物质、定期使用经过检定或校准的具有溯源性的替代仪器、对设备的功能进行检查、运用工作标准与控制图、使用相同或不同方法进行重复检验检测、保存样品的再次检验检测、分析样品不同结果的相关性、对报告数据进行审核、参加能力验证或机构之间比对、机构内部比对、盲样检验检测"进行了凝练,分类归纳至内部质量控制和外部质量控制的范围。

②要求检验检测机构管理体系对数据、结果质量控制做出规定。"质量控制活动与检验检测工作相适应"旨在强调开展质量控制选择的检测项目和方式应满足机构自身的实际需要,而非流于形式、应付检查。鼓励主动参加测量审核、能力验证、实验室间比对,尤其是针对平时不经常开展的、难度较大或风险较高的检测项目进行质量控制。

③要求保留质量控制活动的相关记录。

④要求质量控制数据的记录方式便于发现其发展趋势,可迅速采取有效的措施纠正。

【对比】RB/T 214《通用要求》4.5.19"结果有效性"仅提到"结果"有效性,未包含"数据"有效性;未区分内部质量控制和外部质量控制,故列举的各种质量控制方法缺乏内在的逻辑性;"质量控制应有适当的方法和计划并加以评价"的要求在《评审准则》中默认包含于管理体系对数据、结果质量控制做出的规定中,不再单独说明,故而被删除。

(9)第十三条是特殊评审要求。

《审查表》中审查内容如下:

条款	序号	具体审查内容	审查结论(在□中打☑)		
			符合	基本符合	不符合
第二章		评审内容与要求			
第十三条		有关法律法规及标准、技术规范对检验检测机构的人员、场地环境等条件有特殊规定的,检验检测机构还应当符合相关特殊要求。	□	□	□

此条款是特殊性要求。前文均为通用性要求,当有关法律法规及标准、技术规范对检验检测机构的人员、场地环境等条件有特殊规定的,检验检测机构还应当符合相关特殊要求。RB/T 214《通用要求》中没有涉及。

三、评审方式和程序

(一)准则原文

第三章 评审方式和程序

第十四条〔技术评审方式〕检验检测机构资质认定一般程序的技术评审方式包括:现场评审(现场评审工作程序见附件1)、书面审查(审查工作程序见附件2)和远程评审(远程评审工作程序见附件3)。根据机构申请的具体情况,采取不同技术评审方式对机构申请的资质认定事项进行审查。(一般程序审查表见附件4)。

第十五条〔现场评审适用情形与要求〕现场评审适用于首次评审、扩项评审、复查换证评审、发生变更事项影响其符合资质认定条件和要求的变更评审。现场评审应当对检验检测机构申请相关资质认定事项的技术能力进行逐项确认,根据申请范围安排现场试验。安排现场试验时应当考虑所有项目/参数、仪器设备、检测方法、试验人员、试验材料等,并覆盖所有检验检测场所。现场评审结论分为"符合"、"基本符合"、"不符合"三种情形。

第十六条〔书面审查适用情形与要求〕书面审查方式适用于发生变更的事项不影响其符合资质认定条件和要求的变更评审和上一许可周期内无违法违规行为、未列入失信名单且申请事项无实质性变化的检验检测机构的复查换证评审。对于符合资质认定要求的,签署"符合"审查结论。

第十七条〔远程评审适用情形与要求〕远程评审是指使用信息和通信技术对检验检测机构实施的技术评审。采用方式可以为利用远程电信会议设施,包括音频、视频和数据共享;通过远程接入方式对文件和记录审核,同步的(即实时的)或者是异步的(在适用时);通过静止影像、视频或者音频录制的方式记录信息和证据;提供对远程场所(包括潜在危险场所)的视频或者音频访问通道以及其他技术手段。

下列情形可选择远程评审:

(一)由于不可抗力(疫情、安全、旅途限制等)无法前往现场评审;

(二)检验检测机构从事完全相同的检测活动有多个地点,各地点均运行相同的质量管理体系,且可以在任何一个地点查阅所有其他地点的电子记录及数据的;

(三)已获资质认定技术能力内的少量参数扩项;

(四)现场评审后需要进行跟踪评审,但跟踪评审无法在规定时间内完成。

远程评审结论分为"符合"、"基本符合"、"不符合"三种情形。

第十八条〔告知承诺现场核查程序〕检验检测机构资质认定告知承诺依据《检验检测机构资质认定告知承诺实施办法(试行)》和有关规定实施。现场核查应当对检验检测机构承诺的真实性进行核查(核查表见附件5)。告知承诺的现场核查程序参照一般程序的现场评审方式进行。

第十九条〔告知承诺现场核查要求〕告知承诺现场核查应当由资质认定部门组织实施,现场核查人员应当在规定的时限内进行核查并出具现场核查结论。核查结论分为:"承诺属实"、"承诺基本属实"、"承诺严重不实/虚假承诺"三种情形。并根据相应结论,作出限期整改,或者建议资质认定部门撤销相应许可事项。

(二)条文释义

"评审方式和程序"在 RB/T 214《通用要求》中未涉及,是《评审准则》新增内容,是依据《检验检测机构资质认定管理办法》(以下简称《管理办法》)要求制定,其目的是规范检验检测机构资质认定技术评审过程。

1. 第十四条是技术评审方式

根据《管理办法》第一条中"优化准入程序"、第七条中"便利高效"的原则,并固化疫情防控长效化措施,及《管理办法》第十条和第十二条,规定检验检测机构申请资质认定时,可以自主选择一般程序或者告知承诺程序,明确将"书面审查"和"远程评审"两种新增评审方式纳入资质认定一般程序的技术评审方式中。

检验检测机构资质认定一般程序的技术评审方式包括:现场评审、书面审查和远程评审。采取何种方式进行技术评审,需根据检验检测机构申请的具体情况确定。

2. 第十五条是现场评审适用情形与要求

(1)明确现场评审的适用情形:首次评审、扩项评审、复查换证评审、发生变更事项影响其符合资质认定条件和要求的变更评审。

(2)明确现场评审的要求。一是逐项确认检验检测机构申请相关资质认定事项的技术能力;二是根据申请范围安排现场试验。安排现场试验应考虑全部项目/参数、仪器设备、检测方法、试验人员、试验材料等,并覆盖所有检验检测场所。

(3)明确现场评审结论。评审结论分为"符合""基本符合""不符合"3种。

3. 第十六条是书面审查适用情形与要求

(1)明确书面审查方式的适用情形:一是发生变更的事项不影响其符合资质认定条件和要求的变更评审,包括机构名称、机构地址名称、法人性质、法定代表人、机构最高管理者、技术负责人、授权签字人、标准或方法(指标准名称、年代号、检验方法名称及最新版本变化)的变更、取消项目、法定的其他事项;二是上一许可周期内无违法违规行为、未列入失信名单且申请事项无实质性变化的检验检测机构的复查换证评审。

(2)明确审查结论。对于符合资质认定要求的,签署"符合"审查结论。

4. 第十七条是远程评审适用情形与要求

(1)远程评审的定义:使用信息和通信技术对检验检测机构实施的技术评审。

(2)远程评审采用方式:可以为利用远程电信会议设施,包括音频、视频和数据共享;同步的(即实时的)或者是异步的(在适用时),通过远程接入方式对文件和记录审核;通过静止影像、视频或者音频录制的方式记录信息和证据;提供对远程场所(包括潜在危险场所)的视频或者音频访问通道以及其他技术手段。

(3)可选择远程评审的情形:

①由于不可抗力(疫情、安全、旅途限制等)无法前往现场评审;

②检验检测机构从事完全相同的检测活动有多个地点,各地点均运行相同的质量管理体系,且可以在任何一个地点查阅所有其他地点的电子记录及数据的;

③已获资质认定技术能力内的少量参数扩项;

④现场评审后需要进行跟踪评审,但跟踪评审无法在规定时间内完成。

(4)明确远程评审结论。评审结论分为"符合""基本符合""不符合"3种。

5. 第十八条是告知承诺现场核查程序

(1)告知承诺的依据是《检验检测机构资质认定告知承诺实施办法(试行)》和有关规定。

(2)告知承诺现场核查的内容是对检验检测机构承诺的真实性进行核查。

(3)告知承诺的现场核查的程序参照检验检测机构资质认定一般程序的现场评审方式进行。

6. 第十九条是告知承诺现场核查要求

(1)明确告知承诺现场核查应当由资质认定部门组织实施。不同于检验检测机构资质认定一般程序(除由资质认定部门组织实施,还可以委托专业技术评价机构组织实施)。

(2)明确现场核查时限。《检验检测机构资质认定告知承诺实施办法(试行)》第十条规定:"资质认定部门作出资质认定决定后,应当在3个月内组织相关人员按照《检验检测机构资质认定管理办法》有关技术评审管理的规定以及评审准则的相关要求,对机构承诺内容是否属实进行现场核查,并作出相应核查判定;对于机构首次申请或者检验检测项目涉及强制性标准、技术规范的,应当及时进行现场核查。"

(3)明确核查结论。结论分为"承诺属实""承诺基本属实""承诺严重不实/虚假承诺"3种。根据相应结论,要求机构限期整改,或建议资质认定部门撤销相应许可事项。

四、附则

(一)准则原文

> **第四章 附则**
>
> 第二十条〔评审行为规定〕专业技术评价机构以及相关评审人员在技术评审活动中的违法违规行为,依照《检验检测机构资质认定管理办法》的相关规定予以处理。
>
> 第二十一条〔施行时间〕本准则自2022年3月1日起施行。《检验检测机构资质认定评审准则》(国认实〔2016〕33号)同时废止。

(二)条文释义

1. 第二十条是评审行为规定

专业技术评价机构以及相关评审人员在技术评审活动中的违法违规行为,依照《管理办法》第二十九条予以处理:"专业技术评价机构、评审人员在评审活动中有下列情形之一的,资质认定部门可以根据情节轻重,对其进行约谈、暂停直至取消委托其从事技术评审活动:

(1)未按照资质认定基本规范、评审准则规定的要求和时间实施技术评审的；
(2)对同一检验检测机构既从事咨询又从事技术评审的；
(3)与所评审的检验检测机构有利害关系或者其评审可能对公正性产生影响，未进行回避的；
(4)透露工作中所知悉的国家秘密、商业秘密或者技术秘密的；
(5)向所评审的检验检测机构谋取不正当利益的；
(6)出具虚假或者不实的技术评审结论的。"

2. 第二十一条是施行时间

以《评审准则》正式发布稿的施行时间为准。

扫一扫上方二维码观看
《评审准则》与 RB/T 214 异同

第四章　检验检测机构资质认定准备工作

学习完《评审准则》和 RB/T 214《通用要求》的内容后,检验检测机构应结合自身情况,依据《评审准则》、RB/T 214《通用要求》、特殊领域的补充要求、相关法律法规来建立完整的管理体系,并组建相应的技术能力。管理体系应当连续运行至少 3 个月(部分专业领域需要 6 个月甚至更久),且实施了内部审核、管理评审后,方可申请检验检测机构首次资质认定。本章的主要内容是围绕检验检测机构申请资质认定的准备工作展开,依次介绍管理体系的建立、技术能力组建和运作、内部审核与管理评审、不符合项的整改思路及示例和资质认定的迎审准备工作。

第一节　管理体系的建立

管理体系是指建立方针和目标并实现这些目标的体系,是组织制度和管理制度的总称,包括质量管理体系、技术管理体系和行政管理体系。管理体系的运作包括建立、实施、保持和持续改进。管理体系应至少包括:管理体系文件、管理体系文件的控制、记录的控制、应对风险和机遇的措施和改进、纠正措施、内部审核和管理评审。

建立管理体系通常包含两个阶段,即管理体系的准备阶段与管理体系的实施阶段。

一、管理体系的准备阶段

检验检测机构的管理层应当根据自身需求,明确目标,提供相关资源,调动全员积极性,开展宣贯培训,并制订科学的工作计划为后续管理体系的运行做好充分准备。管理体系的准备阶段主要包含以下 3 个方面。

(一)发挥管理层领导作用

检验检测机构管理层对管理体系全权负责,承担领导责任和履行承诺。管理层负责管理体系的建立和有效运行,确保管理体系所需的资源。

机构应依据《评审准则》、RB/T 214《通用要求》、特殊领域的补充要求、相关法律法规等建立符合自身实际情况、适应自身活动的管理体系。在这个过程中,管理层起着至关重要的作用：一方面，管理层需要明确目标，统一认识，对体系的建立和实施过程在资源上给予足够的支持，并通过各种形式对员工进行宣传、教育；另一方面，检验检测机构建立管理体系往往涉及多个部门和岗位，它是一项全面、系统的工作，管理层需要协调好相关资源。

（二）开展全员宣贯培训

人员是检验检测机构最宝贵的资源。机构在建立管理体系前，要面向全体工作人员，组织关于《评审准则》、RB/T 214《通用要求》和相关文件的宣贯培训，使全体工作人员了解建立管理体系的重要性，理解各部门、各岗位在建立管理体系工作中的职责和作用，充分认识到管理体系的建立需要人人参与。

培训的内容可包括：《评审准则》、RB/T 214《通用要求》及其补充要求、相关法律法规、技术标准的培训、体系文件的编写培训等。

（三）拟订科学的工作计划

科学的计划是保质、保量、按时完成工作的前提。在体系建立之初，检验检测机构应拟订切实可行的工作计划，包括体系建设的总体规划、质量方针和目标的设定、部门或岗位职能的制定、管理体系的实施及改进等。

二、管理体系的实施阶段

检验检测机构在实施管理体系的过程中，首先要制定机构的方针和目标，其次确定关键的过程和要素、设计组织结构并配备必要的资源，最后编写管理体系文件，为管理体系的试运行打下基础。

（一）制定方针和目标

制定质量方针和质量目标是为检验检测机构确定预期的结果，并帮助机构利用其资源实现预期结果。机构的质量方针和质量目标应与其宗旨和发展方向相一致，体现机构在质量上的追求，体现对良好职业行为和为客户提供服务质量的承诺，同时也是规范全体人员质量行为的准则。一个好的质量方针必须有好的质量目标的支持。

1. 质量方针

质量方针是指引检验检测机构开展质量管理的"纲"，是建立质量体系的出发点。质量方针由管理层制定，并贯彻和保持。质量方针对内明确质量宗旨和方向，提升员工质量责任感；对外表示机构管理层的决心和承诺，使客户了解服务质量。由于各个机构领域不同、规模各异，其质量方针也会各有不同，但都能反映出，通过提供满足客户要求的承诺，而达到使客户满意的目的。方针应包括满足客户要求的承诺，尤其是公正性的承诺，还应包括管理层对持续改进管理体系的承诺。方针的表述力求简明扼要，例如公正、准确、规范、及时，又如行为公正、方法科学、数据准确、工作高效、服务规范等。

2. 质量目标

质量目标应在方针给定的框架内制定并展开,也是检验检测机构所追求并要实现的主要任务。质量目标是经过机构努力才能完成的,它是明确的、具体的、与自身实际相关联的,并规定了实现目标的时限,具有可操作性。另外,在制定质量目标后,要将目标具体化,分解到实现目标涉及的各个部门、岗位。例如制定质量目标:全年报告差错率小于0.01%,全年报告正确率大于99.8%,客户投诉处理率大于99.9%。上述这些目标就非常明确、具体,且具有可操作性,还能分解到各个部门和岗位。

质量方针和质量目标一般在质量手册中予以阐明,管理层应将质量方针和目标传达至所有人员,并保证被广泛获取、理解和执行。

（二）确定关键过程

检验检测机构的最终产品是检验检测报告,而报告的出具是由各个关联过程组成的。机构要按照《评审准则》、RB/T 214《通用要求》等要求,结合自身的工作实际和能力进行分析,确定检验检测报告形成过程中的关键质量环节并加以控制。

1. 分析检验检测机构管理现状

在机构管理层的领导下,对各个部门/岗位的管理现状运用过程方法进行分析(系统地识别和管理许多相互关联、相互作用的过程,即"过程方法")。常见的如样品的管理、环境的控制、报告的出具都属于过程方法的范畴。要系统地分析各部门/岗位涉及哪些过程,这些过程又包含哪些逻辑先后顺序,实现这些过程需要怎样的接口及资源要求,等等。

2. 识别过程、确定控制对象

质量管理是通过过程管理来实现的。方针、目标确定之后,就要确定实现质量目标必需的过程和职责,包括一个过程应包含哪些子过程和活动。在此基础上,要明确每一过程的输入和输出。用网络图、流程图或文字,科学合理地描述这些过程或子过程的逻辑顺序、接口和相互关系,明确责任部门和责任人,并规定其职责,这是质量体系设计及运行的基本依据。图4-1反映了文件控制过程的流程。

（三）设计组织结构及配备资源

1. 确定组织结构

检验检测机构需明确内部组织构成,并通过组织结构图来表述。组织结构是"人员的职责、权限和相互关系的安排",其合理与否在很大程度上决定了质量目标能否顺利实现。为了落实质量职责,机构应根据自身的实际情况来设计组织结构。各个机构的性质、工作内容

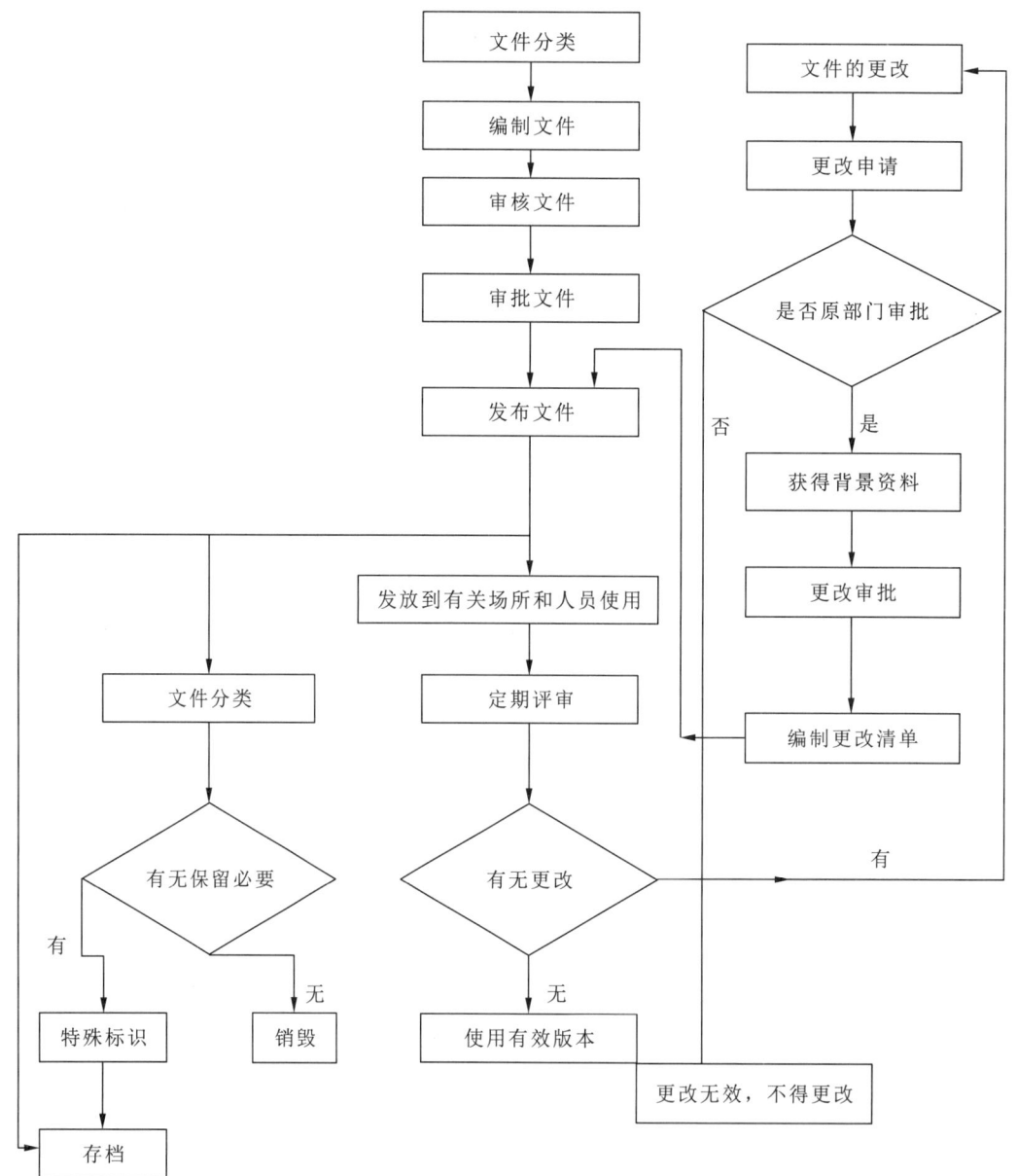

图 4-1 文件控制过程的流程图

不同,组织结构的类型也不尽相同。设计组织结构有一个共同的原则,就是必须有利于检验检测工作的顺利开展,有利于内部各环节与管理工作的衔接,有利于质量职能的发挥和管理。检验检测机构典型的组织结构如图 4-2 所示。

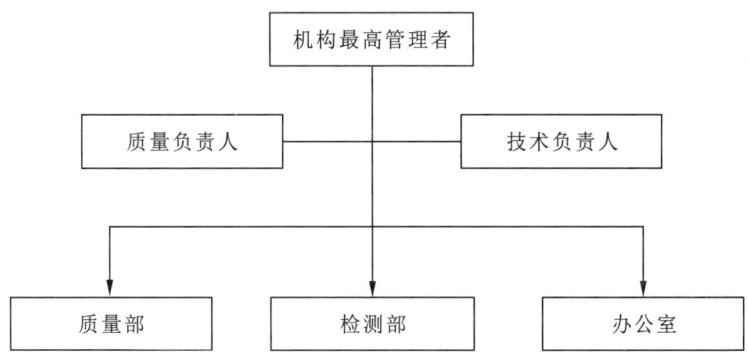

图 4-2 检验检测机构典型的组织结构图

2. 分配职责

将各个质量活动要素分配到有关部门或岗位,确定其职责以及相应权限。一个质量职能部门可以负责或参与多个质量活动,但尽量不要让一项质量活动由多个职能部门来负责,避免出现职能重叠或空缺,造成无人管理的现象。各部门或岗位职责的要素分配通常在质量手册中体现,表 4-1 提供了一个示例。

表 4-1 质量要素职能分配表

序号	要素	责任人						
		最高管理者	技术负责人	质量负责人	办公室	业务组	检测组	抽样组
4.1	机构	●	○	○	◎	○	○	○
4.2	人员	●			○	◎	○	○
4.3	场所环境		●		◎	○	○	
4.4	设备设施		●		○	○	◎	
4.5、4.5.1	管理体系、总则			●	◎	○	○	○
4.5.2	方针目标			●	◎	○	○	
4.5.3	文件控制			●	◎	○	○	○
4.5.4	合同评审			●		◎	○	
4.5.5	分包		●			◎	○	
4.5.6	采购		●		◎	○		
4.5.7	服务客户			●		◎	○	○

续表 4-1

序号	要素	最高管理者	技术负责人	质量负责人	办公室	业务组	检测组	抽样组
4.5.8	投诉			●	○	◎	○	○
4.5.9	不符合工作控制			●	○	◎	○	○
4.5.10	纠正措施、应对风险和机遇的措施和改进			●	○	◎	○	○
4.5.11	记录控制		●		◎	○	○	○
4.5.12	内部审核			●	○	◎	○	○
4.5.13	管理评审	●		◎	○	○	○	○
4.5.14	方法的选择、验证和确认		●			◎	○	
4.5.15	测量不确定度		●			○	◎	
4.5.16	数据信息管理		●			○	◎	
4.5.17	抽样		●			○	○	◎
4.5.18	样品处置		●		◎	○	○	
4.5.19	结果有效性		●			○	◎	
4.5.20	结果报告		●			◎	○	
4.5.21	结果说明		●			◎	○	
4.5.22	抽样结果			●		◎	○	○
4.5.23	意见和解释			●		◎	○	
4.5.24	分包结果		●			◎	○	
4.5.25	结果传送和格式		●			◎	○	
4.5.26	修改		●			◎	○	
4.5.27	记录和保存		●		◎	○	○	○

图示说明:"●"—领导;"◎"—主办工作;"○"—协办工作。

3. 配备资源

资源是建立管理体系的必要条件,机构应根据自身情况,确定和提供实现质量方针和目标所匹配的资源。这些资源通常包括人员、场所环境、设备设施、计量溯源及外部提供的产品和服务。

(四)编写管理体系文件

管理体系文件是管理体系存在的基础和证据,是指导检验检测机构工作、规范全体人员的行为、实现质量方针、达到质量目标的文件依据。建立管理体系文件的作用是加强沟通、统一行动,促进管理体系的实施、保持和改进。管理体系文件化的方式和程度必须结合机构类型、规模,检验检测的难易程度和员工的素质等方面综合考虑,不能生搬硬套。

管理体系文件的结构可分为4个层次——质量手册、程序文件、作业指导书、质量记录或技术记录,也可分为3个层次,即将四层结构中的第三层和第四层合并。管理体系文件类似于金字塔结构,如图4-3所示。

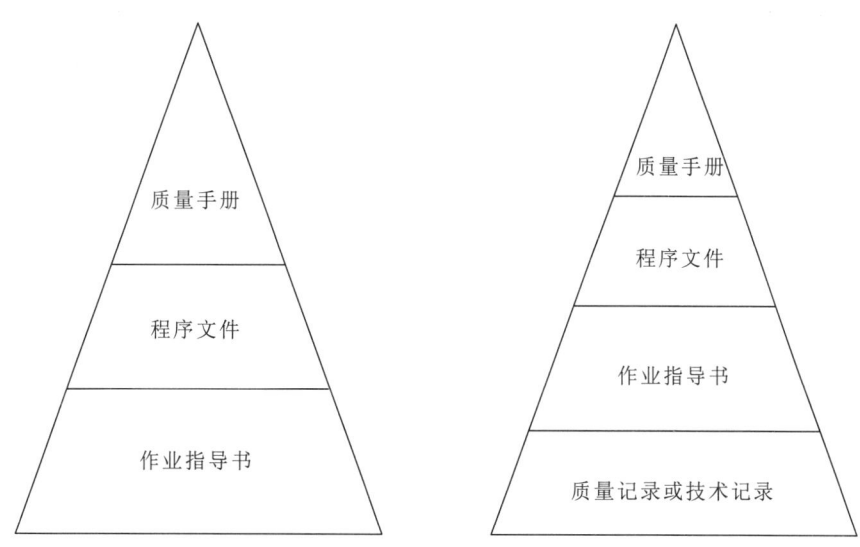

图4-3 管理体系文件的金字塔结构

第一层次,质量手册:规定管理体系的文件。质量手册也可以称为管理手册、质量管理手册等,具体名称由检验检测机构自定。

第二层次,程序文件:描述实施管理体系要素所涉及的质量活动,如为什么做(目的)、做什么、由谁来做、何时做、何地做等。

第三层次,作业指导书:有关任务如何实施和记录的详细描述。作业指导书是用以指导某个具体过程、描述事物形成的技术性细节的可操作性文件。作业指导书可以是详细的书面描述,流程图、图表、模型、图样中的技术注释、规范、设备操作手册、录像、文件清单,或这些方式的组合。作业指导书应当对使用的任何材料、设备和文件进行描述。必要时,作业指导书还可包括技术要求。作业指导书是回答"如何做"的文件,由具体操作执行人员使用。如设备操作规程、样品的制备方法、检验检测方法细则、质量记录或技术记录的格式(诸如各类表格、原始记录和报告格式)等。

将第三层次一分为二,作业指导书作为第三层,质量记录或技术记录等作为第四层次,管理体系文件就成为4个层次的构架。

程序文件是手册的支持性文件,手册中已经明确的程序没必要编制程序文件,RB/T 214《通用要求》中所要求的程序可以在质量手册、程序文件、作业指导书中描述,而非单指程序文件。有时一个程序需要多个程序文件或作业指导书完成。

管理体系文件化的详略程度与执行质量手册、程序文件或作业指导书的人员受教育及培训程度有关,没有固定模式。人员素质较高,文件可以适当简单些;人员素质不高或人员流动性较大,则文件需编写得详细些。

编写管理体系文件要明确以下内容:

(1)确定体系文件层次;
(2)确定质量手册的章节目录;
(3)明确各要素管理原则及关键控制点;
(4)确定程序文件的目录;
(5)根据程序文件确定作业指导书;
(6)明确各类文件编写格式;
(7)明确各类文件的衔接方式;
(8)对各类文件的标识作出规定;
(9)明确各类文件的编写、校核及审批职责。

在编制管理体系文件的过程中,为了确保要素齐全,通常需要编制管理体系文件与所依据的准则或标准的条款要素对照表。表4-2提供了以RB/T 214《通用要求》为例的条款要素对照表,供读者参考。如果检验检测机构还涉及其他专业领域的补充要求,则应当将补充要求的要素也纳入条款要素对照表中。

表4-2 管理体系文件与RB/T 214—2017条款要素对照表

RB/T 214—2017 条款要素	对应本机构管理体系文件章节号	
	质量手册	程序文件
4.1 4.1.1—4.1.5	第×章 公正性要求及声明 第×章 保密性要求及声明 第×章 结构要求	HBZJ-××-001 保护公正和诚信程序 HBZJ-××-002 保护机密信息和所有权程序
4.2 4.2.1—4.2.7	第×章 人员	HBZJ-××-003 人员培训管理及监督程序
4.3 4.3.1—4.3.4	第×章 场所环境	HBZJ-××-004 设施和环境管理程序 HBZJ-××-005 实验室内务管理程序 HBZJ-××-006 实验室安全管理程序

续表 4-2

RB/T 214—2017 条款要素	对应本机构管理体系文件章节号	
	质量手册	程序文件
4.4 4.4.1—4.4.6	第×章 设备设施	HBZJ-××-007 仪器设备管理程序 HBZJ-××-008 期间核查程序 HBZJ-××-009 校准检定与量值溯源程序 HBZJ-××-010 标准物质管理程序
4.5 4.5.1—4.5.2	第×章 总则 第×章 质量方针、目标与服务承诺	HBZJ-××-011 质量目标考核程序
4.5.3	第×章 文件控制	HBZJ-××-012 文件控制程序
4.5.4	第×章 合同评审	HBZJ-××-013 要求、标书和合同的评审程序
4.5.5	第×章 分包	HBZJ-××-014 分包管理程序
4.5.6	第×章 采购	HBZJ-××-015 服务与采购管理程序
4.5.7	第×章 服务客户	HBZJ-××-016 服务客户程序
4.5.8	第×章 投诉	HBZJ-××-017 投诉处理程序
4.5.9	第×章 不符合工作控制	HBZJ-××-018 不符合工作控制程序
4.5.10	第×章 纠正措施、应对风险和机遇的措施和改进	HBZJ-××-019 纠正措施程序 HBZJ-××-020 应对风险和机遇的控制程序 HBZJ-××-021 工作持续改进程序
4.5.11	第×章 记录控制	HBZJ-××-022 记录控制程序
4.5.12	第×章 内部审核	HBZJ-××-023 内部审核程序
4.5.13	第×章 管理评审	HBZJ-××-024 管理评审程序
4.5.14	第×章 方法的选择、验证和确认	HBZJ-××-025 方法的选择、验证和确认程序 HBZJ-××-026 方法偏离控制程序
4.5.15	第×章 测量不确定度	HBZJ-××-027 测量不确定度评定程序
4.5.16	第×章 数据信息管理	HBZJ-××-028 数据控制和信息管理程序
4.5.17	第×章 抽样	HBZJ-××-029 抽样控制程序
4.5.18	第×章 样品处置	HBZJ-××-030 样品管理程序
4.5.19	第×章 结果有效性	HBZJ-××-031 确保结果有效性管理程序
4.5.20—4.5.27	第×章 结果报告	HBZJ-××-032 检验检测报告管理程序

作业指导书是质量管理体系文件的组成部分,它既是质量手册、程序文件的支持性文件,也是对质量手册和程序文件的进一步细化与补充。作业指导书主要用于阐明过程或活

动的具体要求及方法,也可以看成是一种程序。不过,它比程序文件的内容更详实和具体,有可操作性。

当标准、规范、方法不能被操作人员直接使用,或规定不够简明,或缺少足够的信息,可能影响检验检测数据和结果正确性时,机构应制定作业指导书(含附加细则或补充文件)。

这里对检验检测机构一些常见的作业指导书进行举例,如某检测方法的作业指导书、某设备的操作及维护作业指导书、某设备的期间核查作业指导书、样品的制备作业指导书、实验室用水作业指导书、玻璃仪器清洗作业指导书、数据处理及修约作业指导书等。

记录是反映管理体系是否得到有效运行的客观证据,记录通常分为质量记录和技术记录,两者一般都是根据程序文件或作业指导书的要求编制而成的制式表格,其标识、贮存、保护、检索和处置应符合要求。质量记录是指检验检测机构管理体系活动中的过程和结果的记录,常见的有内部审核、管理评审和纠正措施等记录;而技术记录是指进行检验检测活动的信息记录,包括原始观察、导出数据和建立审核路径有关信息的记录,常见的有检验检测、环境条件控制和方法验证等记录。

检验检测机构在编写管理体系文件的过程中,建议多参考或借鉴同类型检验检测机构的体系文件,但切不可生搬硬套或盲目照抄,一定要结合自身的实际情况,编写符合本机构特点的体系文件。如需了解更多有关管理体系文件的知识,可参考 GB/T 19023—2003《质量管理体系文件指南》。

(五)管理体系的运行

检验检测机构管理体系文件编制完成后,管理体系即可进入运行阶段,该阶段包括最初的培训和宣贯,再到试运行,然后实施内部审核和管理评审,最后到正式运行。质量管理体系的运行实际上是执行管理体系文件、贯彻质量方针、实现质量目标、保持管理体系持续有效和不断完善的过程。

1. 运行的依据

管理体系文件既是质量体系存在的见证,又是质量体系运行的依据,体系文件须确保融入了《评审准则》、RB/T 214《通用要求》、其他领域的补充要求及相关法律法规的内容。

2. 运行的阶段

管理体系的运行,一般要经过 4 个阶段。

(1)培训和宣贯。体系文件编制完成后,就要向全体人员进行培训和宣贯。培训和宣贯的内容可包括体系文件的结构介绍和内容解读、运行时的注意事项、记录和表格的填写等。

培训宣贯可根据机构的具体情况,分层次、分部门、分岗位进行。质量手册的宣贯应针对全体人员。对于手册的主要纲领、构成的基本要素,尤其是质量方针和目标,每个员工都应清楚,以便贯彻执行。程序文件的宣贯可根据质量管理体系要素的职能分配,针对有关部门和人员分别进行。因为程序文件是为了进行某项活动或过程所规定的途径,只要涉及的部门和人员明确即可。

(2)试运行。新建立的管理体系能否满足实际需要、是否能达到预期的效果,必须通过实践的考核和验证。体系文件通过试运行必然会出现一些问题,如职责不清、流程不畅、要素不全等,因此要积极收集试运行阶段中出现的各种问题以及改进意见,并如实反映给有关部门,以便后期采取改进或实施纠正措施,以达到进一步完善质量管理体系文件的目的。

(3)内部审核和管理评审。管理体系的内部审核和管理评审在体系建立的初始阶段往往更加重要。在这一阶段,内部审核的重点是验证管理体系是否得到有效实施和保持,是一种符合性的审核。而管理评审的重点是确保管理体系的适宜性、充分性和有效性。管理体系试运行之后,就应进行一次集中的内部审核与管理评审,对管理体系的符合性、适宜性、充分性和有效性做出客观的评价,若发现存在或潜在的不符合,应采取必要的改进或实施纠正措施,并初步修订和完善管理体系文件,为正式运行奠定基础。所以,在管理体系试运行阶段,实施内部审核与管理评审是非常有必要的。

(4)正式运行。经过上述各阶段之后,检验检测机构的管理体系便可正式运行。

第二节 技术能力组建和运作

在建立管理体系的同时,检验检测机构应组建相应的技术能力,包括人员、场所环境、设备设施、外部产品和服务的配备。技术能力组建到位后,要按照管理体系的要求对这些资源性要素进行有效的技术运作。本节的内容主要是介绍技术能力的组建和运作。

一、技术能力组建

技术管理是检验检测机构工作的主线,质量管理是技术管理的保证,行政管理是技术管理资源的保障。这三者的关系可以用图4-4表示。

质量管理:指制定质量方针和质量目标以及开展质量策划、质量控制、质量保证和质量改进等活动。质量管理可保证技术管理、规范行政管理。

技术运作:技术运作通过技术管理来实现。技术管理是指检验检测机构从识别客户需求开始,将客户的需求转化为过程输入,利用人员、场所环境、设备设施、计量溯源、外部产品和服务等资源开展检验检测活动,通过合同评审到形成检验检测报告的全过程管理。

支持性服务:支持性服务通过行政管理来实施。行政管理是指检验检测机构的法律地位的维持,法律责任的承担,机构的设置,检验检测活动范围的规定,人员的责任、权力和相互关系的明确,管理体系完整性的保持,与客户和相关方的沟通,等等。

检验检测机构可结合自身定位、业务目标、行业发展及资质认定的相关要求,确定机构的技术能力范围和拟申请的检测项目。检验检测机构应围绕这些要求来进行技术能力的组建,首先要实现资源上的配备,包含人员、设备设施、场所环境和外部提供的产品和服务。

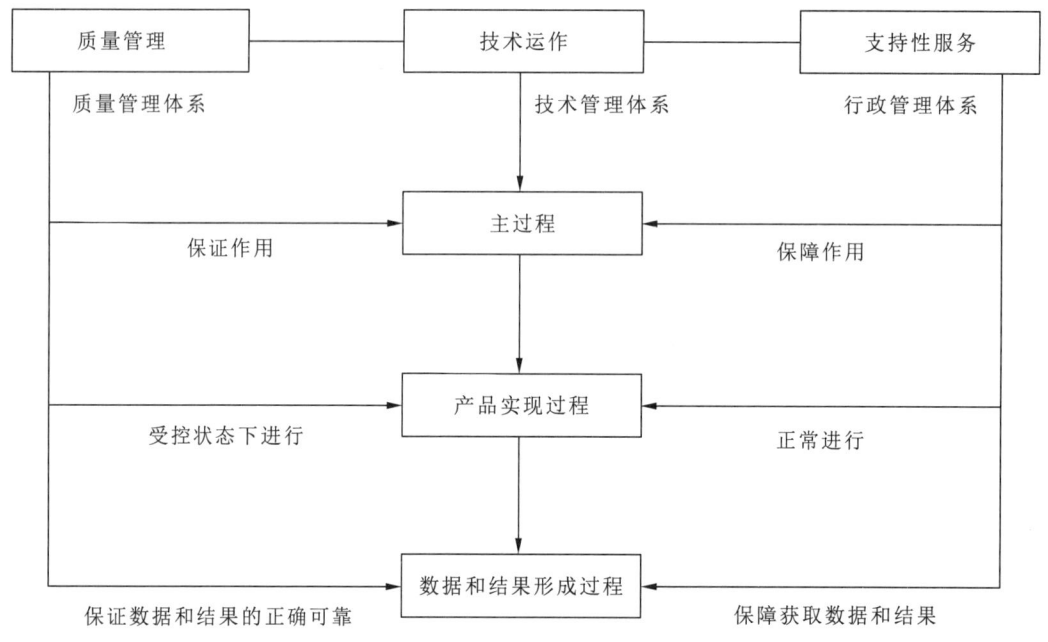

图 4-4 质量管理、技术管理、行政管理之间的关系

(一)人员

检验检测机构应有与其检验检测活动相适应的技术人员和管理人员。人员的结构和数量、受教育程度、理论基础、技术背景和经历、实际操作能力、职业素养等应满足工作类型、工作范围和工作量的需要。检验检测机构通常包含但不限于如下岗位:最高管理者、技术负责人、质量负责人、授权签字人、检验检测人员、抽样/采样人员、监督员、内审员、样品管理员、设备管理员、资料管理员、报告编制/审核人员、意见和解释人员。以上岗位人员职责和要求可参考 RB/T 214《通用要求》及机构体系文件要求。目前 RB/T 214《通用要求》提到的是管理层,管理层可以是一个人,也可以是一组人。通常检验检测机构的管理层包含了最高管理者、技术负责人、质量负责人和部门负责人。

当某些专业领域对检验检测人员有要求的,应遵照执行。如《检验检测机构资质认定 生态环境监测机构评审补充要求》中要求:生态环境监测机构应保证人员数量及其专业技术背景、工作经历、监测能力等与所开展的监测活动相匹配,中级及以上专业技术职称或同等能力的人员数量应不少于生态环境监测人员总数的 15%。如《食品检验机构资质认定条件》中要求:从事食品检验活动的人员应当持证上岗,检验人员中具有中级以上(含中级)专业技术职称或同等能力人员的比例应当不少于 30%。

（二）场所环境

检验检测机构应具有满足检验检测所需要的工作场所,并依据检验检测标准、技术规范,识别检验检测所需要的环境条件,对环境条件进行监测、控制和记录,使其满足标准和规范要求,同时确保场所环境满足安全要求,不产生不相容和交叉污染的情况,对影响检验检测质量的区域需加以控制。

常见的环境条件有生物消毒、灰尘、电磁干扰、辐射、湿度、供电、温度、声级和振级等。如 GB/T 451.3—2002《纸和纸板厚度的测定》中就对环境条件做了具体要求,即温度需控制在(23 ± 1)℃,相对湿度需控制在(50 ± 2)%的范围。RB/T 047—2020《检验检测机构管理和技术能力评价 设施和环境通用要求》对检验检测机构的设施和环境做了更明确的要求,可供读者参考。

（三）设备设施

检验检测机构应根据检验检测标准或技术规范配备满足要求的设备和设施。设备包括检验检测活动所必需并影响结果的仪器、软件、测量标准、标准物质、参考数据、试剂、消耗品、辅助设备或相应组合装置。

随着检测行业迅猛发展,实验室检测分析设备也向着更加智能化、自动化的方向发展。挑选仪器设备既要考虑品牌、市场占有率、客户认可情况,也要考虑设备与标准方法的匹配情况,包括测量范围、检出限及精密度等技术指标内容。

设备在投入使用前,需要进行检定或校准,此外还应当对检定或校准结果进行计量确认。计量确认的目的是确保设备满足检验检测标准要求。如何进行计量确认工作可以参考 RB/T 039—2020《检测实验室仪器设备计量溯源结果确认指南》。

（四）外部提供的产品和服务

外部提供的产品和服务是用于支持检验检测机构运作的基本资源。产品可包括检验检测设备、辅助设备、消耗材料、试剂及标准物质等；服务可包括校准/检定服务、检验检测服务（分包）、培训服务、环境设施的设计和施工服务、设备和设施的维修维护服务、废物处理及能力验证服务等。检验检测机构应明确外部提供的产品和服务的购买、验收、存储的要求,并保存对供应商的评价记录。

二、技术能力运作

技术能力的运作是贯穿检验检测全过程来实现的,其中依次经历合同评审,采购,方法选择、验证和确认,抽样,样品处置,测量不确定度,结果有效性,形成检验检测报告或证书。

(一)合同评审

技术能力的运作从识别客户需求开始,通过合同评审,了解客户需求,并对自身能力和资质状况是否能满足客户要求进行评审。若有关要求发生变更,则需要重新评审。对客户要求有不同意见,应在签约前协调解决。对于出现的偏离,检验检测机构应与客户沟通并取得同意,将变更事项通知相关的检验检测人员。当客户要求出具的检验检测报告或证书中包含对标准或规范的符合性声明(如合格或不合格)时,机构应有相应的判定规则。若标准或规范不包含判定规则内容,应就选择的判定规则与客户沟通并得到同意。

(二)采购

采购为检验检测的顺利实施提供资源性保障,如提供服务(计量服务、培训服务、维修服务等)、供应品、试剂、消耗材料等。检验检测机构应当对采购物品和相关服务进行有效的控制和管理,并按程序对服务和供应品的购买、接收、储存进行控制,尤其是关键试剂及耗材的验收,其质量直接影响检验检测结果的准确性。

(三)方法的选择、验证和确认

检验检测机构应使用适合的方法(包括抽样方法)进行检验检测,该方法应满足客户需求,同时也要满足方法的适用范围。如客户要求测定废水中铁含量,就不宜采用GB/T 5750.6—2006《生活饮用水标准检验方法 金属指标》。

检验检测机构应优先使用标准方法,并确保使用标准的有效版本。检验检测方法包括标准方法、非标准方法(含自制方法)。在使用标准方法前,应进行验证。在使用非标准方法(含自制方法)前,应进行确认。标准方法包含得到国际、区域、国家或行业认可的,由相应标准化组织批准发布的国际标准、区域标准、国家标准、行业标准等文件中规定的技术操作方法。

非标准方法包括但不限于:
(1)知名的技术组织或有关科学书籍和期刊公布的方法;
(2)检验检测机构制定/开发的方法;
(3)设备制造商指定的方法;
(4)超出其预定范围使用的标准方法、扩充和修改过的标准方法;
(5)其他方法。

在引入检验检测方法之前,机构要对能否正确运用这些标准方法的能力进行验证。验证不仅需要从"人、机、料、法、环"方面开展资源性验证,还要通过试验进行技术性验证,如精密度、回收率、线性范围、检出限和定量限等。必要时还应进行检验检测机构间比对或参加能力验证。

在申请检验检测机构资质认定时,需对所申请的标准方法进行方法验证,并保留相关记录。方法验证的过程可参考以下标准和技术文件:

GB/T 27417《合格评定　化学分析方法确认和验证指南》
GB/T 27415《分析方法检出限和定量限的评估》
GB/T 32465《化学分析方法验证确认和内部质量控制要求》
CNAS-TRL-011《CNAS技术报告　轻工产品化学分析方法确认和验证指南》
RB/T 033《微生物检测方法确认与验证指南》
RB/T 063《检验检测机构管理和技术能力评价　方法的验证和确认要求》
HJ 168《环境监测　分析方法标准制修定技术导则》

（四）抽样

抽样是取出检验检测对象的一部分，作为其整体的代表性样品进行检测的一种规定性程序。当抽样作为检验检测工作的一部分时，检验检测机构应对抽样的各个环节实施有效的控制。实施抽样前，应有抽样计划，抽样计划应根据适当的统计方法制订，抽样应确保检验检测结果的有效性。当客户对抽样程序有偏离的要求时，应予以详细记录，同时告知相关人员。如果客户要求的偏离影响到检验检测结果，应在报告、证书中做出声明。抽样也包含"采样"和"取样"。

检验检测机构应将抽样记录作为检验检测工作记录的一部分并予以保存，抽样记录应包括以下信息：

(1)所用的抽样方法；
(2)抽样日期和时间；
(3)识别和描述样品的数据（如编号、数量和名称）；
(4)抽样人的识别；
(5)所用设备的识别；
(6)环境或运输条件；
(7)适当时，标识抽样位置的图示或其他等效方式；
(8)与抽样方法和抽样计划的偏离或增减。

（五）样品处置

样品的处置是检验检测全过程的重要环节。检验检测机构应当制定和实施样品管理程序，对样品的运输、接收、处置、保护、存储、保留、清理或返回等过程应予以控制和记录。

机构应当建立样品的标识系统，样品应具有唯一性标识和检验检测过程的状态标识，并在检验检测整个期间保留该标识。"标识系统"是由多种标识构成的标识体系，它包括区分不同样品的唯一性标识（样品编号）或区别同一样品在不同流转阶段的状态标识（如未检、在检、已检），以及样品存放区域的空间标识。

样品流转记录是实施检验检测的重要证据之一。样品流转记录包含样品群组的细分和样品在机构内外部的传递。机构在接收样品时，应对其适用性进行检查，记录异常情况或偏离。当对样品是否适合于检验检测存有疑问时，或当样品与所提供的说明不相符时，或者对所要求的检验检测规定得不够详尽时,应在检验检测工作开始之前问询客户,对上述情形予以明确,并保留相关记录。

当样品需要存放或养护时,应维护、监控和记录环境条件。不同的检测标准或技术规范对样品的处置有专门的要求,如微生物的样品需要存放在无菌的容器中,土壤挥发性有机物检测样品需要冷链运输等。

样品的保存期限应根据检验检测标准、法律法规及客户的要求来确定。对于司法样品、有毒有害样品、易制毒样品、易爆样品、贵重样品,其传递、使用、储存和控制要予以更多的关注。

(六)测量不确定度

检验检测机构可在检验检测出现临界值、内部质量控制或客户有要求时,按照评定测量不确定度的程序要求,报告测量不确定度。一般资质认定评审对测量不确定度不作过多要求。

(七)结果有效性

结果有效性(即质量控制)的作用是保障结果和数据的正确可靠。检验检测机构应建立和保持监控结果有效性的程序,明确检验检测过程控制要求,覆盖拟申请的能力范围,有效监控检验检测结果的有效性和结果质量。

检验检测机构可采用定期使用标准物质、定期使用经过检定或校准的具有溯源性的替代仪器、对设备的功能进行检查、运用工作标准与控制图、使用相同或不同方法进行重复检验检测、保存样品的再次检验检测、分析样品不同结果的相关性、对报告数据进行审核、机构内部比对、盲样检验检测等进行监控。上述方式均属于实验室内部质量控制。内部质量控制应尽可能覆盖到每一位检测人员、每一种检测设备和每一类检测领域,还应对检验检测中的薄弱环节予以特别关注,如客户投诉的项目、首次开展的项目、标准变更的项目、操作较复杂的项目等。

检验检测机构也可通过参加能力验证、测量审核或机构之间比对来进行外部质量控制,外部质量控制是内部质量控制的有效补充,不仅可以排除来自实验室内部的系统误差,还能向社会证明检验检测机构的技术能力,提高知名度。

无论是内部还是外部质量控制方式都应当进行策划和审查,质量控制活动中所有数据的记录方式应便于发现其发展趋势,若发现偏离预先判据,应采取有效的措施纠正出现的问题,防止出现错误的结果。质量控制应有适当的方法和计划并加以评价。

通常省级市场监督管理局每年会发布检验检测机构能力验证工作的通知,另外也可以关注国家市场监督管理总局、认监委及认可委(CNAS)发布的能力验证计划,或参加具备CNAS能力验证提供者组织的能力验证或测量审核。

如需对结果质量控制进一步了解,可参考以下文件:

GB/T 32464《化学分析实验室内部质量控制 利用控制图核查分析系统》

GB/T 32465《化学分析方法验证确认和内部质量控制要求》
GB/T 32467《化学分析方法验证确认和内部质量控制 术语及定义》
RB/T 208《化学实验室内部质量控制 比对试验》
GB/T 27043《合格评定 能力验证的通用要求》
GB/T 28043《利用实验室间比对进行能力验证的统计方法》

（八）形成检验检测报告或证书

检验检测报告或证书是检验检测机构的最终产品。能够提供客观、准确、真实的检验检测报告是机构良好形象和信誉的体现，也是满足监管部门和客户要求的需要。机构应准确、清晰、明确、客观地出具检验检测结果，并确保检验检测结果的有效性。检验检测报告或证书应至少包括下列信息：

（1）标题；

（2）标注资质认定标志，加盖检验检测专用章（适用时）；

（3）检验检测机构的名称和地址，检验检测的地点（如果与检验检测机构的地址不同）；

（4）检验检测报告或证书的唯一性标识（如系列号）和每一页上的标识，以确保能够识别该页是属于检验检测报告或证书的一部分，以及表明检验检测报告或证书结束的清晰标识；

（5）客户的名称和联系信息；

（6）所用检验检测方法的识别；

（7）检验检测样品的描述、状态和标识；

（8）检验检测的日期。对检验检测结果的有效性和应用有重大影响时，注明样品的接收日期或抽样日期；

（9）对检验检测结果的有效性或应用有影响时，提供检验检测机构或其他机构所用的抽样计划和程序的说明；

（10）检验检测报告或证书签发人的姓名、签字或等效的标识和签发日期；

（11）检验检测结果的测量单位（适用时）；

（12）检验检测机构不负责抽样（如样品是由客户提供）时，应在报告或证书中声明结果仅适用于客户提供的样品；

（13）检验检测结果来自于外部提供者时的清晰标注；

（14）检验检测机构应做出未经本机构批准，不得复制（全文复制除外）报告或证书的声明。

检验检测报告或证书可以以书面或电子方式出具。机构应制定检验检测报告或证书控制程序，保证出具的报告或证书满足以下基本要求：

（1）检验检测依据正确，符合客户的要求；

（2）报告结果及时，按规定时限向客户提交结果报告；

（3）结果表述准确、清晰、明确、客观，易于理解；

（4）使用法定计量单位。

检验检测报告或证书的审核可以采用三级审核方式，即编制、审核、签发（批准）。签发由授权签字人签名，非授权签字人不得签发检验检测报告或证书。

关于检验检测机构报告或证书中有关资质认定标志和专用章的使用和管理可参考《国家认监委关于印发检验检测机构资质认定配套工作程序和技术要求的通知》（国认实〔2015〕50号）中附件《检验检测机构资质认定　标志及其使用要求》和《检验检测机构资质认定　检验检测专用章使用要求》。

检验检测机构应对检验检测原始记录、报告、证书归档留存，保证其具有可追溯性。保存期限通常不少于6年，某些专业领域则按照其补充要求或行业标准和技术规范执行。

第三节　内部审核和管理评审

当机构建立了管理体系，并经试运行后，就要着手实施内部审核和管理评审。内部审核和管理评审是验证管理体系是否得到有效实施和保持，确保管理体系处于适宜性、充分性和有效性的重要手段，同时也能促进管理体系的持续改进。在申请检验检测机构资质认定前，需提供最近一次的内部审核和管理评审材料。为帮助读者理解内部审核和管理评审的实施要点，本节将依据RB/T 214《通用要求》提供部分记录表格的样式供读者参考。

一、内部审核

内部审核是检验检测机构自行组织的管理体系审核，按照标准或管理体系文件规定，对其管理体系的各个环节组织开展的有计划的、系统的、独立的检查活动。

实施内部审核主要用于验证管理体系运作是否符合管理体系和标准的要求，其中管理体系要求指的是机构的体系文件要求，标准的要求指的是RB/T 214《通用要求》。若涉及其他专业领域，还应满足相应领域的补充要求，如RB/T 219—2017《检验检测机构资质认定能力评价　司法鉴定机构要求》。

（一）内部审核的频次、依据及内审员要求

内部审核通常每年1次。当发生的不符合或偏离有可能影响管理体系运作有效性时，检验检测机构宜增加内部审核频次。当管理体系出现重大变更时，如体系文件进行改版，应开展附加内部审核。

内部审核的依据可包含《评审准则》、RB/T 214《通用要求》、专业领域的补充要求、体系文件、标准及技术规范、法律法规。

开展内部审核的内审员应经过培训，能正确理解内审的依据文件，熟悉内部审核的工作程序，掌握内审的技巧方法，具备编制内审检查表并出具不符合项报告的能力。在人力资源允许的情况下，应当保证内审员与其审核的部门或工作无关，确保内部审核工作的客观性、独立性。必要时,内审员需具备与所审核活动相关的技术知识。例如,不宜将只有化学检测经历的内审员安排去审核电器检测部门。

(二)内部审核的流程

内部审核的一般流程:制订年度内审计划→制订内审实施计划→实施现场审核→开具内审不符合项报告→编写内部审核报告

1. 制订年度内审计划

按照检验检测机构内部审核程序文件的要求,在年初由质量负责人制订《年度管理体系内审计划》,并由最高管理者批准。计划中应包含目的、依据、范围、方式及时间安排。

内部审核应当覆盖管理体系的所有要素和与管理体系有关的所有部门、所有场所和所有活动。检验检测机构可依据以下三点来策划、制订、实施和保持审核方案。

(1)有关过程的重要性。在管理体系中,有关过程包括但不限于人员的监督和监控、场所和环境条件的控制、设备的配备和计量溯源性、标准方法验证和非标准方法确认及方法偏离控制、符合性声明和判定规则的应用、抽样和样品管理、原始记录控制、内外部质量控制、结果报告审批与发放、检验检测过程控制尤其是新的检验检测过程控制等。显然,不同的过程对于机构的重要性是不一样的。例如,某机构的检测报告经常出现文字性的错误,那么结果报告审批与发放这个过程就更加重要,在内部审核的策划中应充分关注该过程。

(2)对检验检测机构产生影响的变化。对检验检测机构产生影响的变化,可以分为外部的变化和内部的变化。外部的变化包括但不限于:资质认定政策和要求的变化、客户和供应商的变化、新技术和新方法的出现等。内部的变化包括但不限于:内部组织结构的变化、管理体系及其过程的变化、工作类型和工作量的变化、资源和技术能力的变化等。在内部审核的策划过程中应考虑这些变化对检验检测机构产生的影响。例如,当某机构人员变动较大时,应重点关注变动时期的检验检测能力的保持情况。

(3)以往的审核结果。以往的审核结果主要是指在以往内部审核或外部评审中发现不符合比较多的条款(要素)、场所、部门或检验检测过程或活动。为避免这些不符合再次或反复出现,在策划时也应予以关注。要注意的是,在制订年度内审计划时,可以采取集中式审核,也可以采取滚动式审核,或者按部门审核,或者按要素审核。总的原则是,在一个内部审核周期内要覆盖到所有要素、所有部门、所有场所和所有活动。

以下为《年度管理体系内审计划》示例。

20 _____ 年年度管理体系内审计划

受控编号:

一、目的:验证管理体系的符合性、有效性。

二、依据:RB/T 214—2017《检验检测机构资质认定能力评价　检验检测机构通用要求》、管理体系文件、有关法律法规或标准。

三、范围:管理体系活动覆盖的所有要素、部门、场所及检测活动。

四、方式:由内审员组成审核组进行现场审核。

五、时间安排:见下表。

条款号	要素名称	月份											
		一月	二月	三月	四月	五月	六月	七月	八月	九月	十月	十一月	十二月
4.1	机构								√				
4.2	人员								√				
4.3	场所环境								√				
4.4	设备设施								√				
4.5	管理体系								√				
4.5.1	总则								√				
4.5.2	方针目标								√				
4.5.3	文件控制								√				
4.5.4	合同评审								√				
4.5.5	分包								√				
4.5.6	采购								√				
4.5.7	服务客户								√				
4.5.8	投诉								√				
4.5.9	不符合工作控制								√				
4.5.10	纠正措施、应对风险和机遇的措施和改进								√				
4.5.11	记录控制								√				
4.5.12	内部审核								√				
4.5.13	管理评审								√				
4.5.14	方法的选择、验证和确认								√				
4.5.15	测量不确定度								√				
4.5.16	数据信息管理								√				
4.5.17	抽样								√				
4.5.18	样品处置								√				
4.5.19	结果有效性								√				

续表

条款号	要素名称	月份											
		一月	二月	三月	四月	五月	六月	七月	八月	九月	十月	十一月	十二月
4.5.20	结果报告								√				
4.5.21	结果说明								√				
4.5.22	抽样结果								√				
4.5.23	意见和解释								√				
4.5.24	分包结果								√				
4.5.25	结果传送和格式								√				
4.5.26	修改								√				
4.5.27	记录和保存								√				

编制：　　　　　　　　　　　　　　　　　　　日期：
审核：　　　　　　　　　　　　　　　　　　　日期：
批准：　　　　　　　　　　　　　　　　　　　日期：

2. 制订内审实施计划

为确保内审员和受审核方有充裕的时间提前做好准备，在现场审核前一周至一个月的时间里，由质量负责人编制《内部审核实施计划》。计划中包含审核目的、审核范围、审核依据、审核方法、审核时间、审核组构成、审核日常安排及有关事项。

制订《内部审核实施计划》也应注意有关过程的重要性、对检验检测机构产生影响的变化和以往的审核结果，确保内审员和审核方式的客观性和公正性，还需保证管理体系的不同要素、不同部门及不同场所和检验检测活动在一个内部审核周期内都能够接受审核。机构在客户现场和抽（采）样地点进行的检验检测活动也应纳入内部审核，如环境监测中的采样过程应被审核。

内审组应至少由两名内审员组成，其中一人担任审核组长，通常由机构中的质量负责人担任审核组长。在《内部审核实施计划》中要明确每一位内审员负责审核管理体系所涉及的要素、部门、场所及活动。具体的分工由审核组长与内审员协商确定。一般情况下，内审员应独立于被审核的活动。建议内审组提前收集与受审核部门有关的体系文件及规章制度等，通过审阅文件，提前了解受审核方的基本情况，为顺利实施内审做好准备。同时，要准备好内审需要的记录表格，如《会议签到表》《内审核查表》《内审不符合项报告》《内部审核报告》。为有效实施内部审核，便于收集审核证据，也应提前通知受审核方人员做好准备。

如果条件允许，建议在内部审核中安排现场试验，现场试验的样品可以采用盲样或者稳定性较好的留存样品。通过现场试验可以考核检验检测人员的技术能力，从而有利于发现潜在的不符合。

以下为《内部审核实施计划》示例。

内部审核实施计划

受控编号：

审核目的	验证管理体系的符合性、有效性				
审核范围	管理体系活动覆盖的所有要素、部门、场所及检测活动				
审核依据	1.RB/T 214—2017《检验检测机构资质认定能力评价 检验检测机构通用要求》； 2.质量手册、程序文件及管理文件； 3.有关法律法规或标准				
审核方法	现场询问、观察、查阅文件记录等				
审核时间					
内审组	组长：×××；A组：×××；B组：×××；C组：×××				
审核日程安排					
日期	时间	审核要素（条款）		被审核部门	审核小组
		首次会议			
					A组
					B组
					C组
					A组
					B组
					C组
					A组
					B组
					C组
					A组
					B组
					C组
		审核组内部会议			
		末次会议			
有关事项	按审核日程安排，被审核部门负责人应在岗位，若无法在岗应指定代表人员				

编制： 审核： 批准：

日期： 日期： 日期：

3. 实施现场审核

在实施审核前,宜先召开首次会议,确认所有相关方对审核计划的安排达成一致以及计划的审核活动能够实施。会议的详略程度与受审核方对审核过程的熟悉程度相一致。首次会议通常会介绍审核组成员,确定审核依据,确认审核范围,说明审核程序,解释相关细节,明确日程安排。首次会议通常由检验检测机构管理层、内审组成员和被审核方部门负责人参与。

以下为《首/末次会议签到表》示例。

首/末次会议签到表

受控编号:　　　　　　　　　　　　　　　　　　　　　　　　　第　页　共　页

会议名称	□首次会议		□末次会议	
会议日期及时间				
参加人员名单				
内审组	参会各部门/人员			
职位	签名	签名	职务	签名	职务
内审组长					
内审员					

首次会议结束后,内审组进入现场审核环节。内审员以标准或管理体系文件为依据,将实际活动与标准或管理体系文件的规定进行比较,检查符合情况。内审员通过适当的审核方法收集可追溯的客观证据信息。收集客观证据的方式包括提问、观察活动、核查设备及调阅记录和档案等。收集证据可采用顺向追踪,即从计划到实施到结果;也可采用逆向追踪,即结果到实施到计划。需要注意的是现场审核是基于抽样的方法,因此不可能在有限的时间内获得全部的证据,内审组应当尽可能使抽样具有代表性。内审组每名成员需要在《内审核查表》中记录所有的审核发现。对发现的基本符合或不符合应当场向受审核方指出,并经双方确认。

内审组成员根据《内部审核实施计划》中的分工要求,填写相应的《内审核查表》,该表能够体现内审员所负责的要素、部门、场所和检验检测活动。《内审核查表》应至少包含受审核部门、内审员、时间、条款号、评审内容、评审方法、评审记录及评审意见。

以下是《内审核查表》的部分样例。

《内审核查表》填写说明如下。

其中序号是 RB/T 214《通用要求》标准中的条款号。

评审内容是标准或管理体系文件中的要求。评审方法是针对标准或管理体系要求所采取的评审方法,如查阅某文件、见证某材料。

评审记录是根据评审方法的要求,对评审事项的记录,并包含"是"或"否""不适用"、"有"或"无"的结论。

最后一项评审意见是针对评审记录的结论,给出"符合""基本符合""不符合"或"不适用"。

当评审记录中每一条都满足要求时,在评审意见栏内的"符合"划"√";评审记录中只要出现一条不满足要求时,在评审意见栏的"基本符合"或"不符合"内划"√"。管理体系文件中有描述但实施不规范的,为"基本符合";体系文件无规定或有规定未实施的,为"不符合"。其中"基本符合"和"不符合"为整改项,应在"整改项及说明"栏内对具体事实予以说明。如在某检验检测机构的营业执照中发现经营范围中包含销售,则应在 4.1.1(1)条款中的第 4 条评审记录中的"否"处打"√",同时在评审意见栏的"不符合"内划"√",还要在整改项及说明栏中填写"机构的营业执照中的经营范围包含某某销售项目"。

遇到不适用的情况,则在评审意见栏内的"不适用"划"√",如独立法人机构在被审核非独立法人机构的条款时不适用。

4. 开具内审不符合项报告

现场审核结束后,可以在末次会议召开前,提前召开审核组内部会议。内部会议的主要内容是交流审核情况,确定发现的事实是否构成不符合,统一审核尺度,合并同类不符合项,等等。然后召开末次会议,末次会议参与人员与首次会议相同,并填写《首/末次会议签到表》。内审组确认审核工作完成情况,并分析和评价所有的审核发现,确定应报告的不符合和改进建议以及纠正措施完成时间。

内审核查表

受控编号：
部门：管理层　　内审员：　　时间：

序号	评审内容	评审方法	评审记录	评审意见				整改项及说明
				符合	基本符合	不符合	不适用	
4.1	机构							
4.1.1	1、检验检测机构应是依法成立并能够承担相应法律责任的法人或者其他组织。检验检测机构或者其所在的组织应有明确的法律地位，对其出具的检验检测数据、结果负责，并承担相应法律责任。	查阅文件和见证材料： 1、查阅法人或者其他组织相应的法人登记、注册证书（营业执照，统一社会信用代码证书），核实其是否有效； 2、依法设立的法人包括机关法人、事业单位法人、企业法人和社会团体法人。其他组织包括取得工商行政管理机关颁发的《营业执照（营业执照，统一社会信用代码证书）》的企业法人分支机构、特殊普通合伙检验检测企业（法人），民政部门登记的民办非企业单位（法人），经核准登记的司法鉴定机构等。 3、所在法人单位的法定代表人是否对检验检测机构管理层进行授权的，是否有授权的文件。	1、法人登记、注册证书（营业执照，统一社会信用代码证书）： 有□　无□ 2、法人登记、注册证书（营业执照，统一社会信用代码证书）是否在有效期内： 是□　否□ 3、经营范围应包含检验、检测活动或者相关表述： 是□　否□ 4、是否有影响其检验检测活动公正性的诸如生产、销售等经营项目： 是□　否□ 5、是否有法定代表人对管理层进行授权的文件： 是□　否□　不适用□			√		机构的营业执照中的经营范围包含某销售项目

不符合项的报告填写在《内审不符合项报告》中。在开具《内审不符合项报告》前,应与被审核方充分交流,双方共同确认。

不符合的产生通常可归纳为以下3类。

体系性不符合(即文—标不符):机构建立的文件化管理体系不符合 RB/T 214《通用要求》,规定错误或不完整。

实施性不符合(即文—实不符):机构建立的文件化管理体系在实际运行中没有完全执行或执行过程中产生偏离。

效果性不符合(即实—效不符):机构建立的管理体系虽然运行了,但未达到预定的效果或结果不满足要求。

《内审不符合项报告》中应包括受审核部门、内审日期、部门负责人、陪同人员、不符合事实陈述及对应条款、不符合性质、原因分析、纠正措施、纠正及纠正措施完成情况、纠正措施跟踪和验证。

以下为《内审不符合项报告》示例。

内审不符合项报告

受控编号:

受审核部门		内审日期	
部门负责人		陪同人员	
不符合事实陈述: 　　　　　　　　　　　内审员(签名):　　　受审部门负责人(签名):			
不符合管理体系文件:《××程序》 不符合:RB/T 214—2017《检验检测机构资质认定能力评价 检验检测机构通用要求》第　条款要求 不符合性质:　□严重不符合　　□一般不符合 　　　　　　　　　　　　　　　　　　　　内审组长(签名):			
原因分析: 纠正措施: 　　　　　　　　　受审部门负责人(签名):　　　　内审员(签名):			

纠正及纠正措施完成情况：		
	受审部门负责人：	日期：
纠正措施跟踪和验证：		
	内审员：	年　月　日

填写说明如下。

不符合事实陈述应与《内审核查表》中的内容相一致。要注意的是，不符合事实的陈述要准确描述观察到的事实［如时间、地点、人物（采取工号或职务来代替）、文件编号、报告编号、设备编号等］。不符合事实应可追溯，其描述还需简明扼要、基于客观事实。例如，实验室提供不出新进员工（工号为029）的人员监督记录。

不符合管理体系文件就是填写内部文件或规定要求。如不符合CXWJ-CCIC-007《仪器设备管理程序》中某条款的要求。

不符合RB/T 214《通用要求》则填写不符合该标准的条款号，注意条款号的判定，一定要判到最具体的条款上，如检测报告（编号为HBZJJC20220901）结尾没有清晰的结束标识，就应判到4.5.20 d)条款上，而不是4.5.20。

这里要特别说明的是，推荐机构在填写不符合的条款号时，最好既填写RB/T 214《通用要求》中的条款，也要填写管理体系文件中的条款号，这样有利于识别管理体系文件是否缺少要素。当管理体系文件存在缺陷时，可以只填RB/T 214《通用要求》中的条款。（由于不同检验检测机构的管理体系文件名称及条款号各不相同，因此后面举例所依据的条款号均引用RB/T 214《通用要求》。）

不符合性质主要分为严重不符合和一般不符合。当体系运行出现系统性失效，如某关键过程或某一过程重复出现失效现象，或体系运行出现区域性失效，如一个部门、场所的全面失效现象，则构成严重不符合；对于符合内部审核准则或满足客户要求的个别偶然的失效现象，或对管理体系运行的有效性而言存在一般性（次要）的问题，则为一般不符合。

原因分析是要阐述发现不符合产生的根本原因。如果要从根本上解决问题，就必须对出现不符合的原因进行深入细致的分析。仅仅分析产生问题的直接原因是不够的，必须找出发生不符合的根本原因,才能采取有效的、有针对性的纠正措施。机构常见的根本性原因有管理体系文件存在缺陷(文件不满足标准或准则要求)、内部的管理职责梳理不清、方案或者计划存在缺陷等。

纠正措施是为消除现在的不符合的原因并防止类似问题再次发生所采取的措施。

纠正措施这里通常要填写:

①整改的具体实施计划,如修订管理体系文件,对设备进行计量等;

②针对该项不符合所采取的培训;

③针对不符合,实施举一反三。

纠正及纠正措施完成情况是对已经实施的纠正及纠正措施进行描述并说明完成情况;纠正措施跟踪和验证是对已经实施的纠正及纠正措施进行跟踪,并验证是否达到了预期效果,某些情况下,还要追溯对以前检验检测结果的影响,从而确定不符合项是否可以关闭。

另外《内审不符合项报告》续页还要附上整改的证明材料,如文件或记录修订后的扫描件、整改前后的对比照片等。

5. 编写内部审核报告

在末次会议中,内审组长报告本次内审中的观察记录,并说明问题的重要程度;就管理体系实际运行与审核依据的符合性报告审核结论;记录内部审核中确定的不符合,并与受审核方商定纠正措施的完成时间。

内部审核末次会议结束后,内部审核组应根据审核发现,形成审核结论,编写内部审核报告。内部审核报告应清晰简明,确保各相关方了解内部审核结果。内部审核报告应包括(但不限于)以下信息:内部审核目的;内部审核范围;内部审核准则;内部审核成员及分工;内部审核日期;内部审核过程和内部审核发现的综述;确定的不符合项及其分布;改进的建议;纠正和(或)纠正措施的实施及验证情况;内部审核结论;质量负责人对内部审核结果的确认意见。

《内部审核报告》由内审组长编制,以下为《内部审核报告》示例。

内部审核报告

受控编号:

审核目的	验证管理体系的符合性、有效性
审核范围	管理体系活动覆盖的所有要素、部门、场所及检测活动
审核依据	1. RB/T 214—2017; 2. 质量手册、程序文件及管理文件; 3. 有关法律、法规或标准

审核时间	2019年12月17日—12月18日
内审组	组长：×××；A组：×××；B组：×××；C组：×××
审核综述	一、管理体系内审综述： （一）内审概况： （二）本次审核覆盖范围： （三）不符合项数量、性质、分布和原因分析及整改情况： （四）管理体系符合性和有效性运行评价： （五）检测能力评价： (1)仪器设备配置及使用情况 (2)环境设施条件及监控情况 (3)标准方法使用情况 (4)检测人员配置及技术培训、能力情况 (5)质量监控情况 （六）前次管理评审改进措施实施情况：
结论	
纠正和纠正措施要求	针对发现的不符合项,责任人在本报告发出的　个工作日内完成相应的整改工作。
备注：	

编制：	审核：	批准：
日期：	日期：	日期：

《内部审核报告》填写说明如下。

审核目的、审核范围、审核依据、内审时间、内审组可参考示例,根据实际情况填写。

在审核综述中共有6个方面的内容,分别是：

(1)内审概况。包括但不限于描述内审组成员(内审员资质、公正性、独立性)、内审流程和时间、主要参会人员、审核方式、是否按时完成等。

(2)本次审核覆盖范围。描述本次内部审核是否覆盖了管理体系的所有要素和与管理体系有关的所有部门、所有场所和所有活动。若未全覆盖,则根据实际情况填写,但应保证在一个内审周期中做到这四个覆盖。

(3)不符合数量、性质、分布和原因分析及整改情况。描述在本次内审中发现不符合的具体数量、性质(严重不符合还是一般不符合)、分布(具体的条款号)以及针对这些不符合的原因分析。整改情况是针对不符合采取的纠正措施的描述,以及跟踪验证的情况。

（4）管理体系符合性和有效性运行评价。描述管理体系文件与标准的符合程度、实施效果、发现有无改进体系运行的机制及措施等（如修订体系文件），然后对运行效果进行评价。

（5）检测能力评价。分述如下：

①仪器设备配置及使用情况主要是描述所配置设备的名称、型号和用途，同时也包含相关的标准物质信息，以及与这些设备相关的使用、维护、期间核查、计量及计量确认等信息。设备的配置和使用与现有业务的匹配情况也应当描述。

②环境设施条件及监控情况主要是描述如何就检测标准的要求对环境条件加以监测、控制和记录，对不相容活动的相邻区域是否进行了有效隔离，有无措施防止干扰或交叉污染，内务和安全如何控制等。

③标准方法使用情况主要是描述方法的选择、方法的时效性、方法的受控及方法的确认或验证等情况。

④检测人员配置及技术培训、能力情况主要描述人员的数量、专业、职称及关键岗位的人员是否符合管理体系及当前任务需求；还要介绍本年度的人员培训情况，包括内部培训及外部培训，以及对这些培训的效果评价；然后描述本年度的人员能力监督和能力监控（人员初始能力采用监督，持续能力采用监控）情况是否满足要求。

⑤质量监控情况主要描述本年度开展的各项质量监控活动，包括内部质量监控活动（如人员比对、仪器比对、留样再测、采用有证标准物质等）和外部质量监控活动（如能力验证、测量审核、实验室比对），以及评价这些活动是否满足要求。

（6）前次管理评审改进措施实施情况主要描述上一次管理评审所提出的改进措施的实施情况及效果评价。若实验室参加初次内审，则填写"无"，并注明此次内审为管理体系建立后的首次内审。

结论处主要是描述管理体系运行情况是否符合管理体系文件和标准的要求，一般采用"基本符合"进行评价。

纠正和纠正措施要求处需给出不符合整改的工作日时限，机构可依据自身情况填写，一般不超过30个工作日。

二、管理评审

管理评审是最高管理者根据质量方针和目标对管理体系的适宜性、充分性和有效性进行定期的、系统的评价活动。通过管理评审，进行相应的变更或实施改进措施，确保管理体系的适宜性、充分性和有效性。

（一）管理评审的依据及频次

管理评审的依据是受益者（管理层、员工、供应商、分包方、客户和社会）的期望。管理评审周期通常为12个月。也可以根据需要，组织附加管理评审。当出现下列情况时，宜组织附加管理评审：

(1)机构组织结构、检测范围、资源配置等发生重大变化或调整时;
(2)发生重大检测质量事故后;
(3)客户有效投诉成立或过投诉连续发生;
(4)当法律法规、准则或体系文件发生重大变化之后;
(5)在资质认定评审前;
(6)机构管理层认为有必要进行管理评审时。

(二)管理评审的流程

管理评审的一般流程:制订管理评审计划→发布管理评审通知→组织管理评审会议→编写管理评审报告。

1. 制订管理评审计划

按照检验检测机构管理评审程序文件的要求,在年初由质量负责人制订《管理评审计划》并由最高管理者批准。计划中至少需要包括评审目的、范围、日程安排、参与人员及准备必要输入信息时的工作要求。管理评审应关注实验室的变化情况,包括组织结构、设施环境、仪器设备、人员、程序、与检验检测活动相关的已经发生以及将要发生的变化、客户需求和管理机构要求的变化、管理体系的改进需求。管理体系的改进需求可能来自内部审核和外部评审的结果、内部质量控制、实验室间比对(含能力验证)、客户的投诉等。

以下为《管理评审计划》示例,其中包含了管理评审类型、管理评审目的、会议时间、会议地点、参加人员、评审内容框架、准备工作要求等。

管理评审计划

受控编号:

管理评审类型:	□年度管理评审	□附加管理评审	
管理评审目的: 1)评价管理体系的适宜性、充分性和有效性; 2)检查质量方针和目标的实现情况,确保企业持续不断地满足客户及相关方的要求; 3)检查管理体系的薄弱环节,识别改进的需求,评价风险控制情况; 4)评估管理体系因外部条件变化而要改进的需求; 5)各项资源配备的评估。			
会议时间	20××年××月××日	会议地点	××××
参加人员	×××、×××、×××、×××等		

评审内容框架：

a）检验检测机构相关的内外部因素的变化；

b）目标的可行性；

c）政策和程序的适用性；

d）以往管理评审所采取措施的情况；

e）近期内部审核的结果；

f）纠正措施；

g）由外部机构进行的评审；

h）工作量和工作类型的变化或检验检测机构活动范围的变化；

i）客户和员工的反馈；

j）投诉；

k）实施改进的有效性；

l）资源配备的合理性；

m）风险识别的可控性；

n）结果质量的保障性；

o）其他相关因素，如监督活动和培训。

准备工作要求：

质量负责人：内审情况、外部评审情况，不符合项的整改验证；管理体系的适宜性；纠正措施/改进的实施效果；外部文件政策变化情况；质量目标；风险识别情况。

技术负责人：检测能力和检测质量保证的综合评价；能力验证情况；现有人员技术能力是否适应检测业务的开展；新检验检测技术及检测标准的适用程度；质量监督情况。

各检测实验室：工作量和工作类型的变化或检验检测机构活动范围的变化；仪器设备装备水平与检测业务的适宜情况；检测工作中存在的问题。

综合管理部门：年度工作量完成情况；客户反馈和投诉；工作类型的变化；外购物资及合格供应商情况；管理体系文件总体情况，有无更改要求。

另各部门及岗位均需提供：1）检验检测机构相关的内外部因素的变化；2）目标的可行性；3）政策和程序的适用性；4）资源配备的合理性；5）风险识别的可控性等内容材料。

评审通知：×××

输入报告汇总人：×××

评审现场安排：×××

现场会议纪要：×××

会后资料整理：×××

编制：×××　　20××年××月××日　　　　　　批准：×××　　20××年××月××日

2. 发布管理评审通知

为确保管理评审的实施效果,应提前一周至一个月发布《管理评审通知》,告知相关人员做好准备。以下为《管理评审通知》示例。

关于公司准备进行20××年管理评审活动的通知

各部门、×××:

  为验证质量管理体系的持续适宜性、充分性和有效性,公司决定在20××年××月××日进行管理评审,请各位注意按《管理评审程序》要求及时完成管评输入报告,并于××月××日前提交至质量负责人×××邮箱。

  特此通知!

××××××××有限公司
20××年××日××日

3. 组织管理评审会议

管理评审应根据正式的日程安排有序地实施。管理评审通常采用会议形式举行,会议由最高管理者主持。参会人员通常包括最高管理者、质量负责人、技术负责人、各部门负责人等。

参会人员需填写《会议签到表》,以下为管理评审《会议签到表》示例。

会议签到表

受控编号:

会议类型	管理评审	会议时间	
主持人		会议地点	
会议签到			
姓名	所在部门	姓名	所在部门

1) 管理评审的输入

在管理评审会议上由最高管理者、质量负责人、技术负责人、各部门负责人根据《管理评审计划》的要求分别报告各项输入项,这些输入项应包括以下几点。

a) 检验检测机构相关的内外部因素的变化

与实验室有关的内外部变化包含:外部准则的变化、政策要求的变化,包括新的法律法规的颁布、新的标准代替旧的标准以及新标准的实施,如《检验检测机构资质认定管理办法》的修订、《检验检测机构监督管理办法》的发布;内部则是"人、机、料、法、环"的变化,如报告内部人员的变动(包括老员工的离职、退休,新员工的入职)、设备设施的更新、产品的升级换代、新方法的更替、供应商的变更和环境场所的变化。

b) 目标的可行性

收集质量目标所涉及的各项数据,汇报质量目标完成情况,并分析原因,评价质量目标的可行性。

c) 政策和程序的适用性

评价检验检测机构制定的管理体系文件、政策、制度是否与实际运行相适用。为了达到较好的适用性,这些政策或者程序有无增减或修订的需求。

d) 以往管理评审所采取措施的情况

通常是指前几次管理评审的输出,即对以往管理评审所采取措施的跟踪,以及对措施有效性的判断。如果管理评审的输出所采取的措施在当年完成有困难,需要大于一个年度才能完成,那么这些管理评审的输出所采取的措施作为下一个(或几个)年度管理评审的输入。如新实验室改造可能 1 年完不成,需要隔年作为管理评审的输入。又如需要引进一套进口仪器设备,当年无法完成采购,需要等到下一个年度。如果机构是首次申请资质认定,这里可填"无"。

e) 近期内部审核的结果

对近期内部审核的结果进行综述。

f) 纠正措施

在管理体系运行过程中,汇总对不符合所采取的纠正措施。注意这里不符合的来源不一定仅限于内部审核或外部评审,还可能来源于监督员的监督、客户投诉、管理评审、期间核查、质量监控、采购验收、报告审核等。针对这些不符合所采取的纠正措施都应当纳入管理评审的输入项。

g) 由外部机构进行的评审

在本次管理评审周期内,对外部机构进行的评审情况进行综述。注意外部评审可能不止一次。

h) 工作量和工作类型的变化或检验检测机构活动范围的变化

主要报告工作量大小的变化、工作类型的变化或机构活动范围的变化。比如开发了新客户,相较往年工作量增大 30%;又如为了保障检测周期,增加了夜班制度,两班轮岗;再如机构通过了资质认定扩项,增加了新的检测领域,如某环境监测机构增加了矿产品领域的检测能力。

i) 客户和员工的反馈

收集本年度客户满意度调查表及员工反馈等信息进行报告。收集客户和员工的反馈有助于多渠道识别管理体系存在的问题和所需的改进。

j) 投诉

收集本年度的客户投诉记录,并针对投诉内容进行分析总结。

k) 实施改进的有效性

对机构实施改进的有效性进行评价。改进的信息可以来源于质量方针、质量目标、审核结果、数据分析、纠正措施、管理评审、人员建议、风险评估、能力验证和客户反馈等。

l) 资源配备的合理性

资源配备的合理性包含人力资源、设备资源、环境资源、外部提供的产品和服务的资源是否满足要求,是否合理,是否符合未来发展的需求。

m) 风险识别的可控性

检验检测机构的风险从合同评审就开始了,因此,机构的管理层应预先识别风险、管理风险,使风险消除或降低至可控范围内。这里需要报告机构识别了哪些风险,并分析这些风险发生的概率及影响程度,然后针对这些风险采取具体的控制措施,以证明风险识别的可控性。

n) 结果质量的保障性

报告本年度开展的各项质量监控活动,包括内部质量监控活动(如人员比对、仪器比对、留样再测、采用有证标准物质等)和外部质量监控活动(如能力验证、测量审核、实验室比对),以及评价这些活动是否满足要求。

o) 其他相关因素,如监督活动和培训

报告其他相关因素,如本年度的人员培训情况,包括内部培训及外部培训,以及对这些培训的效果进行评价。报告本年度的人员能力监督和能力监控情况是否满足要求。

在一个管理评审周期内,检验检测机构应当按照上述条款的要求进行完整的输入,如果某些条款涉及多个岗位或部门,则都应进行输入。只有完整的输入才能确保管理体系的适宜性、充分性和有效性得到全面、系统的评价。各项输入材料应作为管理评审的实施记录,留存归档。

2) 管理评审的输出

a) 管理体系及其过程的有效性

通过对输入信息进行综合分析,对管理体系及其过程的有效性进行评价。

b) 符合本标准要求的改进

管理评审如果识别出改进机会,应当采取相应的措施,以改进相关工作。

c) 提供所需的资源

根据管理评审发现的问题及所需的改进,确定提供必要的资源,以实现管理体系的有效运行和持续改进。这些资源通常包括人力资源、设备资源、环境资源、计量溯源资源、外部提供的产品和服务资源等。

d) 变更的需求

变更的需求包含修订管理体系文件、修改质量方针和目标、调整部门职责、优化岗位和资源配置、变更实验室地址、变更关键人员及其能力范围等。

在管理评审会议结束后,检验检测机构应针对管理评审输出所采取的措施制订相关计划,还要建立跟踪机制,以保障输出所采取的措施能够得到有效落实。

4. 编写管理评审报告

《管理评审报告》主要包含评审目的、主持人、评审会议时间、地点、参会人员、管理评审情况综述(包含评审结论)、上一年度管理评审输出内容落实情况、质量管理体系运行整体情况、资源配置情况、下一年度质量目标、改进和风险措施要求。

以下为《管理评审报告》的示例。

管理评审报告

受控编号:

管理评审目的:
1)评价管理体系的适宜性、充分性和有效性;
2)检查质量方针和目标的实现情况,确保企业持续不断地满足客户及相关方的要求;
3)检查体系的薄弱环节,识别改进的需求,评价风险控制情况;
4)评估管理体系因外部条件变化而要改进的需求;
5)各项资源配备的评估。

主持人	×××	评审会议时间、地点	20××年××月××日、公司会议室
参加人员	×××		

管理评审情况综述:

本次评审会议由总经理×××主持。质量负责人、技术负责人及主要部门负责人参加了本次会议,并分别汇报了各部门20××年质量相关工作情况,提出了在工作中的不足和改进措施。

同时,本次评审主要针对实验室质量管理体系的有效性实施情况及上一年度管理评审输出内容进行了总结和评价,并对20××年度的质量目标、改进项等进行了充分讨论和交流。

评审结论:
上一年度管理评审输出内容落实情况:
质量管理体系运行整体情况:
资源配置情况:
下一年度质量目标:

改进和风险措施要求:
1. 资源方面:×××
2. 资源方面:×××
3. 资源方面:×××
4. 资源方面:×××
5. 文件方面:×××
6. 文件方面:×××
7. 风险控制:《风险评估报告》

总经理: 日期:

《管理评审报告》填写说明如下。

(1)上一年度管理评审输出内容落实情况。主要是根据上一年度实施的改进、提供的所需资源及变更需求的落实情况进行报告。

(2)质量管理体系运行整体情况。通过对输入项进行分析后,对管理体系及其过程的有效性进行评价,确保管理体系持续保持适宜性、充分性和有效性。

(3)资源配置情况。主要是"人、机、料、法、环"等资源配置情况是否满足要求,如不满足要求,可提出所需的资源,如引进人才、购买设备、改造实验室等。

(4)下一年度质量目标。依据本年度目标的完成情况和可行性分析,根据实际情况和需求来制定下一年度的质量目标。

(5)改进和风险措施要求。可以提供所需的资源,也可以是文件方面的变更,也可以提供《风险评估报告》来实现管理体系的改进。在制定改进措施时,需要规定要求、责任人和完成时限。

第四节 不符合项的整改思路及示例

在检验检测机构的日常工作中会经常涉及不符合项的整改,尤其是在内部审核或是资质认定评审后,那么如何对提出的不符合项进行有效的整改、如何进行原因分析、应该采取什么样的纠正措施、需要提供哪些整改材料呢?本节的主要内容是介绍不符合项的整改思路及示例,并通过案例来进行分析解读。

一、不符合项的整改思路

在检验检测工作中,应及时正确地识别不符合,以便采取相应的纠正和纠正措施。本节重点讨论内部审核及外部评审(如资质认定评审)中不符合的整改。

不符合的整改思路可按照如下流程进行(图4-5)。

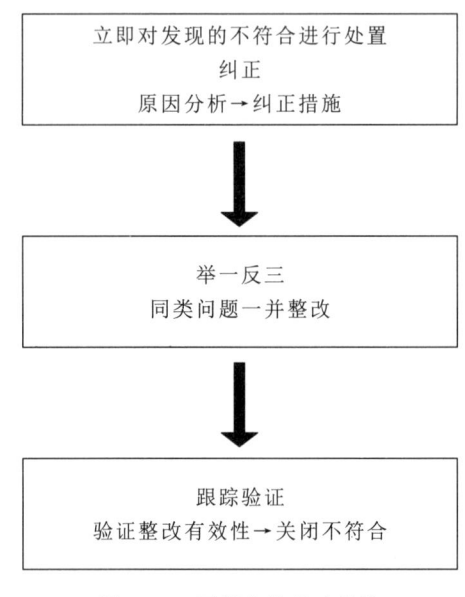

图4-5 不符合的整改思路

(一)立即对发现的不符合进行处置

不符合的处置方式分为纠正、纠正措施。纠正是为消除已发现的不符合所采取的措施,如改正、更换、补充完善、停止工作、组织培训和宣传贯彻等。纠正措施是为消除已发现的不符合或其他不期望情况的原因所采取的措施。纠正和纠正措施可以一同实施,两者的实施力度应与不符合的严重程度相适应。当识别出不符合时,首先需要分析不符合产生的原因,制定措施,消除这个原因,才能杜绝此类不符合再度发生,因此原因分析是纠正措施中最关键的部分。例如,在内审中发现某检测人员未对存放样品冰柜的温度进行记录,分析其原因有可能是管理体系文件中没有规定,或者是管理体系文件中有规定但是宣贯培训不到位,又或者是工作量突然激增导致未记录,等等。总之,在分析原因时要仔细分析产生不符合的所有可能原因,进而从中识别出根本原因。

接下来根据不符合分析的原因来确定采取何种纠正措施,若是资源的配备问题,就需要购置或者改造设备;若是检测技术的问题,则需要改进技术手段;若是环境条件问题,则改善环境条件;若是管理职责的问题,就需要明确职责和权限,或是修改管理体系文件;若是责任心问题,就需要加强责任心教育和培训;等等。注意某些情况下,还要追溯该项不符合对以前检验检测结果的影响。

无论是采取纠正还是纠正措施都要对相关人员就标准和管理体系文件进行培训,并对培训效果进行评价。为确保整改有效,还要提供相关佐证材料,如某个文件的扫描件或整改前后的对比照片等。

(二)举一反三

针对不符合项进行举一反三,排查其他方面是否存在类似问题,一并进行整改。如某检验检测机构发现一台编号为CCICHB0001的电子天平无设备唯一性标识,那么在采取相应的纠正或纠正措施后,应进行举一反三,核查实验室其他设备有无唯一性标识,若有类似问题,则一并整改。

(三)跟踪验证

检验检测机构应对已经实施的整改进行跟踪验证,验证采取的纠正或纠正措施的有效性,目的是确保不符合不会再次发生。通过沟通交流、现场见证、查阅整改材料等方式来验证整改是否有效并达到了预期效果,最终确定不符合是否可以关闭。

二、不符合项的整改示例

本书提供了7个不符合项的整改示例,其中原因分析只列出了可能发生的一种作为参考。而在实际工作中,其原因则不尽相同,因此检验检测机构一定要结合自身情况,找出最根本的原因,以防止不符合再度发生。

(一)案例一

不符合项事实描述:
实验室提供不出电热鼓风干燥箱(编号为CCICHB0002)的期间核查记录。不符合RB/T 214《通用要求》中4.4.3要求。

原因分析:
由于未制定电热鼓风干燥箱期间核查作业指导书,故无法提供期间核查记录。

纠正措施:
(1)根据相关技术规范,编制电热鼓风干燥箱期间核查作业指导书。
(2)对电热鼓风干燥箱进行期间核查,并保留相关记录。若期间核查结果不合格,应追溯该设备对以前检验检测结果的影响。
(3)对相关人员进行培训,学习RB/T 214《通用要求》及管理体系文件中关于设备管理方面的要求。
(4)举一反三,查看其他设备是否保留了期间核查记录,如存在类似问题,则一并整改。

整改材料：

(1)电热鼓风干燥箱期间核查作业指导书。

(2)电热鼓风干燥箱期间核查记录。

(3)人员培训记录。

(二)案例二

不符合项事实描述：

天平室隔壁紧邻振动实验室，未将不相容活动的相邻区域进行有效隔离。不符合 RB/T 214《通用要求》中 4.3.4 要求。

原因分析：

相关责任人未在《环境条件控制一览表》中识别出振动试验对天平室中天平产生的干扰影响。

纠正措施：

(1)将电子天平搬离原天平室，在不受振动实验室影响的房间重新设置天平室。

(2)对相关责任人员进行培训，学习 RB/T 214《通用要求》及管理体系文件中关于场所环境方面的要求。

(3)在《环境条件控制一览表》将天平的环境控制条件中加入振动要求。

(4)追溯该天平在振动设备开启期间是否对以前的检验检测结果造成影响。

(5)举一反三，查看其他相邻区域是否存在相互干扰的情况，如存在类似问题，则一并整改。

整改材料：

(1)整改前和整改后天平室的照片。

(2)人员培训记录。

(3)更改后的《环境条件控制一览表》。

(三)案例三

不符合项事实描述：

元素分析实验室提供不出对优级纯硝酸(批次：20210122)的技术验收文件。不符合 RB/T 214《通用要求》中 4.5.6 要求。

原因分析：

首先程序文件中虽然对试剂的验收有要求，但是操作性不强；其次试剂管理员误认为优级纯硝酸的品质较高，所以不用进行验收。

纠正措施：

(1)修改程序文件，对不同规格的试剂验收做出明确要求。

(2)立即对该批次优级纯硝酸进行技术验收，并保留相关记录。若验收不合格，需要追溯对以前检验检测结果的影响。

(3)对试剂管理员及相关人员进行培训,学习 RB/T 214《通用要求》及管理体系文件中关于采购方面的要求。

(4)举一反三,查看其他关键试剂是否保留了技术验收文件,如存在类似问题,则一并整改。

整改材料:

(1)修改后的程序文件。

(2)优级纯硝酸的验收记录。

(3)人员培训记录。

(四)案例四

不符合项事实描述:

编号为 2021080022 的检测报告中使用了分包实验室的数据,但未在报告中注明该分包实验室的机构名称和资质认定许可编号。不符合 RB/T 214《通用要求》中 4.5.24 要求。

原因分析:

报告编制人员未接受过有关《检测报告管理程序》的培训,尤其是报告中关于分包的要求。

纠正措施:

(1)对之前发出的报告尽可能收回,并重新出具报告,补充分包实验室信息。

(2)对相关人员进行培训,学习 RB/T 214《通用要求》及管理体系文件中关于分包的要求。

(3)举一反三,查看其他检测报告有无标注分包方信息,如存在类似问题,则一并整改。

整改材料:

(1)整改前和整改后的检测报告扫描件。

(2)人员培训记录。

(五)案例五

不符合项事实描述:

实验室提供不出 NY/T 1377—2007《土壤 pH 的测定》的方法验证记录。不符合 RB/T 214《通用要求》中 4.5.14 要求。

原因分析:

检测人员认为该方法过于简单,误以为可以不经方法验证而直接使用,对 RB/T 214—2017 和管理体系文件中关于方法验证的理解不到位。

纠正措施:

(1)补充 NY/T 1377—2007《土壤 pH 的测定》的方法验证记录。

(2)对相关人员进行培训,学习 RB/T 214《通用要求》及管理体系文件中关于方法的选择、验证和确认方面的要求。

(3)举一反三,查看其他检测方法有无方法验证记录,如存在类似问题,则一并整改。

整改材料：

(1)NY/T 1377—2007《土壤 pH 的测定》的方法验证记录。

(2)人员培训记录。

（六）案例六

不符合项事实描述：

查编号为 CCICHB0003 的风速仪校准证书，在 1 m/s 风速下测量误差为 14%，不满足检测标准 GB/T 18204.1—2013《公共场所卫生检验方法　第 1 部分：物理因素》中规定"不大于±10%"的要求，实验室未经确认就直接投入使用。不符合 RB/T 214《通用要求》中 4.4.3 要求。

原因分析：

仪器使用人员对 RB/T 214《通用要求》和程序文件中有关计量确认的理解不到位，导致计量参数未达到检测标准要求。

纠正措施：

(1)停用该风速仪，加贴停用标识。核查该仪器对以前检验检测结果的影响。

(2)对相关人员进行培训，学习 RB/T 214《通用要求》及管理体系文件中关于设备管理的要求。

(3)举一反三，查看其他设备有无不满足标准要求的情况，如存在类似问题，则一并整改。

整改材料：

(1)风速仪粘贴停用标识照片。

(2)人员培训记录。

（七）案例七

不符合项事实描述：

色谱室中的氢气瓶在墙角竖直放立，未安装任何安全固定装置。不符合 RB/T 214《通用要求》中 4.3.4 要求。

原因分析：

程序文件中对安全的要求过于笼统，没有针对气瓶放置的具体要求。

纠正措施：

(1)修改程序文件，增加对气瓶放置的要求，同时完善其他与安全有关的要求，使之更为具体并便于操作。

(2)立即对色谱室中的氢气瓶加装安全固定装置。

(3)对相关人员进行培训，学习 RB/T 214《通用要求》及管理体系文件中关于场所环境及实验室安全的要求。

(4)举一反三，查看实验室其他气瓶是否加固，如存在类似问题，则一并整改。

整改材料：
(1)修改后的程序文件。
(2)整改前和整改后的氢气瓶照片。
(3)人员培训记录。

第五节 资质认定的迎审准备工作

本节的主要内容是对资质认定评审前需要准备的文件和记录进行梳理和核查，并对现场评审前的策划和准备提供参考建议。

一、文件、记录的核查

检验检测机构应按照资质认定评审要求，对需要提供的文件和记录进行一次全方位的核查和完善，建议根据如下条款进行梳理。

(一)法人地位证明文件

核查独立法人机构提供的有效登记、注册文件(如营业执照)。登记、注册文件中的经营范围是否包含检验、检测、检验检测或相关表述，不得有影响其检验检测活动公正性的经营项目(诸如生产、销售等)。非独立法人单位的实验室则需准备成立文件和法人授权书，依法设置或授权机构提供成立的批文及最高管理者授权任命文件。

(二)工作场所

核查提供工作场所的所有权租赁合同、使用权证明文件等，其时效性最好能保障一个资质认定周期，即6年。

(三)实验室已有资质情况

核查检验检测机构是否已获得的其他资质情况，如实验室认可(CNAS)资质、农产品质量安全检测机构考核合格证书(CATL)、司法鉴定许可证等。

(四)在册人员清单及社保证明

核查与本次资质认定申请或扩项有关的在册人员清单及其3个月的社保证明，退休返聘人员需另附情况说明。

(五)人员能力确认及授权文件

核查包括最高管理者、技术负责人、质量负责人、授权签字人、部门负责人、内审员、质量监督员、抽样/采样人员、检验检测人员、样品管理员、设备管理员、资料管理员、提出意见和解释人员的能力确认记录及授权文件。

(六)授权签字人相关文件

核查推荐的授权签字人中级职称或同等能力证明材料及相关业绩材料。

(七)设备相关文件

核查设备清单、设备档案、设备标签、作业指导书及产权证明文件(如设备发票),如果设备是租赁,则应满足 RB/T 214《通用要求》中 4.4.1 要求,且提供设备租赁的时效性最好能保障一个资质认定周期,即 6 年。

(八)设备相关记录

核查设备使用记录(重点关注能够携带出固定场所的设备,如环境采样设备,检查其使用记录、出入库记录),设备计量确认记录和设备期间核查记录。

(九)标准物质相关文件

核查标准物质台账、证书,标准物质配制、使用及期间核查记录等。

(十)样品记录

核查近期样品接收记录、样品的流转记录和样品的处置记录,重点关注时效性较短、保存条件苛刻的样品流转记录。

(十一)申请的检验检测标准

核查所申请的国家标准、行业标准、技术规范是否适用。申请的每一项标准,是否保留开展新项目的评审记录和新标准的宣贯学习记录及方法验证记录。

(十二)方法查新报告

建议检验检测机构先进行内部查新,然后委托外部机构(如省级、市级标准化研究院)提供方法查新报告。

(十三)体系文件

核查质量手册、程序文件、作业指导书、质量和技术记录是否齐全,版本是否现行有效。

(十四)受控文件

核查检验检测机构内部和外部文件受控清单、发放回收记录和文件修改审批记录等。

(十五)八大计划及相关证据材料

核查实验室八大计划及其实施记录。八大计划包括人员培训计划、质量监督计划、质量控制计划(包含能力验证计划)、内部审核计划、管理评审计划、设备检定校准计划、设备期间核查计划、设备维护保养计划。

(十六)合格供应商相关文件

核查合格供应商的档案和评价记录(包含试剂耗材、检定校准、分包等)。

(十七)客户满意度调查、申诉或投诉档案

核查客户满意度调查、申诉或投诉档案,如包含申诉或投诉,则应重点关注申诉和投诉的处理。

(十八)环境监控记录

核查对检验检测环境有特定要求的场所,如天平室、大型仪器室、冰箱、恒温恒湿箱所处场所的环境监控记录。

(十九)近期发放的检测报告台账

核查在现场评审时用于抽查的检测报告和原始记录。

(二十)参加实验室能力验证、实验室间比对的资料档案

包含能力验证或测量审核证书、实验室间比对报告,必要时还要提供原始记录。

二、现场评审的策划准备

检验检测机构质应当结合评审组下发的《检验检测机构资质认定现场评审日程表》要求,在现场评审前做好如下策划。

(一)前期沟通与准备

检验检测机构质量负责人应与评审组积极沟通,为后续的评审准备相对独立的工作场所,配备打印机、复印机等办公设备,架设无线网络(WiFi),必要时配备通信工具和交通工具,根据每位评审员的专业及分工在机构内配备合适的联络人员。建议联络员提前询问盲样考核和现场试验信息,以便前期做好充分准备。

(二)做好汇报工作

检验检测机构负责人在首次会议上需要对机构的基本情况进行介绍,质量负责人需要

就评审的准备工作情况和管理体系运行情况进行汇报。可以提前将相关汇报材料准备好，有条件的机构可以采用PPT的方式进行汇报，汇报内容可以包含文字和图片，但注意控制时间。

（三）设计现场参观路线

提前设计现场参观路线，指定专人在参观时为评审组进行现场讲解，该人员应当经验丰富，并能够较好地应对评审组可能提出的问题。另外参观路线上所涉及的场所环境和仪器设备需符合要求，内务需整顿好，尤其是标识和现场的记录，应提前进行自查。现场工作人员的着装应保持统一，并展现良好的精神风貌。

（四）发挥联络人作用

在整个现场评审阶段，联络人需要和所对应的评审员保持畅通的联系，并熟悉相关责任人员及文件存放位置，当评审员需要核查某项材料或需要现场察看时，联络人能够较快地响应，并在第一时间里配合评审员完成所需评审材料的收集工作。

（五）文件和档案的准备

各类与审核有关的文件做到有序摆放，标识清晰；人员和设备等档案类资料最好设有目录，方便查找其中的内容；实验室八大计划和记录要提前分类整理好；准备好人员、设备、标准物质和报告的台账。上述这些资料建议安排专人负责，以便在现场评审时能够方便取阅。

（六）授权签字人的准备

机构中拟推荐的授权签字人应提前做好准备并掌握如下内容：熟悉其职责和权利，能够对检验检测结果的完整性和准确性负责；熟悉或掌握检测技术及检验检测机构体系管理程序；熟悉或掌握所承担签字领域的相应技术标准方法；熟悉检测报告审核签发程序；具备对检测结果做出相应评价的判断能力；熟悉 RB/T 214《通用要求》及其相关的法律法规技术文件的要求，尤其《检验检测机构资质认定管理办法》（163号令修正案）和《检验检测机构监督管理办法》（39号令）的内容，是授权签字人考核中的常考点，授权签字人应当牢记。

扫描上方二维码观看
内审员内审流程及技巧

第五章　检验检测机构资质认定程序及配套文书的填写

随着检验检测行业发展和市场监督管理职能的调整,资质认定制度的发展朝着简政放权、放管结合、优化服务的行政审批制度不断创新调整。从工作体系上,建立科学高效、统一规范,又能充分考虑不同地区、不同行业、不同领域的特殊要求的审批程序,是国家、各省市场监督管理部门不断探索的目标。

本章前三节介绍了资质认定工作程序、资质认定行政许可办事程序要点、技术评审程序,第四节详细讲述了资质认定申报文书的填写及需要注意的内容,并将网上填报要求进行图文、视频的演示,方便读者直观理解。

第一节　资质认定工作程序概述

检验检测机构资质认定工作是指省级以上市场监督管理部门依据《中华人民共和国行政许可法》的有关规定,委托专业技术评价机构,组织评审人员对检验检测机构的基本条件和技术能力是否符合《评审准则》和特定领域要求所进行的审查和考核。检验检测机构资质认定工作程序包括了省级以上市场监督管理部门受理资质认定申请、审查技术评审材料、做出行政许可批复、制证发证的行政许可管理工作程序和专业技术评价机构组织技术评审两个方面的内容。

考虑不同地区、不同行业、不同领域的检验检测市场特点,国家市场监督管理总局对检验检测资质认定工作统一管理和部署,具体的审批工作要求以当地市场监督管理部门为准。

第二节　资质认定行政许可办事程序要点

国家市场监督管理总局主管全国检验检测机构资质认定工作,统一所有资质认定的准入条件、范围、办理程序类型、办理时效以及资质认定证书的式样和编号规则等。

一、我国资质认定分级管理

我国资质认定行政许可工作分为两级实施,国家市场监督管理总局(以下简称市场监管总局)主管全国检验检测机构资质认定工作,并负责检验检测机构资质认定的统一管理、组织实施、综合协调工作。省级市场监督管理部门负责本行政区域内检验检测机构的资质认定工作。

国家认监委负责国务院有关部门以及相关行业主管部门依法设立的检验检测机构资质认定工作,包括4类机构:一是经国家事业单位登记管理局登记的事业单位法人;二是经市场监管总局登记注册或者核准名称的企业法人;三是国务院有关部门以及相关行业主管部门直属管辖的机构;四是国务院有关部门、相关行业主管部门、相关行业协会根据需要,与国家认监委共同确定纳入国家级资质认定管理范围的机构。自2015年8月1日起,各省、自治区、直辖市、副省级城市、计划单列市的质检院(所)以及省级纤维检验机构实施验收许可工作,省级纤维检验机构实施检验检测机构资质认定,交由省级资质认定部门负责管理。

检验检测机构根据业务发展需要在异地依法设立的分支机构(含分公司、子公司等),应当向分支机构所在地省级资质认定部门申请检验检测机构资质认定。纳入国家认监委资质认定管理范围的检验检测机构,在异地依法设立的分支机构与总部实行统一管理体系的,可以向国家认监委申请检验检测机构资质认定。

二、资质认定对检验检测机构的准入条件

为切实履行检验检测机构资质认定与监管工作职责,进一步简政放权,营造公平竞争、有序开放的检验检测市场环境,推动检验检测高技术现代服务业做强做大、健康发展,2015年《国家认监委关于实施〈检验检测机构资质认定管理办法〉的若干意见》(国认实〔2015〕49号)文件对检验检测机构机构准入条件进一步明确:

"(一)凡是依法设立的法人和其他组织,其依法注册、登记的经营范围或者业务范围包括检验检测,并且能够独立、公正从业的,均可申请检验检测机构资质认定。其他组织包括:依法取得工商行政机关颁发的《营业执照》的企业法人分支机构、特殊普通合伙企业、民政部门登记的民办非企业单位(法人)等符合法律法规规定的机构。

(二)若检验检测机构是机关或者事业单位的内设机构,不具备法人资格,可由其法人授权,申请检验检测机构资质认定。其对外出具的检验检测报告或者证书的法律责任由其所在法人单位承担,并予以明示。

(三)生产企业内部的检验检测机构不在检验检测机构资质认定范围之内。生产企业出资设立的具有法人资格的检验检测机构可以申请检验检测机构资质认定,应当遵循检验检测机构客观独立、公正公开、诚实守信的相关从业规定。

(四)取消'在华设立外资检验检测机构的外方投资者,需要具有3年以上检验检测从业经历'的准入规定。"

新修订的《检验检测机构资质认定管理办法》(163号令修正案)第二章"资质认定条件和程序"第九条:"申请资质认定的检验检测机构应当符合以下条件:

(一)依法成立并能够承担相应法律责任的法人或者其他组织;

(二)具有与其从事检验检测活动相适应的检验检测技术人员和管理人员;

(三)具有固定的工作场所,工作环境满足检验检测要求;

(四)具备从事检验检测活动所必需的检验检测设备设施;

(五)具有并有效运行保证其检验检测活动独立、公正、科学、诚信的管理体系;

(六)符合有关法律法规或者标准、技术规范规定的特殊要求。"

外方投资者在中国境内依法成立的检验检测机构在申请资质认定时,除应当符合以上规定的六项资质认定条件外,还应当符合我国外商投资法律法规的有关规定。

三、资质认定范围

2019年10月,国家市场监督管理总局发布了《市场监管总局关于进一步推进检验检测机构资质认定改革工作的意见》(国市监检测〔2019〕206号),明确了资质认定范围要求:

"1. 法律、法规未明确规定应当取得检验检测机构资质认定的,无需取得资质认定。对于仅从事科研、医学及保健、职业卫生技术评价服务、动植物检疫以及建设工程质量鉴定、房屋鉴定、消防设施维护保养检测等领域的机构,不再颁发资质认定证书。已取得资质认定证书的,有效期内不再受理相关资质认定事项申请,不再延续资质认定证书有效期。

2. 法律、行政法规对检验检测机构资质管理另有规定的,应当按照国务院有关要求实施检验检测机构资质认定,避免相同事项的重复认定、评审。并将逐步实现资质认定范围清单管理。"

四、资质认定行政许可业务办理类型

资质认定行政许可从业务办理类型上,可分为首次发证、复查换证、增项、标准变更、授权签字人变更、最高管理者变更、技术负责人变更、法人代表变更、名称(地址)变更等形式。

首次发证:未获得资质认定证书的检验检测机构,在建立和运行管理体系后申请办理首次认证。

复查换证:已获得资质认定证书的检验检测机构,在证书有效期前3个月申请办理复查换证。

增项:已获得资质认定证书的检验检测机构,在证书有效期内增加检测能力的,办理增项。

标准变更:已获得资质认定证书的检验检测机构,在证书有效期内,已经批准获证的检测标准发生变更时,办理标准变更。

授权签字人变更:已获得资质认定证书的检验检测机构,在证书有效期内检测能力无变化,只有授权签字人变更的,办理授权签字人变更手续。变更包括替换、新增、撤销。新增授权签字人经批准后,可签发检验检测报告或证书。

最高管理者变更、技术负责人变更、法人代表变更:已获得资质认定证书的检验检测机构,在证书有效期内检测能力无变化,只有最高管理者、技术负责人、法人代表变更的,办理变更手续。最高管理者变更、技术负责人变更、法人代表变更无需批准,直接备案。

名称(地址)变更:已获得资质认定证书的检验检测机构,在证书有效期内检测能力无变化,只有实验室名称变更或仅有实验室地址写法变更,实验室地址无实际变化的,需办理实验室名称变更、地址变更手续。如实验室地址发生实际变化,按迁址办理。

五、资质认定程序类型

在《市场监管总局关于进一步推进检验检测机构资质认定改革工作的意见》(国市监检测〔2019〕206号)文件中,明确试点推行告知承诺制度,并随文件同时发布《检验检测机构资质认定告知承诺实施办法(试行)》。自此,检验检测机构资质认定程序分为一般程序和告知承诺程序。除法律、行政法规或者国务院规定必须采用一般程序或者告知承诺程序的外,检验检测机构可以自主选择资质认定程序。检验检测机构首次申请资质认定、申请延续资质认定证书有效期、增加检验检测项目、检验检测场所变更时,可以选择以告知承诺方式取得相应资质认定。特殊食品、医疗器械检验检测除外。

告知承诺,是指检验检测机构提出资质认定申请,国家市场监督管理总局或者省级市场监督管理部门一次性告知其所需资质认定条件和要求以及相关材料,检验检测机构以书面形式承诺其符合法定条件和技术能力要求,由资质认定部门作出资质认定决定的方式。

六、资质认定工作时效

检验检测机构资质认定推行网上审批。除法律、行政法规或者国务院规定必须采用一般程序或者告知承诺程序的外,检验检测机构可以自主选择一般程序或告知承诺程序。

《检验检测机构资质认定管理办法》(163号令修正案)第二章"资质认定条件和程序"第十一条:"检验检测机构资质认定一般程序:

(一)申请资质认定的检验检测机构(以下简称申请人),应当向市场监管总局或者省级市场监督管理部门(以下统称资质认定部门)提交书面申请和相关材料,并对其真实性负责;

(二)资质认定部门应当对申请人提交的申请和相关材料进行初审,自收到申请之日起5个工作日内作出受理或者不予受理的决定,并书面告知申请人;

(三)资质认定部门自受理申请之日起,应当在30个工作日内,依据检验检测机构资质认定基本规范、评审准则的要求,完成对申请人的技术评审。技术评审包括书面审查和现场评审(或者远程评审)。技术评审时间不计算在资质认定期限内,资质认定部门应当将技术评审时间告知申请人。由于申请人整改或者其他自身原因导致无法在规定时间内完成的情况除外。

(四)资质认定部门自收到技术评审结论之日起,应当在10个工作日内,作出是否准予许可的决定。准予许可的,自作出决定之日起7个工作日内,向申请人颁发资质认定证书。不予许可的,应当书面通知申请人,并说明理由。"

《检验检测机构资质认定告知承诺实施办法(试行)》第八条:"检验检测机构可以通过登录资质认定部门网上审批系统或者现场提交加盖机构公章的告知承诺书以及符合要求的相关申请材料,资质认定部门应当自收到机构申请之日起5个工作日内作出是否受理的决定,告知承诺书和相关申请材料不齐全或者不符合法定形式的,资质认定部门应当一次性告知申请机构需要补正的全部内容。

告知承诺书一式两份,由资质认定部门和申请机构各自留档保存,鼓励申请机构主动公开告知承诺书。"

第九条:"申请机构在规定时间内提交的申请材料齐全、符合法定形式的,资质认定部门应当当场作出资质认定决定。

资质认定部门应当自作出资质认定决定之日起7个工作日内,向申请机构颁发资质认定证书。"

第十条:"资质认定部门作出资质认定决定后,应当在3个月内组织相关人员按照《检验检测机构资质认定管理办法》有关技术评审管理的规定以及评审准则的相关要求,对机构承诺内容是否属实进行现场核查,并作出相应核查判定;对于机构首次申请或者检验检测项目涉及强制性标准、技术规范的,应当及时进行现场核查。"

《检验检测机构资质认定管理办法》(163号令修正案)中对复查换证情况做出特殊规定:"需要延续资质认定证书有效期的,应当在其有效期届满3个月前提出申请。资质认定部门根据检验检测机构的申请事项、信用信息、分类监管等情况,采取书面审查、现场评审(或者远程评审)的方式进行技术评审,并作出是否准予延续的决定。

对上一许可周期内无违反市场监管法律、法规、规章行为的检验检测机构,资质认定部门可以采取书面审查方式,对于符合要求的,予以延续资质认定证书有效期。"

为优化准入服务,便利机构取证,《市场监管总局关于进一步推进检验检测机构资质认定改革工作的意见》(国市监检测〔2019〕206号)提出,对诚信档案良好且无实质变化的资质认定工作可采用"形式审查""自我声明"的方式,具体如下:

"1. 检验检测机构申请延续资质认定证书有效期时,对于上一许可周期内无违法违规行为,未列入失信名单,并且申请事项无实质变化的,市场监管总局和省级市场监管部门可以采取形式审查方式,对于符合要求的,予以延续资质认定证书有效期,无需实施现场评审。

2. 检验检测机构申请无需现场确认的机构法定代表人、最高管理者、技术负责人、授权签字人等人员变更或者无实质变化的有关标准变更时,可以自我声明符合资质认定相关要求,并向市场监管总局或者省级市场监管部门报备。

3. 对于选择一般资质认定程序的,许可时限压缩四分之一,即:15个工作日内作出许可决定、7个工作日内颁发资质认定证书;全面推行检验检测机构资质认定网上许可系统,逐步实现申请、许可、发证全过程电子化。"

告知承诺制在试点运行后,全国各省逐步推行全面告知承诺制。2021年4月,发布《湖北省市场监督管理局关于全面推行检验检测机构资质认定告知承诺制的通知》(鄂市监认检〔2021〕8号),明确了检验检测机构选择告知承诺制的审批依据、申报条件、应提交材料,作出准予资质认定决定后 10 个工作日内进行现场核查,特别强调检验检测机构在选择告知承诺制时应关注人员、场地、设备、技术能力、管理体系这五个方面的风险提示。

七、资质认定证书有效期

自 2015 年 8 月 1 日起,资质认定证书有效期从 3 年变更为 6 年。2019 年 12 月起,检验检测机构资质认定证书整合,实现检验检测机构"一家一证",逐步取消检验检测机构以授权名称取得的资质认定证书,以在机构实体取得的资质认定证书上背书的形式保留其授权名称;检验检测机构与其依法设立的分支机构实行统一质量体系管理的,按照机构自愿申请原则,试点推行证书"一体化"管理,资质认定证书附分支机构地点以及检验检测能力。

第三节 资质认定技术评审程序

资质认定技术评审程序是从机构提交申请成功,国家市场监督管理总局或者省级市场监督管理部门接收申请,委派专业技术评价机构组织现场评审、或远程评审,直到被评审机构整改结束上交评审材料为止。

检验检测机构结合自身情况和申请要求,在选择申请方式后在网上注册账号,填报资质认定申请。申请书的具体填报注意内容详见本章第四节内容。

技术评审程序按一般程序、告知承诺程序分开阐述。

检验检测机构资质认定一般程序的技术评审方式包括现场评审、书面审查和远程评审。现场评审方式适用于首次评审、扩项评审、复查评审、发生变更的事项影响其符合资质认定条件和要求的变更评审(如工作场所变更、涉及技术能力变化的标准变更等)和发生告知承诺的技术核查。

首次评审:对未获得资质认定的检验检测机构,在其建立和运行管理体系后提出申请,资质认定部门对其是否满足资质认定条件和要求进行确认的评审。

扩项评审:对已获得资质认定的检验检测机构,申请增加资质认定检验检测项目,资质认定部门对其是否满足资质认定条件和要求进行确认的评审。

复查评审:对已获得资质认定的检验检测机构,在资质认定证书有效期届满前 3 个月申请办理证书延续,资质认定部门对其资质是否持续满足资质认定条件和要求进行确认的评审。

变更评审:对已获得资质认定的检验检测机构,其组织机构、工作场所、关键人员、技术能力、管理体系等发生变化,资质认定部门对其是否满足资质认定条件和要求进行确认的评审。

一、一般程序现场评审步骤

资质认定一般程序的技术评审包括以下环节:材料审查、评审前准备、现场评审或远程评审实施(包括首次会议、现场观察、现场试验、现场提问、查阅记录、填写现场评审记录、现场座谈会、授权签字人考核、检验检测能力的确定、评审组内部会、与被评审机构沟通、形成评审意见、完成评审报告、末次会议等)、整改的跟踪验证及评审材料汇总上报。

具体一般程序现场评审工作流程如图5-1所示。

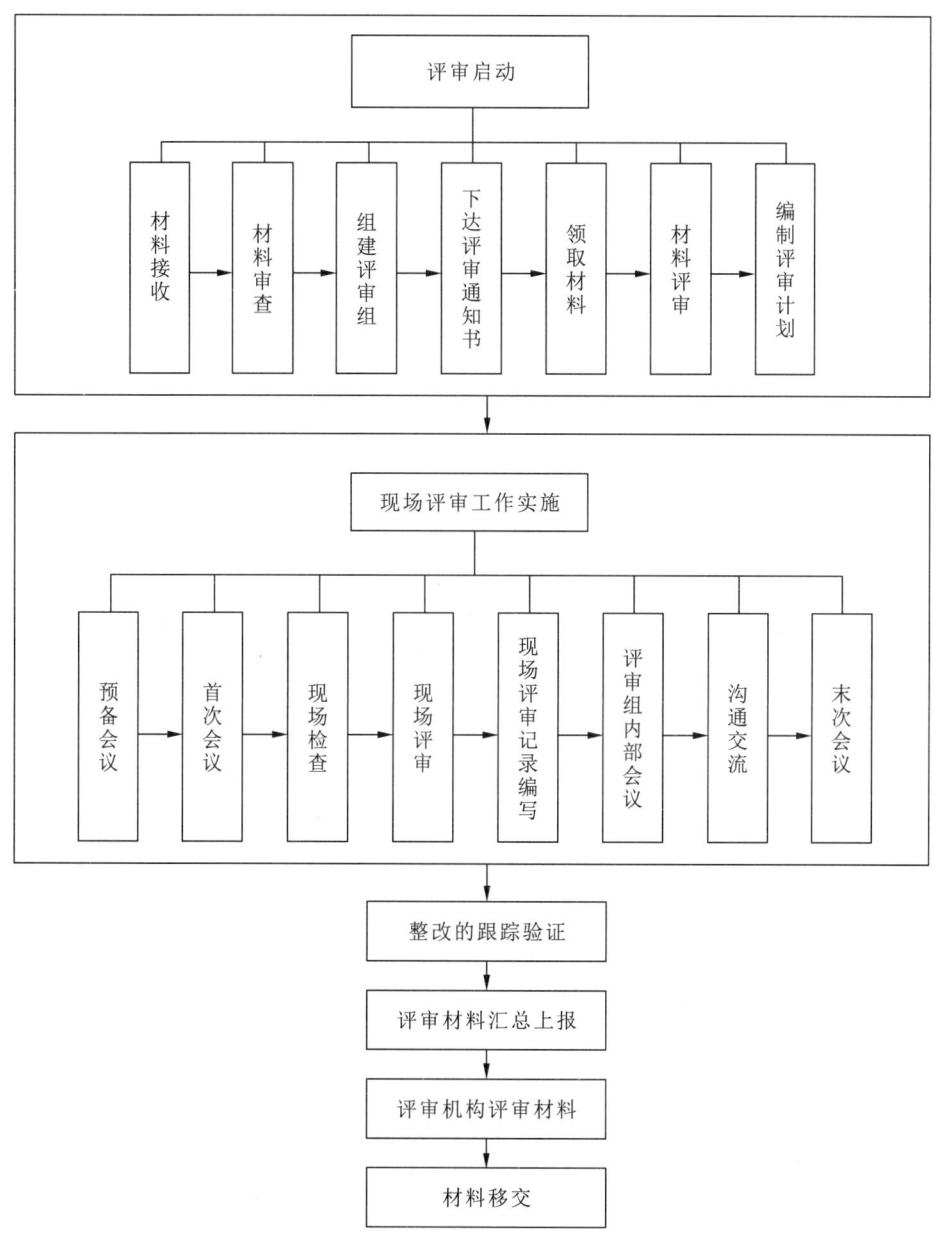

图5-1 一般工作程序的评审工作流程图

(一)材料审查

国家市场监督管理总局或者省级市场监督管理部门受理检验检测机构资质认定申请后,对申请人提交的申请和相关材料进行初审,自收到申请之日起5个工作日内作出受理或者不予受理的决定,向评审机构下达《资质认定现场评审任务通知书》,并向评审组长网上递交《申请书》及相应的附件、评审工作用表(可从认监委网站下载)、营业执照或授权成立文件、组织结构图等资料。

评审组长通过《申请书》及其附件对检验检测机构的工作类型、工作范围、工作量及检测资源的配置、管理体系运作所覆盖的范围以及申请认定的项目、涉及的标准等技术内容进行了解,以便于后续的现场评审。审查的重点内容如下:

(1)审查被评审检验检测机构的法人地位证明材料,其经营范围是否包含检验检测的相关表述,并满足公正性检验检测的要求;非独立法人检验检测机构应提供所在法人单位的授权。

(2)审查申报的技术负责人、授权签字人、特定领域的检验检测人员职称和相关工作经历是否满足资质认定条件的要求。

(3)被评审检验检测机构是否有固定的工作场所,产权证明或租用合同是否有效。

(4)《申请书》中的《仪器设备(标准物质)配置表》是否与《检验检测能力申请表(计量)》内容相符并能证明其检验能力,并可独立支配使用。

(5)申请的检测能力申请表中的项目/参数及所依据的标准是否正确,是否属于资质认定范围;是否按申请领域名称、产品/类别名称、产品/参数名称的型式表述清晰、准确填写。

(6)审查被评审检验检测机构是否建立和运行完善的管理体系。评审组长依据《评审准则》及相应的技术标准,联系被评审检验检测机构提供《质量手册》《程序文件》和最近一次的《管理体系内部审核记录》《管理评审记录》进行审查,管理体系各文件审查要点如下。

①对《质量手册》的审查要点:

a)管理体系文件条款应包括《检验检测机构资质认定管理办法》(163号令修正案)、《评审准则》及相关行业特殊要求等相关规定;

b)质量方针明确,质量目标可测量、有可操作性;质量职能明确;各要素阐述简明、切实,文件之间接口关系明确;

c)审查有多场所实验室的管理体系文件时,应注意体系文件应覆盖被评审方申请认可的所有场所,各场所实验室与总部的隶属关系及工作接口应描述清晰,沟通渠道应通畅,各分场所内部的组织机构(需要时)及人员职责应明确;

d)管理体系质量活动处于受控状态,管理体系能有效运行并进行自我改进。

②对《程序文件》的审查要点:

a)需要有程序描述的要素,均被恰当地编制成了程序文件;

b)程序文件应结合实验室的特点,具有可操作性;

c)程序与相关程序文件、质量手册有清晰明确的接口。

③对《管理体系内部审核记录》的审查要点：
a）有详细的内部审核计划；
b）内部审核记录覆盖全部要素、部门、过程；
c）内部审核结论准确；所发现的不符合项已得到有效整改且证明材料充分、有效。
④对《管理评审记录》的审查要点：
a）有详细的管理评审计划；
b）管理评审具有完整、明确的输入和输出；
c）管理评审结论准确。

评审组长在5个工作日内完成材料审查后，将审查意见返回资质认定现场评审任务下达负责人，说明文件审查的结果，做出是否可以实施现场评审的建议。材料审查的结果主要有以下几种情况：

1. 实施现场评审

当被评审检验检测机构申报主体清晰，场所合法，技术人员数量、经历、职能架构合理，授权签字人和技术负责人满足《评审准则》及特殊领域要求，设备和标准物质产权清晰且数量、技术性能与申请参数和方法匹配，管理体系文件涵盖《评审准则》及相关要求的全部要素和所有场所且被充分描述，质量活动处于正常运行状态，检测技术能力信息填写正确，能够接受现场评审时，评审组组长可建议实施现场评审。

2. 暂缓实施现场评审

当文件审查发现被评审机构在组织、人员、场地、设备、管理体系和申请能力表中有明显问题，且被评审机构无法立即提供补充性材料时，或经确认暂时不具备进行现场评审的条件时，评审组组长可建议暂缓实施现场评审，由资质认定部门或其委托的专业技术评价机构通知申请机构。

3. 不实施现场评审

当被评审检验检测机构不满足申请检测能力要求，管理体系文件不符合且经修改仍不能满足资质认定要求，或经确认不具备申请资质认定的技术能力时，可做出"不实施现场评审"的结论，建议不予资质认定。

（二）评审前准备

评审组长在完成对材料审查，并与申请机构、评审组各组员沟通拟评审时间并达成一致后，在行政审批系统网上签收评审任务。

评审组长在实施现场评审前了解被评审机构基本状况以及可能对评审过程产生影响的特殊情况、是否有评审组成员应回避等情况，如需回避，上报资质认定部门或其委托的专业技术评价机构。

评审组长负责与评审组成员沟通确认,并编写《检验检测机构资质认定现场评审日程表》。对评审的日期、时间、工作内容、评审组分工等进行策划安排,并与被评审的检验检测机构沟通评审的日程,确定现场操作考核的检测参数和方法,对现场评审工作所需资源进行准备,商定评审组成员交通、住宿等安排。

(三)首次会议

现场评审首次会议前,应召开评审组内部预备会议,向评审组成员介绍评审的工作内容、分工和要求。预备会议内容如下:

(1)组长向评审组介绍评审工作内容和分工要求。组长说明本次评审的目的、范围和依据,介绍检验检测机构文件审查情况,确定现场评审日程表,确定评审组成员分工,明确评审组成员职责,并向评审组成员提供相应评审文件及现场评审表格。

(2)组长强调评审工作原则。评审组长声明评审工作的公正、客观、保密、廉洁,明确现场评审要求,统一有关判定原则。

(3)评审组内沟通和培训。听取评审组成员有关工作建议,解答评审组成员提出的疑问。需要时,要求被评审检验检测机构提供与评审相关的补充材料,组长对新获证评审员和技术专家进行必要的培训及评审经验交流。

预备会议结束后,由评审组长主持召开首次会议。评审组全体成员包括被评审机构最高管理者、技术负责人、质量负责人、各部门负责人及相关人员参加首次会议。首次会议议程如下:

(1)评审组长宣布开会,介绍评审组成员;被评审检验检测机构介绍与会人员及岗位。

(2)评审组长介绍评审工作:①宣读国家市场监督管理总局或者省级市场监督管理部门的评审通知;②说明评审的目的、依据和范围,明确评审将涉及的场所、部门、人员;③确认评审日程表,宣布评审组成员及分工;④强调评审的判定原则及评审采用的方法和程序,说明评审是一个抽样过程,有一定局限性,但评审将尽可能抽取有代表性的样本,并以事实、数据为依据,使评审结论客观;⑤向实验室做出保密的承诺;⑥强调公正客观原则和廉洁自律要求,向被评审检验检测机构作出评审人员行为规范承诺,并公开监督电话等联系方式。

(3)评审组长与机构确认和澄清有关问题,明确限制条件(如洁净区、危险区、限制交谈人员等)。

(4)被评审机构指定为评审组配备陪同人员,确定评审组的工作场所及评审工作所需资源;被评审机构负责人介绍实验室概况,介绍实验室评审准备工作情况和最近一次自查情况及其他需要说明的情况。

(5)观察员(如有)宣布评审纪律、原则和工作要求。首次会议结束。

(四)现场观察

首次会议结束,由陪同人员带领评审组进行现场参观,实地考察与申请检测能力相关的办公、检测/校准场地、场所。现场参观的过程是观察、考核的过程。有的场地场所通过一次性的参观之后可能不再重复检查,评审组会利用有限的时间收集最大量的信息。在现场参观时,评审组会进行提问,陪同人员和现场检测技术人员要及时进行回答。评审组根据评审范围有目的地观察环境条件、仪器设备、检测/校准设施是否符合检测/校准要求,技术人员是否熟悉标准方法内容等,并一一做好记录。将评审组在现场观察时所提的问题的回答情况(由现场检验人员回答,不应由管理层统一代答)作为机构和技术人员素质考核的依据。

现场参观应在评审日程表规定的时间内完成,由评审组长把控进度。一般情况下,评审员会将发现的情况记录下来,现场观察结束后再继续审查。特殊情况下,评审组长可安排专业评审员及时追踪审核,其他人员继续现场观察。

(五)现场试验

被评审机构是否使用合适的方法和程序来进行所有检测/校准(包括抽样、样品接收和准备样品处理、设备操作、数据处理、测量不确定度的评定、检测数据的分析和统计、结果报告),应通过现场操作予以考核,通过现场试验,考核场所环境、设备设施等保障能力和技术人员的操作能力。

1. 考核项目的选择

现场试验项目应尽可能覆盖申请范围的全部检测领域、关键仪器设备、方法原理、主要标准方法及关注度高或有风险的典型项目。按湖北省市场监督管理局行政许可技术评审中心要求,扩项评审现场试验项目全覆盖;复查换证评审现场试验项目要求覆盖所有大类,现场试验项目占总数至少15%;首次评审、迁址评审现场试验项目占总数至少30%。评审组合理安排分工和评审时间确保目击每个现场试验项目。

《检验检测机构资质认定现场考核试验项目计划表》的序号、样品名称应与《申请书》申请的项目一致,以直接表示现场试验项目的覆盖程度。

2. 考核的方式

考核的方式有报告验证和现场试验。

报告验证:对于复查换证评审,或已参加能力验证或有效的外部质量控制,可采用报告验证的方式采信其已出具并有效的检测报告或结果为满意的验证结果。

现场试验:可采取见证试验(样品来源包括盲样、自备样、留样)、操作演示,也可采取人员比对、仪器比对、样品复测等方式考核。

(1)盲样考核。由评审组评审员、技术专家携带有数据的样品,由被评审实验室进行检验和赋值,检验的误差或不确定度应在允许范围之内。

(2)人员比对。不同的人员依据同一标准使用同一设备对同一样品实施检验,检验的误差或不确定度应在允许范围之内。

(3)仪器比对。同一人员依据同一标准使用不同设备对同一样品实施检验,检验的误差或不确定度应在允许范围之内。

(4) 见证试验。评审员评审检测过程,考核技术人员操作的熟练、正确程度。根据评审日程安排,评审员可对全过程、部分过程或加速过程考核。

(5) 样品复测。包括对标准样品的检测,或被评审机构近期已完成检测且在有效期内的样品的再次检测,检验误差和不确定度应在允许范围之内。

(6) 操作演示。评审期间无适合样品或无法全过程完成的检测,评审员可通过要求技术人员现场演示设备操作、关键过程等方式考核人员能力。

对那些不宜作盲样考核、人员比对、仪器比对的检测项目,可采取过程考核的方式,考核检验人员操作的熟练、正确程度。过程考核可分为全过程考核、部分过程考核、加速过程考核。对于那些持续时间较长、不能在评审期间完成的检验项目,可采取加速过程考核。

3. 现场试验结果的应用

(1) 盲样考核、人员比对、仪器比对、见证试验、样品复测应出具检测报告;操作演示可不出具检测报告。

(2) 在现场操作考核中,如果盲样考核、人员比对、仪器比对、见证试验、样品复测的结果数据不合格,或与已知数据明显偏离,应要求被评审机构分析原因:如是偶然原因,可安排被评审机构重新试验;如属于系统偏差,则应认为该实验室不具备该项检测能力。

(3) 见证试验须全部出具检验检测报告及相关原始记录;当采用电子记录时,应关注电子数据的准确性、完整性、安全性。

4. 现场试验的评价

现场试验结束后,评审组应对试验的结果进行评价,评价的内容如下:
(1) 检测人员是否有相应的检测经验,是否掌握检测方法,检测操作的熟练程度如何。
(2) 环境设施和适宜程度。
(3) 检测设备是否能被正确操作和使用,技术性能是否满足检测需要。
(4) 检测过程和检测报告是否正确。采用的检验标准是否正确;检测结果的表述是否准确、清晰、明了;样品的接收、登记、描述、贮存、制备及处置是否规范;检验检测记录是否规范;等等。

(六) 现场提问

现场提问是现场评审的一部分,是评价检验检测机构工作人员是否经过相应的教育、培训,是否具有相应的经验和技能而进行资格确认的一种形式。检验检测机构最高管理者、技术负责人、质量负责人、授权签字人、各管理岗位人员以及所有从事检验检测活动的人员均应接受现场提问。

现场提问可与现场参观、操作考核、查阅记录等活动结合进行,也可以在座谈会等场合进行。

现场提问的内容中可以是基础性的问题,如就法律法规、《评审准则》、体系文件、检验检测标准、检验检测技术等方面的提问；也可以就评审中发现的问题、尚不清楚的问题作跟踪性或澄清性提问。对所有的提问应有相应的记录，以便做出合理的评审结论。

（七）查阅记录

管理体系过程中产生的管理记录，以及检测/校准过程中产生的技术记录是复现管理过程和检测过程的有力证据和有效工具。评审组要通过对质量记录的查证，评价管理体系运行的有效性以及技术操作的正确性。

对质量记录的查阅应注重以下问题：

（1）文件资料的控制以及档案管理是否适用、有效、符合受控的要求，并有相应的资源保证。

（2）实验室管理体系运行记录是否齐全、科学，能否有效反映管理体系运行状况。

（3）原始记录、报告或证书格式内容应合理，并包含足够的信息；记录做到清晰、准确，应包括影响检测结果的全部信息，如图表、全过程等；记录的形成、修改、保管符合体系文件的有关规定。

（八）填写现场评审记录

对检验检测机构现场评审的过程应记录在《检验检测机构资质认定评审报告》（以下简称《评审报告》）的评审表中。评审员在依据《评审准则》对检验检测机构进行评审的同时，应详细记录基本符合和不符合条款及事实。

评审意见分为"符合""基本符合""不符合""不适用"几种，具体如下：

（1）符合：体系文件中有正确的描述，并能提供有效实施证明材料。

（2）基本符合：体系文件中有正确的描述，但不能准确、规范地予以实施。

（3）不符合：体系文件中有正确的描述，但尚未实施；或《评审准则》中对被评审机构适用的条款，体系文件中无此条款的描述，亦未实施。

（4）不适用：被评审机构实际运作不涉及该条款。

当评审意见出现"基本符合""不符合"时，应在"整改项及说明"栏内注明具体的事实。对事实的描述应该客观具体，不能以"不规范""不完善"等语句模糊、笼统地进行说明。应严格引用客观证据，并可追溯。例如观察到的事实、地点、当事人，涉及的文件号、证书或报告编号，有关文件内容，有关人员的陈述，等等。描述应尽量简单明了，事实确凿，不加修饰。

（九）现场座谈会

通过现场座谈会考核被评审检验检测机构技术人员和管理人员基础知识、了解被评审检验检测机构人员对体系文件的理解、澄清现场观察中的一些问题，交流思想、统一认识。这是现场评审中的一个重要过程。

座谈会一般由以下人员参加：评审组、被评审检验检测机构管理岗位人员、内审员、监督员、抽样人员、检验人员、实验室新增人员。座谈会中评审组重点会针对以下内容进行提问和讨论：

(1)对《评审准则》、实验室体系文件的理解，以及《评审准则》和体系文件在实际工作中的应用情况。

(2)各岗位人员对其职责的理解；各类人员应具备的专业知识。

(3)评审过程中发现的一些问题，以及需要与被评审方澄清的问题。

座谈会由评审组长主持，评审组长控制座谈会时间。座谈会中的意见交换应抓住主要问题，发言人员应考虑代表性，避免只有少数人员发言。对参加人员、提出的问题、回答的情况要予以记录。

(十)授权签字人考核

授权签字人是由经检验检测机构提名，经资质认定部门考核合格后，在其资质认定授权的能力范围内签发检验检测报告或证书的人员。

授权签字人考核由组长主持，评审组成员尽量全部参加，对每个授权签字人填写一张《资质认定现场考核授权签字人评价记录表》，记录的内容如下：

(1)个人的简历，尤其是证明能胜任现聘岗位工作的经历。

(2)考核中提出的主要问题，以及被考核人的回答情况。

(3)主考人的评价意见。

(十一)检验检测能力的确定

确认被评审检验检测机构的检验检测能力是评审组进行现场评审的核心环节，每一名评审员都应该严肃认真地核准检验检测机构的能力，为资质认定行政许可提供真实可靠的评审结论。

1. 确认被评审机构的检验检测能力

检验检测能力的确认必须符合以下条件：

(1)检验检测标准应现行有效。应优先使用标准方法，使用标准方法前，应进行验证；使用非标准方法前应先进行确认，再验证，以确保该非标准方法的科学、准确、可靠，满足预期用途。

(2)现场试验考核通过或报告验证能有效证明相应的检验检测能力。

(3)检验检测全过程所需要的全部设备的量程、准确度必须满足预期使用要求；对检验检测结果有影响的设备，包括用于测量环境条件等的辅助测量设备应实施检定或校准，且符合计量溯源性要求。溯源产生的修正信息应被有效正确利用；所有的测量值均应溯源到国家计量基准。

(4)检测活动的作业空间、所需的设施、环境条件必须满足检测要求；检验检测人员具备正确开展相关检验检测活动的能力；管理体系运行有效；检测报告完整、合格、正确。

2. 确定检验检测能力时应注意的问题

(1)检验检测能力是以现有的条件为依据,不能以许诺、推测作为检验检测能力。

(2)分包和临时借用企业设备的现场检验项目不能作为检验检测能力。

(3)检验检测项目按申请的范围进行确认,评审组不得擅自增加项目,特殊情况需报资质认定部门同意后,方可调整。

(4)被评审检验检测机构不能提供检验检测标准、检验检测人员不具备相应的技能、无检验检测设备或检验检测设备配置不正确、环境条件不满足检验检测要求的,均按不具备检验检测能力处理。

(5)同一检验产品中只有部分满足标准要求的,应在"限制范围"栏内注明。

(6)检验检测能力中的非标准方法,应在"限制范围"栏内予以注明:仅限特定合同约定的委托检验检测。

3. 评审组确认的检验检测能力的填写

《评审报告》中的检验检测机构能力表,应按检验检测机构能力分类规范表述。当只有参数标准,或不需要对产品是否合格做出结论的,可按参数标准认证检验检测能力;当实验室具备产品全部参数的检验检测能力,且需要对产品是否合格作出检验结论时,应根据产品标准推荐检验检测能力。具体填写示例要求如下:

(1)在"检测项目类别"中以汉字数字为序号填写产品的领域名称,如食品、生态环境、建材等;

(2)在"检测项目类别"中以阿拉伯数字为序号填写产品的类别名称,如挂面、空气和废气、水泥等;

(3)在"项目/参数名称"中以阿拉伯数字为序号填写产品的名称,如水和废水、硅酸盐水泥等;

(4)在"检测标准(方法)名称及编号(含年号)"填写产品标准的名称、标准代号及年号;

(5)在"限制范围或说明"填写只能检的或不能检的参数名称;

(6)如果产品的某一参数有限制要求,应将此参数单列在该产品之后,并填写其受限的内容。

当只有参数标准,或产品的参数不能全检时,可按参数形式认证检验检测能力,具体填写示例要求如下:

(1)在"检测项目类别"中以汉字数字为序号填写参数的领域名称,如食品、建材等;

(2)在"检测项目类别"中以阿拉伯数字为序号填写参数的类别名称,如水泥、钢筋等;

(3)在"项目/参数名称"中以阿拉伯数字为序号填写参数的名称;

(4)在"检测标准(方法)名称及编号(含年号)"填写参数标准的名称、标准代号及年号;

(5)在"限制范围或说明"填写参数的量程、准确度等限制条件。"限制要求及说明"栏内应填写如下内容:

①检验参数的限制:能检或不能检测的项目,选用最为简洁的方式填写,如"只检……""……除外";

②检验量程的限制,如"能测 3.5 kV 以下";

③检验方法的限制,如"限用分光光度计法";

④对申请检测项目应用限制的说明,如"限特定委托方"。

(十二)评审组内部会

在现场评审期间,每天应安排时间召开评审组内部会,主要内容有:交流当天评审情况,讨论评审发现的情况,确定是否构成不符合项。评审组长了解评审工作进度,及时调整评审组成员的工作任务,组织、调控评审过程,并对评审组成员的一些疑难问题提出处理意见。

最后一次评审组内部会结束后,由评审组长主持,对评审情况进行汇总,确定评审通过的检验检测能力,提出不符合项和整改要求,形成评审意见并做好评审记录。应向被评审方代表通报评审意见并请对方对这些结果发表意见,需要时解答被评审方代表关心的问题或消除双方观点的差异。

(十三)与被评审机构沟通

在形成评审组意见后,评审组长与被评审检验检测机构最高管理者进行沟通,通报评审中发现的基本符合情况、不符合情况和评审结论意见,听取被评审实验室的意见。

对不符合项和基本符合项,如被评审检验检测机构提出异议并能出具充足证据证明该条款符合要求,经评审组确认后应撤消该不符合项(或基本符合项);若被评审实验室说明不符合要求的情况已被及时纠正,但该不符合项已经或可能造成不良后果,经评审组经验证确认后,仍然应确定该不符合项,可以在提出该不符合项的同时,说明不符合项已经得到纠正,但需验证实施纠正措施的有效性。

(十四)形成评审意见

评审意见分为"符合""基本符合""基本符合需现场复核""不符合"4 种。

"符合"是指体系文件适应质量方针目标,管理体系运作符合体系文件的规定,各要素条款不存在"不符合""基本符合""缺此项"。

"不符合"是指管理体系运行中,存在着区域性不符合或系统性不符合,或实验室工作存在严重的违反国家有关法律、法规规定的事实。

"基本符合"是指管理体系尚未构成区域性不符合或系统性不符合,存在的不符合内容的整改可以通过书面的形式见证。

"基本符合需现场复核"是指当要素条款中的"不符合"项、"基本符合"项的整改的有效性不能通过文件的方式予以证明时,必须通过现场的观察才能证实整改的完成。例如,整改项为"检测人员不能熟练操作检测设备"的整改效果需要现场复核才能确定。

(十五)完成评审报告

《评审报告》应使用国家市场监督管理总局统一编制的格式,以上评审内容完成立即填写,评审组成员和被评审检验检测机构有关人员分别在形成的评审报告相应栏目内签字确认。

评审组长负责撰写评审组意见,评审组意见主要内容包括:

(1)评审的基本过程。包含现场评审的依据、评审组人数和构成、现场评审时间、评审范围等。

(2)评审组对被评审机构的评价内容。包括对机构体系运行有效性和承担第三方公正检验的评价,对人员素质、仪器设备、环境条件和检测报告的评价,对现场试验操作考核的评价。

(3)评审组的评审结果内容。如批准通过资质认定的项目数量及需要说明的其他问题,不符合项及需要整改的问题,等等。

《评审报告》应使用国家认监委统一印制下发的文本,所要求的项目不得短缺,有关人员应在相应的栏目内签字。

(十六)末次会议

末次会议由评审组长主持,评审组成员全部参加,被评审单位的主要领导必须参加。末次会议主要议程内容如下:

(1)重申评审的目的、范围、依据;说明评审的局限性、时限性、抽样评审存在的风险性。

(2)说明评审情况和评审中发现的问题;宣读评审意见和评审结论;对"不符合项、基本符合项、缺此项"提出整改要求。

(3)被评审实验室领导对评审结论发表意见并讲话。

(4)现场评审工作结束。

(十七)整改的跟踪验证

现场评审结束后,评审结论为"基本符合"的被评审检验检测机构对评审组提出的整改要求进行整改,整改时间不超过30个工作日。

被评审检验检测机构提交整改报告和相关证明材料,报评审组长确认。评审组长在收到被评审检验检测机构的整改材料后,应在5个工作日内组织评审员完成跟踪验证,确认整改是否有效。对评审结论为"基本符合"的实验室,应采取文件评审的方式进行跟踪验证。对评审结论为"基本符合需现场复核"的实验室,应采取现场检查的方式进行跟踪验证。

整改符合要求的,由评审组长填写《评审报告》中的《整改完成记录》和《评审组长确认意见表》,向资质认定部门或其委托的专业技术评价机构上报评审相关材料。对于整改不符合要求且或超过整改期限的,删除《评审报告》中不符合要求的能力后,上报资质认定部门或其委托的专业技术评价机构;对整改后全部能力都不符合的,将评审结论改为"不符合",上报资质认定部门或其委托的专业技术评价机构。

(十八)评审材料汇总上报

评审结束,整改材料验证完成后,评审组应向资质认定部门或者其委托的专业技术评价机构上报评审的相关材料,包括《评审报告》、证书附表、整改报告、评审中发生的所有记录。

机构完成整改并确认后,评审组长将评审资料提交至评审组织机构。资质认定部门自收到技术评审结论之日起,应当在10个工作日内,作出是否准予许可的决定。准予许可的,自作出决定之日起7个工作日内,向申请人颁发资质认定证书。不予许可的,应当书面通知申请人,并说明理由。

2021年4月,为落实党中央、国务院深化"放管服"、改革优化营商环境的决策部署,响应湖北省市场监督管理局《以市场主体需求为导向打造一流营商环境工作实施方案》的精神,提质增效,探索高效精细化评审,湖北省市场监督管理局行政许可技术评审中心主动推行"三减一免",进一步压减报送纸质材料内容,明确上传系统材料要求,免除被评审机构原需提供的与申报事项相关的人员、场地、设备、管理体系等全部纸质材料,由评审组长将全部证明材料扫描件上传至行政审批系统中。具体材料清单要求如下。

1.现场评审后报送纸质材料清单

(1)《检验检测机构资质认定审批表》;
(2)《资质认定现场评审任务委派通知书》;
(3)《检验检测机构资质认定现场评审日程表》;
(4)《首次、末次及座谈会签到表》;
(5)《现场考核试验项目计划表》;
(6)《检验检测机构对资质认定评审组的工作评价反馈表》;
(7)《观察员记录表》(适用时);
(8)《检验检测机构仪器设备(标准物质)配置核查表》;
(9)《审查人员承诺书》《被评审方廉政承诺书》《评审中心问卷调查》;
(10)《评审报告》含现场评审其他表格(如《提请资质认定部门关注的事项表》);
(11)《整改报告》(含证明材料)。

2.上传系统评审材料清单

(1)申请检测项目所需设备的购置合同、发票、检定证书或检测设备独立调配的证明文件;
(2)《检验检测机构资质认定现场评审日程表》签字扫描件;
(3)《评审报告》含现场评审其他表格(如《提请资质认定部门关注的事项表》);
(4)《整改报告》签字扫描件(含证明材料);
(5)检测报告2份(1份为现场评审之前近期出具的典型报告,1分为现场试验考核的报

告);

(6)检定证书扫描件;
(7)《资质认定批准检测能力范围表(含授权签字人确认表)》;
(8)《观察员记录表》(适用时);
(9)《检验检测机构对资质认定评审组的工作评价反馈表》;
(10)《质量手册》《程序文件》;
(11)专业技术人员及管理人员劳动关系证明、技术负责人和授权签字人社保缴交证明、付款凭证(近3个月)及职称和学历证明复印件;
(12)管理体系内审、管理评审记录(近期);
(13)从事特殊检测/校准人员资质证明;
(14)申请资质认定检测能力范围的标准查新报告;
(15)固定场所产权/使用权证明文件;
(16)现场评审签到表;
(17)计量表格(评审结论中检测能力表);
(18)其他必要的说明材料。

(十九)终止评审

现场评审时,评审组如发现以下情况之一,评审组应请示下达评审任务的资质认定部门或其委托的专业技术评价机构,经同意后应终止评审:
(1)检验检测机构无合法的法律地位;
(2)检验检测机构人员严重不足;
(3)检验检测机构场所与检验检测要求严重不满足;
(4)检验检测机构缺乏必备的仪器、设备;
(5)检验检测机构管理体系严重失控;
(6)检验检测机构存在严重违法违规问题。

二、一般程序书面审查评审步骤

书面审查程序适用于发生变更的事项不影响其符合资质认定条件和要求的变更评审及上一许可周期内无违法违规行为、未列失信名单且申请事项无实质性变化的检验检测机构的复查评审。

(一)变更评审

适用于书面审查的变更评审为发生变更的事项不影响其符合资质认定条件和要求的变更,包括机构名称、法人性质发生变更,法定代表人、最高管理者、技术负责人、检验检测报告授权签字人变更,资质认定检验检测项目取消,不涉及技术能力变化的检验检测标准或者检验检测方法发生变更,依法需要办理变更的其他事项。由资质认定部门核查申请材料的完整性,并审查是否满足本准则的要求,给出审批意见。

(二)复查评审

适用于书面审查的复查评审为上一许可周期内无违法违规行为、未列入失信名单且申请事项无实质性变化的检验检测机构提出的复查评审。由资质认定部门核查申请材料的完整性,并审查是否满足本准则的要求,给出审批意见。

(三)书面审查应以真实可靠为前提

检验检测机构应对所提交文件审查材料的真实性负责,不存在欺诈、隐瞒信息或故意违反准则要求的行为。违反申请资料真实可靠的行为包括但不限于:

(1)申请资料与事实不符;

(2)提交的申请资料有不真实的情况;

(3)同一材料内或材料与材料之间多处出现自相矛盾或时间逻辑错误;与其他申请人资料雷同。

当因受书面审查方式限制而导致检验检测机构的基本条件和技术能力确认存在疑点或不充分的情况时,资质认定部门应视风险情况,追加现场评审或远程评审。

三、一般程序远程评审步骤

远程评审程序适用于评审组成员不必到达检验检测机构实验室现场的首次评审、扩项评审、复查评审及发生变更的事项影响其符合资质认定条件和要求的变更评审(如工作场所变更、涉及技术能力变化的标准变更等)。

(一)材料审查

同现场评审程序一致。

材料审查合格后,资质认定部门或其委托的专业技术评价机构向被评审的检验检测机构下发《检验检测机构资质认定远程评审通知书》,同时告知评审组按计划实施评审。

(二)远程评审前准备

(1)评审组组长应保持与资质认定部门或其委托的专业技术评价机构的良好沟通,获得被评审检验检测机构的相关信息和资料。

(2)评审组组长应与被评审检验检测机构进行良好沟通。了解其基本状况以及可能对评审过程产生影响的特殊情况等;了解是否有评审组成员应回避的情况,如需回避,上报资质认定部门或其委托的专业技术评价机构。

(3)评审组组长应编制《检验检测机构资质认定远程评审日程表》,明确评审的日期、时间、评审范围(要素、技术能力)、评审组分工等。

(4)评审组组长应与评审组成员联系,并组织策划远程评审方案;对检验检测能力申请表的表述规范性进行初步审核,拟定现场考核项目。

(5)远程评审前,评审双方应对远程评审所需的信息和通信技术的软硬件配置的适宜性、相关人员的信息和通信技术能力、信息的安全性和保密性是否满足实施条件进行确认,若不满足,则不能实施远程评审。

(三)首次会议

召开预备会议。评审组长在评审前以视频会议方式召开评审组预备会议,会议内容和要求同现场评审一致。评审组成员可在各自办公场所通过视频会议参加远程评审预备会议。

首次会议以视频会议方式由评审组长主持召开。评审组全体成员和被评审检验检测机构管理层、技术负责人、质量负责人等实验室相关人员应参加首次会议,会议内容同现场评审一致。评审组和被评审检验检测机构双方音频、视频文件应存档。

(四)远程考察实验室

首次会议结束,由陪同人员携带图像采集设备依照评审组指示进行现场考察,考察被评审检验检测机构相关的办公及检验检测场所。在现场参观的同时评审人员及时进行有关的提问,有目的地观察环境条件、仪器设备、检验检测设施是否符合检验检测的要求。现场考察的音频、视频文件应存档。

(五)远程现场考核

现场考核项目的选择、报告验证和现场试验的要求与现场评审工作程序一致。

评审组应对需要进行现场见证的检验检测能力进行实时视频评审,视频采集设备应覆盖试验场所,检测人员向视频采集设备出示上岗证并声明即将开展的检验检测活动后开始操作。

现场操作时应有额外的视频采集设备近距离采集试验过程视频,评审组应与被见证的检测人员保持顺畅的沟通,必要时被评审检验检测机构应调整摄像设备或多角度拍摄以便评审员能完整地观摩。

当检验检测机构实际情况不适合进行实时视频考核时(如网络问题、检验检测机构屏蔽问题等),被评审检验检测机构应根据与评审组事先商定的要求预录制现场试验视频,预录制的影像应清晰包含检验检测人员、检验检测用关键设备、环境设施及检验检测全部流程。评审组通过观察现场试验的视频来确认检测检测能力。

报告验证需使用视频采集装置覆盖文件存放场所,在视频采集状态下完成扫描传输。配备LIMS系统的检验检测机构可通过系统授权以远程调阅的方式查阅报告。现场考核音频、视频文件记录应存档。

（六）现场提问

现场提问的要求与现场评审一致。现场提问可与现场参观、操作考核、查阅记录等活动结合进行，也可以在座谈等场合进行。操作考核、查阅记录活动中的现场提问通过视频采集设备同步音频采集完成，座谈会议现场提问通过会议音频、视频采集完成。相关音频、视频文件应存档。

（七）查阅记录

查阅文件、记录时，存放文件的场所应有音频、视频采集设备覆盖，机构人员携带额外的音频、视频设备并遵照评审组指示取出需要查阅的文件。通过自身携带的视频设备向评审组展示文件和记录。查阅的文件、记录及相关的音频、视频文件应存档。

（八）填写现场评审记录

填写现场评审记录由评审组通过网络文件传递方式完成。

（九）远程现场座谈

现场座谈以视频会议的方式完成，会议内容同现场评审一致。座谈会议双方音频、视频文件记录应存档。

（十）授权签字人远程考核

现场授权签字人考核内容同现场评审一致。座谈会议双方音频、视频文件记录应存档。

（十一）检验检测能力的确定

检验检测能力的确定同现场评审一致。由评审组成员根据自身分工完成，通过网络提交评审组长汇总。

（十二）评审组内部会

评审组内部会以视频会议的方式完成，会议内容同现场评审一致。内部会音频、视频文件应存档。

（十三）与被评审检验检测机构沟通

与被评审检验检测机构沟通以视频会议的方式完成，沟通内容同现场评审一致。相关音频、视频文件记录应存档。

（十四）评审结论

评审结论分为"符合""基本符合""不符合"3种。

（十五）在线完成评审报告

评审报告中应清晰注明本次评审方式是远程，评审报告内容和要求同现场评审一致。评审组成员的签字可通过文件传递或满足法律法规要求的电子签名的方式完成。

（十六）末次会议

末次会议以视频会议的方式完成，会议内容同现场评审一致。末次会议音频、视频文件应存档。

（十七）整改的跟踪验证

对评审结论为"基本符合"的检验检测机构，应采取"文件评审"或"远程复核"的方式进行跟踪验证。整改的跟踪验证要求和程序同现场评审一致。

（十八）评审材料汇总上报

评审材料汇总上报同现场评审一致。远程评审材料还应包括所有相关的音频、视频文件。

（十九）终止评审

除与一般程序现场评审程序须终止评审发现情况一致外，远程评审如发现以下内容，评审组应请示资质认定部门或其委托的专业技术评价机构，经同意后可终止评审。

(1)用于远程沟通的设备由于异常情况而短期内无法恢复；

(2)检验检测机构远程评审准备不充分而严重影响评审进度的情况，如不能按照评审计划及时提供评审组所需要的证据资料，接受评审的人员不能熟练操作远程通信软件，提供的文件、记录等资料模糊、不清晰导致影响评审进度等情况；

(3)检验检测机构在远程评审中存在刻意误导隐瞒情况。

四、告知承诺程序评审步骤

告知承诺，是指检验检测机构提出资质认定申请，国家市场监督管理总局或者省级市场监督管理部门（以下统称资质认定部门）一次性告知其所需资质认定条件和要求以及相关材料，检验检测机构以书面形式承诺其符合法定条件和技术能力要求，由资质认定部门作出资质认定决定的方式。

检验检测机构首次申请资质认定、申请延续资质认定证书有效期、增加检验检测项目、检验检测场所变更时，可以选择以告知承诺方式取得相应资质认定。特殊食品、医疗器械检验检测除外。

国家市场监督管理总局负责检验检测机构资质认定告知承诺统一管理、组织实施、后续核查监督工作。各省级市场监督管理部门负责实施所辖区域内检验检测机构资质认定告知承诺、后续核查监督工作。告知承诺程序评审具体步骤如图5-2所示。

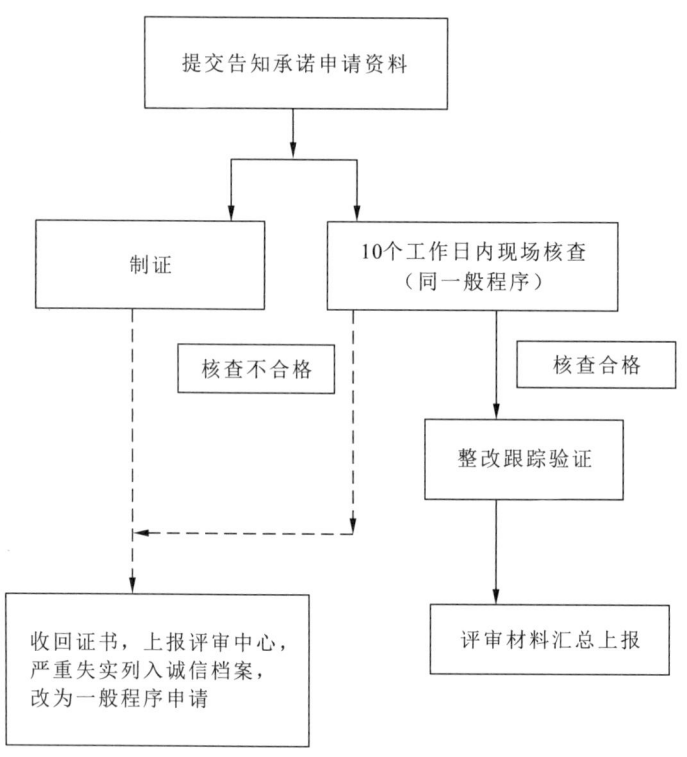

图5-2 告知承诺程序的评审工作流程图

(一)告知承诺申请条件

(1)依法成立并能够承担相应法律责任的法人或者其他组织;
(2)具有与其从事检验检测活动相适应的检验检测技术人员和管理人员;
(3)具有固定的工作场所,工作环境满足检验检测要求;
(4)具备从事检验检测活动所必需的检验检测设备设施;
(5)具有并有效运行保证其检验检测活动独立、公正、科学、诚信的管理体系;
(6)符合有关法律法规或者标准、技术规范规定的特殊要求;
(7)近2年内未因检验检测违法违规行为受到行政处罚(首次申请机构除外);
(8)除法律、行政法规或者国务院规定必须采用一般程序或者告知承诺程序的外,如特殊食品、医疗器械检验检测不得采取告知承诺制,检验检测机构可自行选择采取告知承诺程序或一般程序;

符合条件的检验检测机构可以通过登录资质认定部门网上审批系统或者现场提交加盖机构公章的告知承诺书以及符合要求的相关申请材料,并对其真实性负责。

(二)首次、延续证书申请提交内容

(1)检验检测机构资质认定申请书；
(2)典型检测报告；
(3)法人证照(营业执照或者登记/注册证书,非法人检验检测机构需提供检验检测机构批文、所属法人单位营业执照或者登记/注册证书、法人授权文件和最高管理者的任命文件)；
(4)固定场所文件；
(5)授权签字人的相关材料；
(6)《检验检测机构资质认定告知承诺书》。

(三)检验检测场所变更申请提交内容

(1)检验检测机构资质认定申请书；
(2)场所变更后的法人证照(营业执照或者登记/注册证书)；
(3)固定场所文件；
(4)《检验检测机构资质认定告知承诺书》。

(四)增加检验检测项目申请提交内容

(1)检验检测机构资质认定申请书；
(2)增加检验检测项目领域典型检测报告；
(3)相关固定场所文件；
(4)授权签字人的相关材料；
(5)《检验检测机构资质认定告知承诺书》。

(五)告知承诺申请的受理和发证

资质认定部门应当自收到机构申请之日起5个工作日内作出是否受理的决定,告知承诺书和相关申请材料不齐全或者不符合法定形式的,资质认定部门应当一次性告知申请机构需要补正的全部内容。告知承诺书一式两份,由资质认定部门和申请机构各自留档保存,鼓励申请机构主动公开告知承诺书。

申请机构在规定时间内提交的申请材料齐全、符合法定形式的,资质认定部门应当当场作出资质认定决定。资质认定部门应当自作出资质认定决定之日起7个工作日内,向申请机构颁发资质认定证书。

(六)告知承诺申请的现场核查和要点

资质认定部门作出资质认定决定后,应当在3个月内组织相关人员按照《检验检测机构资质认定管理办法》(163号令修正案)有关技术评审管理的规定以及《评审准则》的相关要求,对机构承诺内容是否属实进行现场核查,并作出相应核查判定;对于机构首次申请或者检验检测项目涉及强制性标准、技术规范的,应当及时进行现场核查。

2021年4月,湖北省市场监督管理局发布《湖北省市场监督管理局关于全面推行检验检测机构资质认定告知承诺制的通知》(鄂市监认检〔2021〕8号),明确告知承诺现场核查时限和风险告知。湖北省资质认定部门将在作出准予资质认定决定后10个工作日内,按照《检验检测机构资质认定管理办法》关于技术评审管理的相关规定对申请机构的承诺内容是否属实进行现场核查。

为防止机构在申请检验检测机构资质认定告知承诺制过程中因对相关法律法规及程序等不熟悉,导致核查内容与承诺内容严重不实而出现虚假承诺,湖北省市场监督管理局将检验检测机构资质认定申请告知承诺制风险点列出如下:

(1)人员的风险。机构从业人员应有明确的劳务(人事)关系,且不得同时在两个及以上检验检测机构从业;授权签字人应符合《通用要求》。

(2)场地的风险。应具备检测场所所有权或合法使用权证明文件(租赁合同及出租方所有权证明);环境条件须满足检验检测依据的要求。

(3)设备的风险。检验检测机构必须配齐申报项目所要求的所有仪器设备(包括主机所必须的配件等);仪器设备的技术指标和功能,必须满足检验检测包括抽样、制备、数据处理与分析的要求。

(4)技术能力的风险。检验检测机构申报项目须进行方法验证并提供模拟原始记录及报告;现场试验项目不合格比例不得超过10%;建议批准的检验检测能力与机构实际申报承诺的项目比,不得低于95%的(含参数名称及依据标准变化的)。

(5)管理体系的风险。质量管理体系文件应符合《通用要求》和本检验检测机构的实际;管理体系必须运行3个月以上(新申请)。

(七)告知承诺的监督和法律责任

对于申请机构作出虚假承诺或者承诺内容严重不实的,由资质认定部门依照《行政许可法》的相关规定撤销许可决定,并予以公布。被资质认定部门依法撤销许可决定的检验检测机构基于本次行政许可取得的利益不受保护,对外出具的相关检验检测报告不具有证明作用,并承担因此引发的相应法律责任。

以告知承诺方式取得资质认定的检验检测机构发生其他违法违规行为,依照法律法规的相关规定,予以处理。

(八)信用档案

检验检测机构作出虚假承诺、承诺内容严重不实的,由资质认定部门记入其信用档案,该检验检测机构不再适用告知承诺的资质认定方式。

第四节 资质认定文书的填写

目前,检验检测机构资质认定申请、审批、发证全流程已实现网上办理,机构在线上填报资质认定申请,如实填写申请类型、申请检测能力、授权签字人及对应授权领域范围、机构组织、人员、场所、设备等配置情况。资质认定部门按机构填报的《申请书》内容,随机抽选对应专业领域评审组,经文件审查合格后下达《评审任务通知书》。评审的目的是对机构的申请内容进行符合项的判定,不得在现场随意增加参数、方法、受考核人员。因此,资质认定文书,特别是《申请书》及附件材料的填写,至关重要。本节的内容针对《申请书》《评审报告》两个关键材料进行展开,梳理重点,以期为各检验检测机构机构提供参考借鉴。

一、《申请书》的填写

检验检测机构资质认定网上填报内容分为申请书、审批材料两个部分。审批材料是填报申请书的附件证明材料,与申请书内容一起填报给资质认定部门审核。

(一)《申请书》的内容

《申请书》是固定的表格,体现检验检测机构的基本信息,分为7个部分的内容:
(1)检验检测机构概况(名称、地址、主管部门、联系人等);
(2)申请资质类型(首次、扩项、复查、其他);
(3)检验检测机构资源条件(人员、仪器设备、场地面积、多场所情况);
(4)检验检测能力计量申请表;
(5)申请授权签字人信息(汇总表、人员简历信息);
(6)检验检测人员一览表(技术人员);
(7)仪器设备(标准物质)配置表。
检验检测机构填报申请材料的重点内容是《检验检测能力申请表》《授权签字人汇总表》。其他如技术人员、场所、仪器设备等内容,是能力的支撑证明材料。

(二)审批材料的内容

申请机构的法人地位不同,随《申请书》上传的审批材料内容也略有差别。独立法人检验检测机构必须上传的内容包括法人登记证书、组织架构框图、承诺书;非独立法人需上传的内容包括非独立法人成立批文、非独立法人所属法人单位的法律地位证明文件、非独立法人检测机构成立法人单位授权文件、非独立法人检验检测机构最高管理者任命文件、组织架构框图、承诺书。

(三)《申请书》填写的准备

《申请书》是检验检测机构结合机构自身情况和拟申报资质认定能力内容在网上填报,点击"提交"后即无法更改。现场评审中经常出现被评审机构在填报申请材料时因粗心大意或不熟悉填报界面造成填报错误,特别在关键内容如检测能力范围中参数、方法和授权签字人上出现漏填、误填等失误,造成申请检测能力不通过、授权签字范围无法推荐等不满足取证预期的情况。针对这些问题,建议机构在填报时做好以下准备。

1. 预留充分的填报时间

检验检测机构应提早安排申请书的填报,充分考虑因材料填报错误、提交后审核被退回耽误的时间。根据《检验检测机构资质认定管理办法》(第 163 号令修正案)第十三条:"资质认定证书有效期为 6 年。需要延续资质认定证书有效期的,应当在其有效期届满 3 个月前提出申请。"准备复查换证的机构应在有效期届满前 4~5 个月即开始填报的准备工作。如一次提报因缺少资料或信息有误被资质认定部门审核后退回,仍有时间修改并第二次提报。如最终《申请书》提报时间已离有效期届满不足 3 个月,填报系统无法再勾选资质认定类别为"复查",检验检测机构只能按"首次"进行申请。

对于首次、扩项、变更的检验检测机构,也应尽早熟悉网上申报系统,提前准备相应资料,以免耽误取证计划。

2. 安排至少两人负责《申请书》填报

《申请书》是现场评审工作的重要依据,现场评审是以被评审检验检测机构提交内容在现场寻找符合性依据,且点击"提交"后即无法再次修改。为了保障申请书填报内容的正确,检验检测机构宜安排至少两人负责《申请书》填报工作,两人可分工填写再相互审核,也可一人填写,另一人审核,减少可能的错误。

申请书填报人员应熟悉机构自身情况和资质认定流程。人员应掌握申请书的框架和内容要求、机构资源配套(场所、人员、设备、标准物质等)、资质认定申报管理的相关要求、拟申请的检测能力和方法,以及一定的电脑操作能力。

3. 熟悉《申请书》填报界面和界面上的填报工具

网上填报负责人应尽早熟悉网上申报系统的操作使用和界面内容的填报。使用系统中的一些小工具可以提高填报工作效率,减少填报错误。

(1)使用"上传文件"工具批量上传、修改。选择"上传文件"导入,可快速完成大批量信息的填报。

当申请书中《检验检测能力申请表(计量)》《检验检测技术人员一览表》《仪器设备(标准物质)配置表》等表格信息较多时,可采用"上传文件"的方式进行批量填写、修改和导入,这样可大大提高工作效率。

(2)使用"暂存"工具及时保存已填信息。《申请书》和附件审批材料在网上一经"提交"即无法进行修改,因此在"提交"前需经过仔细的检查。按下《申请书》界面最下端的"暂存"按钮,可及时保存已填报的信息。材料填报人员填写完毕分工部分后,可点击"暂存",由另外一位填报负责人进入系统在"我的办件"—"草稿件"中对已保存的信息进行查看、修改、编辑,所有信息检查完毕无误后,最后点击"提交"。

(四)《申请书》填写原则

《申请书》及附件审批材料填写原则包括真实性、合规性、一致性。

1. 真实性

《检验检测机构资质认定管理办法》(163号令修正案)第十一条规定"检验检测机构资质认定一般程序:申请资质认定的检验检测机构(以下简称申请人),应当向市场监管总局或者省级市场监督管理部门(以下统称资质认定部门)提交书面申请和相关材料,并对其真实性负责"。检验检测机构告知承诺程序,是以诚信为前提、以机构自身质量管理及能力水平为基础的一种行政审批模式,对机构的遵纪守法及诚信意识提出了更高的要求。

检验检测机构需保证所提交材料的真实性,并准备好相应的佐证材料,如检验检测机构资源条件(人员、仪器设备、场地面积、多场所情况)等。机构填报负责人应提前梳理好技术人员清单和劳动合同、社保证明信息,包括姓名、职称、学历、专业、所在技术岗位、从事检测工作年限,授权签字人职称、从业经历的证明材料,实验室场地证明文件(产权证、或场地租赁合同等),仪器设备清单和总台套数信息(仪器设备名称、型号、量程、精度、计量校准信息等)及相关合同、发票等证明所有权材料,并保证所填写内容均真实、有效、可溯源。

2. 合规性

1)组织法律地位

RB/T 214《通用要求》中 4.1.1:"检验检测机构应是依法成立并能够承担相应法律责任的法人或者其他组织。检验检测机构或者其所在的组织应有明确的法律地位,对其出具的检验检测数据、结果负责,并承担相应法律责任。不具备独立法人资格的检验检测机构应经所在法人单位授权。"

检验检测机构的法人登记、注册证书(营业执照)文件应处于有效期内;申请资质认定证书所用名称、地址应与法人登记、注册文件一致;登记、注册文件中的经营范围应包含检验、检测、检验检测或者相关表述;非独立法人检验检测机构,其所在的法人单位应是依法成立的并能承担法律责任;并附所在法人单位对检验检测机构独立运作和承担法律责任的法人授权文件;如果所在法人单位的法定代表人不担任检验检测机构管理层,应补充由法定代表人对检验检测机构管理层的授权文件。

2)检测活动的公正性

申报的材料应满足资质认定合规性要求。RB/T 214《通用要求》中 4.1.4 规定:"检检测机构应建立和保持维护其公正和诚信的程序。检验检测机构及其人员应不受来自内外部的、不正当的商业、财务和其他方面的压力和影响,确保检验检测数据、结果的真实、客观、准确和可追溯。""若检验检测机构所在的单位还从事检验检测以外的活动,应识别并采取措施避免潜在的利益冲突。"

机构需要关注营业执照范围与拟申请检测能力业务的相关性,如营业执照范围中存在利益相关性,可能带来公正性影响,机构应提前规避。如机构营业执照范围中包含有"室内环境治理工程"业务范围,资质认定拟申请"室内环境空气检测"领域检测能力,则会因营业范围与拟申报检测能力出现利益相关而被审核退回。

3)人员的唯一性

检验检测机构不得使用同时在两个及以上检验检测机构从业的人员。提交授权签字人材料时需关注技术人员特别是授权签字人唯一性,如该授权签字人在填报申请时已在系统中登记为其他检验检测机构授权签字人或技术负责人等关键岗位,会因"一人同时在两家检测机构同时从业"审核不通过而被退回申请,情况严重可能会影响机构及该人员的诚信档案。如该人员已从原机构正式离任/离职,则应先由原机构申请授权签字人撤销手续,办理完成后,再进行该人员的新增授权签字人申请。

4)检测方法的适用性和有效性

检验检测机构应核查所申报检测方法在当前是有效的,资质认定一般不推荐已过期、作废检测方法,应申请最新有效的检测方法。同时也要注意检测方法与对应参数的适用范围,对应的仪器设备满足方法使用要求。

5)人员的符合性

RB/T 214《通用要求》中 4.2.3:"检验检测机构的技术负责人应具有中级及以上专业技术职称或同等能力,全面负责技术运作;质量负责人应确保管理体系得到实施和保持;应指定关键管理人员的代理人。"4.2.4:"检验检测机构的授权签字人应具有中级及以上专业技术职称或同等能力,并经资质认定部门批准,非授权签字人不得签发检验检测报告或证书。"这就意味着检验检测机构所选择的技术负责人、授权签字人应具备中级及以上专业技术职称或同等能力。如《授权签字人申请表》中填写的职称及工作经验、经历不满足上述要求,窗口审核人员将退回该申请材料。

某些特殊行业领域,对人员组成、人员条件有其他要求的,机构应在填报时同步满足。如《检验检测机构资质认定 环境监测机构评审补充要求》第七条:"生态环境监测机构技术负责人应掌握机构所开展的生态环境监测工作范围内的相关专业知识,具有生态环境监测领域相关专业背景或教育培训经历,具备中级及以上专业技术职称或同等能力,且具有从事生态环境监测相关工作 5 年以上的经历。"

3. 一致性

《申请书》及附件审批材料内容是有前后关联的,填报申请书时需注意检查信息的前后一致性。《检验检测能力申请表(计量)》与《仪器设备(标准物质)配置表》的第 1 列~第 4 列

(序号、类别、参数、标准方法)内容和顺序应保持一致。

"检验检测机构资源"中填报的技术人员职称人数占比情况,应与《检验检测人员一览表》中列出各位技术人员情况对应。

《授权签字人申请汇总表》与《授权签字人申请表》(每位授权签字人填写一张表)中申请授权签字人姓名、职称、职务、申请授权签字领域范围等信息,需一一对应无误,且与《检验检测人员一览表》信息对应一致。

资质认定通用要求或行业领域有特殊要求的,应满足相应规定内容。

(五)随《申请书》一并提交附件的填写

随《申请书》一并提交的附件有《组织机构图》《检验检测人员一览表》。其中《组织机构图》应与机构自身检测工作流程、检测对象、业务规模相匹配,且与本机构的质量管理文件一致。

《检验检测人员一览表》主要填写检测管理技术人员,如最高管理者、技术负责人、质量负责人、授权签字人、部门主管、各岗位管理人员和技术人员,与检验检测工作无关的人员无需填写(如财务、后勤人员)。

二、《评审报告》的填写

《评审报告》是评审活动的结论性材料。评审组在现场评审或远程评审的现场根据评审发现内容进行填写。《评审报告》的填写依据是《申请书》。推荐的检测能力不得超出机构提交的《申请书》内容,因此《申请书》须考虑好所申请的检测参数、方法、授权签字人及其对应的申请授权范围,如发现有疏漏,现场评审不得增加。

《评审报告》将申请机构的检测能力、授权签字人及范围予以确认,同时记录组织、人员、场所、仪器设备等基本情况,对申报的检测能力现场考核情况予以叙述,对考核合格的参数予以推荐,对考核不合格参数或方法不予推荐,并将不推荐的原因同步进行记录。现按《评审报告》的内容的前后顺序进行逐一阐述。

(一)封面

(1)机构名称:法律地位证明文件指定的检验检测机构全称。
(2)评审机构名称:是指评审组名称,如湖北省市场监督管理局行政许可技术评审中心。
(3)评审日期:现场评审日期,×年×月×日。

(二)概况

(1)机构名称:与封面相同的名称。
(2)所属法人单位名称:针对非独立法人实验室而言,是指其母体单位的名称。

（三）评审地点

详细写明现场评审的地址，如评审涉及检验检测机构的多个场所，则全部列出。

（四）评审组意见

评审组对现场评审的意见，包括对被评审的检验检测机构的组织、人员、场所环境、设备设施、管理体系的评价。

评审结论分为"符合""基本符合""基本符合（需现场复核）""不符合"4种类型。

（五）《建议批准的检验检测能力表》

本表的依据是检验检测机构资质认定申请书中的附件1《检验检测能力申请表》。

（1）"检验检测能力"应依据国家、行业、地方、团体、国际标准。依据其他标准或方法的，应在"说明"中注明。

（2）以产品标准申请检验检测能力的，对于不具备检验检测能力的参数，应在"限制范围"中注明；只能检验检测"产品标准"的非主要参数的，不得以产品标准申请。

（3）不含检验检测方法的各类产品标准、限值标准可不列入资质认定的能力范围，但在出具检验检测报告或证书时可作为判定依据直接使用。

（4）多实验场所的检验检测机构，应按不同实验场所分别填写本表。

（5）本表对"家用电器"的填写仅为"示例"。检验检测机构可不受本"示例"限制，依据自身行业特点填写。示例："家用电器"，以汉字数字（一、二、三…）为序，设立通栏填写检验检测大类；以阿拉伯数字（1、2、3…）为序，填写类别（产品/参数/项目）；以次级阿拉伯数字（1.1、1.2、1.3…）为序，填写产品/参数/项目的名称。

（六）《建议批准的授权签字人表》《授权签字人评价记录表》

（1）授权签字人的职务/职称填写清楚，并以"/"分隔。检查授权签字人和签字领域的对应性。需正确对应每一位授权签字人的检测领域。

（2）被考核的授权签字人每人一张评价表，应详细记录被考核授权签字人的工作经历和与本次申请授权范围相关的工作成果、考核评价情况等。

（七）基本符合和不符合项汇总表

记录现场评审确定的整改项。

体系文件中有描述但实施不规范的，为"基本符合"；体系文件无规定或有规定未实施的，为"不符合"。"观察发现"是指应对"基本符合"和"不合符"的具体事实予以说明。"基本符合"和"不符合"者为整改项。

（八）现场试验项目汇总表

以产品申请的项目，应在"检测项目"填写产品名称，在"参数名称"内填写该产品的具体参数;参数相同的产品,可在"检测项目"栏内填写多个产品名称,以避免参数的重复填写。

以参数申请的项目,应在"检测项目"填写参数类别名称,在"参数名称"内填写具体参数;依据同一标准检测的参数,可在"参数名称"栏内填写多个参数名称,以避免参数的重复填写。

序号的顺序应与检验检测机构资质认定申请书中的《检验检测能力申请表》一致。考核形式可选择报告验证、现场试验(盲样考核、人员比对、仪器比对、样品复测、见证试验、操作演示),样品来源可选评审组提供、自备。多实验场所评审的,按评审场所分别填写。考核结论栏内填写结果、参考值、合格与否等方面的描述,考核结论为不通过的应说明原因。

此表是确认实验室检测能力的基本要件,要求评审组必须在现场签字确认。

(九)随《评审报告》一起提交其他文件的填写

除《评审报告》外,机构和评审组需共同确认一系列配套评审工作文件,如《检验检测机构资质认定现场评审日程表》《仪器设备(标准物质)配置核查表》。

1.《仪器设备(标准物质)配置核查表》

该表的前4列与《申请书》附表1《检验检测能力申请表》对应,为了简化本表的填写,参数相同的不重复填写,序号可以不连续;溯源方式填写检定、校准、内部校准等;多实验场所的检验检测机构,按不同实验场所分别填写。

2.《检验检测机构资质认定现场评审日程表》

该表要按评审类型进行勾选。评审工作安排写明评审各工序的具体时间段,工作内容包括但不限于文件审查(如有)、预备会、首次会议、实验室参观、现场试验考核、座谈会、授权签字人考核、评审组内部会、末次会议等工序内容。多实验场所的检验检测机构,按不同实验场所分别填写。

扫描上方二维码观看
网上填报演示

第六章 湖北省检验检测机构资质认定证后管理

随着政府机构改革和社会经济的不断发展,为更好地适应和满足新时代的新要求,促进检验检测行业服务能力和水平的提升,近年来检验检测行业在推行行政许可制度"放管服"改革过程中,不断优化行政审批的准入制度,同时也在逐步加强事中事后的监督管理。因此,检验检测机构在取得资质认定证书后,为确保能持续满足资质认定许可条件,应注意跟踪政策调整的相关情况,梳理资质认定行业的法律法规政策等外部监督管理要求,同时还应基于风险思维,加强机构风险管理能力,不断规范内部各项工作流程管理。

第一节 外部监督管理要求

检验检测机构在日常经营管理中,需要了解并适应监督管理部门的监督管理要求,同时也要时刻关注外部监督管理政策的变化。下面将介绍检验检测行业的监督管理部门,以及最新的政策要求,同时对监督管理方式及近两年来的监督管理情况进行阐释。

一、监督管理部门

我国检验检测机构资质认定实行国家和省级两级管理制,地(市)、县级在省级管理下只负责行政辖区内的监督检查工作。

国家市场监督管理总局主管全国检验检测机构资质认定工作,并负责检验检测机构资质认定的统一管理、组织实施、综合协调工作。国家市场监督管理总局组织对所有获得资质认定的检验检测机构实施监督检查,组织对国家市场监督管理总局实施资质认定的检验检测机构和评审组进行日常监管,对省级实施的资质认定工作进行监督和指导。

省级市场监督管理部门负责本行政区域内检验检测机构的资质认定工作,负责所辖区域省级发证的检验检测机构的监管管理工作,此外,根据国家市场监督管理总局的统一安排,也可以对辖区内取得资质认定的检验检测机构进行监督检查。省级市场监督管理部门可以直接组织实施监督管理,也可以组织地(市)、县级市场监督管理部门共同实施对辖区内检验检测机构的监督检查工作。

地(市)、县级市场监督管理部门负责本行政区域内检验检测机构监督检查工作,依法查处违法行为,并将查处结果上报省级市场监督管理部门。在实施监督检查时,地(市)、县级市场监督管理部门发现检验检测机构违反本办法规定的,可按照行政处罚程序对违规机构实施财产罚。相关违法事实涉及需执行资质认定资格罚的,由颁发资质认定证书的省级以上市场监督管理部门进行资格罚。

二、政策要求

国家市场监督管理总局挂牌成立以来,不断推动检验检测领域相关规章、文件的制修订工作,完善行业法律法规体系。当前,检验检测行业管理的主要政策依据包括法律、法规及部门规章3个层次。

其中,法律层面的依据主要是《中华人民共和国计量法》,其第二十二条规定:"为社会提供公证数据的产品质量检验机构,必须经省级以上人民政府计量行政部门对其计量检定、测试的能力和可靠性考核合格。"同时涉及的其他法律还有《中华人民共和国产品质量法》《中华人民共和国食品安全法》《中华人民共和国农产品质量安全法》《中华人民共和国道路交通安全法》《中华人民共和国大所污染防治法》等。

法规层面的依据主要是《中华人民共和国认证认可条例》(2003年9月3日中华人民共和国国务院令第390号公布,2020年11月29日第二次修订),其中第十五条规定:"向社会出具具有证明作用的数据和结果的检查机构、实验室,应当具备有关法律、行政法规规定的基本条件和能力,并依法经认定后,方可从事相应活动,认定结果由国务院认证认可监督管理部门公布。"同时涉及的其他法规还有《中华人民共和国食品安全法实施条例》《中华人民共和国道路交通安全法实施条例》等。

部门规章层面有2021年发布的《检验检测机构资质认定管理办法》(2015年4月9日国家质量监督检验检疫总局令第163号公布,2021年4月2日国家市场监督管理总局修改)、《检验检测机构监督管理办法》(国家市场监督管理总局令第39号令)。

下面重点介绍2021年发布的两部行业部门规章的主要内容。

(一)《检验检测机构资质认定管理办法》(163号令修正案)的主要内容

为充分激发检验检测市场活力,使已有的检验检测机构资质认定改革措施和成果制度化、法制化,2021年4月2日,国家市场监督管理总局发布了《检验检测机构资质认定管理办法》(163号令修正案)(以下简称"163号令修正案"),于2021年6月1日起实施。该办法重点关注了检验检测机构资质认定许可程序的要求,主要删除了原163号令中的资质认定界定范围(原第三条)、收费(原第四十八条)及解释(原第四十九条)3个条款的内容,新增加了清单管理(第五条)、两种申请方式(第十条)、告知承诺(第十二条)及应急管理(第二十三条)。《检验检测机构资质认定管理办法》(163号令修正案)包括总则、资质认定条件和程序、技术评审管理、监督检查、附则共计5章40条内容,对比原"办法",它的主要变化内容如下：

1. 资质认定实施范围的变化

"163号令修正案"强化了"法治"原则，细化了资质认定实施范围，以避免重复审批，解决资质认定事项范围不统一问题。

（1）依据《中华人民共和国计量法》（2018版）第二十二条、《中华人民共和国认证认可条例》（2020版）第十五条规定，增加了获得资质认定的检验检测机构的描述内容，强调资质认定对象满足的条件，强调"依法行政"。

第二条："本办法所称资质认定，是指市场监督管理部门依照法律、行政法规规定，对向社会出具具有证明作用的数据、结果的检验检测机构的基本条件和技术能力是否符合法定要求实施的评价许可。"

（2）明确了检验检测机构资质认定的实施范围。

第三条："在中华人民共和国境内对检验检测机构实施资质认定，应当遵守本办法。法律、行政法规对检验检测机构资质认定另有规定的，依照其规定。"

（3）依据《市场监管总局关于进一步推进检验检测机构资质认定改革工作的意见》（国市监检测〔2019〕206号）文件中的"依法界定检验检测机构资质认定范围，逐步实现资质认定范围清单管理"的改革要求，提出了动态清单管理模式，强调动态管理。

第五条："法律、行政法规规定应当取得资质认定的事项清单，由市场监管总局制定并公布，并根据法律、行政法规的调整实行动态管理。"

2. 实施告知承诺制度

"163号令修正案"依据《市场监管总局关于进一步推进检验检测机构资质认定改革工作的意见》（国市监检测〔2019〕206号）文件中在全国范围内推行检验检测机构资质认定告知承诺制的要求提出了增加告知承诺申请程序，并明确了告知承诺实施要求。

第十条："检验检测机构资质认定程序分为一般程序和告知承诺程序。除法律、行政法规或者国务院规定必须采用一般程序或者告知承诺程序的外，检验检测机构可以自主选择资质认定程序。"

第十二条："采用告知承诺程序实施资质认定的，按照市场监管总局有关规定执行。资质认定部门作出许可决定前，申请人有合理理由的，可以撤回告知承诺申请。告知承诺申请撤回后，申请人再次提出申请的，应当按照一般程序办理。"

3. 优化市场准入服务

"163号令修正案"明确规定检验检测机构资质认定工作中应遵循"便利高效"的原则，对优化准入服务、便利机构的具体措施予以固化。

（1）强调"准入"管理，与《市场监管总局关于进一步推进检验检测机构资质认定改革工作的意见》（国市监检测〔2019〕206号）文件中主要改革措施里的"优化准入服务，便利机构取证"的要求相一致。

第一条:"为了规范检验检测机构资质认定工作,优化准入程序,根据《中华人民共和国计量法》及其实施细则、《中华人民共和国认证认可条例》等法律、行政法规的规定,制定本办法。"

(2)基于"告知承诺""自我声明""书面审查""远程评审"等改革措施的实施,增加"便利高效"原则。

第七条:"检验检测机构资质认定工作应当遵循统一规范、客观公正、科学准确、公平公开、便利高效的原则。"

(3)提出全面推行检验检测机构资质认定网上审批,完善机构信息查询功能等要求。

第十条:"检验检测机构资质认定推行网上审批,有条件的市场监督管理部门可以颁发资质认定电子证书。"

(4)将原有技术评审45个工作日压缩至30个工作日,将审核后的评审资料评定时长由原20个工作日压缩至10个工作日,将原10个工作日内发证时长压缩至7个工作日。

第十一条第(三)款:"资质认定部门自受理申请之日起,应当在30个工作日内,依据检验检测机构资质认定基本规范、评审准则的要求,完成对申请人的技术评审。技术评审包括书面审查和现场评审(或者远程评审)。技术评审时间不计算在资质认定期限内,资质认定部门应当将技术评审时间告知申请人。由于申请人整改或者其他自身原因导致无法在规定时间内完成的情况除外。"

第十一条第(四)款:"资质认定部门自收到技术评审结论之日起,应当在10个工作日内,作出是否准予许可的决定。准予许可的,自作出决定之日起7个工作日内,向申请人颁发资质认定证书。不予许可的,应当书面通知申请人,并说明理由。"

(5)依据《市场监管总局关于进一步推进检验检测机构资质认定改革工作的意见》(国市监检测〔2019〕206号)文件中"优化准入服务,便利机构取证"的要求,增加了便利取证的内容。

第十三条:"对上一许可周期内无违反市场监管法律、法规、规章行为的检验检测机构,资质认定部门可以采取书面审查方式,对于符合要求的,予以延续资质认定证书有效期。"

4. 固化疫情防控措施

"163号令修正案"写入了为应对新冠疫情而推出的远程评审,使疫情防控的有效措施长效化。现场评审及技术评审中,都增加了"远程评审"的方式及相关要求。

第十一条第(三)款:"资质认定部门自受理申请之日起,应当在30个工作日内,依据检验检测机构资质认定基本规范、评审准则的要求,完成对申请人的技术评审。技术评审包括书面审查和现场评审(或者远程评审)。"

第十三条:"资质认定部门根据检验检测机构的申请事项、信用信息、分类监管等情况,采取书面审查、现场评审(或者远程评审)的方式进行技术评审,并作出是否准予延续的决定。"

第二十四条:"资质认定部门或者其委托的专业技术评价机构组织现场评审(或者远程评审)时,应当指派两名以上与技术评审内容相适应的评审人员组成评审组,并确定评审组组长。必要时,可以聘请相关技术专家参加技术评审。"

(二)《检验检测机构监督管理办法》(39号令)主要内容

为了加强检验检测机构监督管理工作,规范检验检测机构从业行为,营造公平有序的检验检测市场环境,2021年4月8日,国家市场监督管理总局发布了《检验检测机构监督管理办法》(39号令)(以下简称"39号令"),于2021年6月1日起施行。该办法在《检验检测机构资质认定管理办法》(163号令修正案)的基础上,重点关注了资质认定检验检测机构的从业规范、监督管理以及机构违犯后的处罚等内容。

"39号令"的主要框架(共28条)如下:

第一至四条:规定了立法目的与依据、适用范围、基本概念及监管体制。

第五至十六条:规定了检验检测机构的主体责任和从业要求,明确机构对检验检测报告承担主体责任,规定了基本从业原则及人员管理、过程规范、委托检验、分包要求、报告形式及记录保存等行为规范,重点列举了不实和虚假检验检测报告的具体情形。

第十七至二十四条:规定了监督管理要求,确立了"双随机、一公开"的监管方式,规定了能力验证、分类监管、信用监管等新型监管手段。

第二十五至二十七条:规定了法律责任。

第二十八条:规定附则内容。

"39号令"的主要内容如下。

1. 突出检验检测机构及其人员的主体责任

第五条:"检验检测机构及其人员应当对其出具的检验检测报告负责,依法承担民事、行政和刑事法律责任。"

背景解读:为严格落实从业机构以检验检测结果的主体责任、对产品质量的连带责任,应健全对参与检验检测活动从业人员的全过程责任追究机制。依据《中华人民共和国民法典》及《中华人民共和国产品质量法》《中华人民共和国食品安全法》《中华人民共和国行政许可法》《中华人民共和国刑法》等上位法规定,检验检测机构及其人员对其出具的检验检测报告,除承担行政法律责任外,还须依法承担民事责任。构成犯罪的,依法承担刑事责任。

检验检测机构行政法律责任主要参照《检验检测机构资质认定管理办法》(163号修正案)及《检验检测机构监督管理办法》(39号令)的规定执行,主要形式包括:

(1)责令限期改正。

(2)罚款。

(3)撤销、吊销、取消检验检测资质或者证书。

检验检测机构民事赔偿责任的规定有3种类型:

(1)《中华人民共和国食品安全法》第一百三十八条第三款明确食品检验机构因虚假检

验行为造成损害应承担连带责任。

(2)《中华人民共和国产品质量法》第五十七条第二款、《中华人民共和国消防法》第六十七条明确机构因虚假或不实检验检测应承担损害赔偿责任。

(3)《中华人民共和国产品质量法》第五十八条、《中华人民共和国消费者权益保护法》第四十五条明确机构涉及虚假宣传或虚假广告应承担连带责任。

检验检测机构刑事法律责任主要包括提供虚假证明文件罪和出具证明文件重大失实罪。《中华人民共和国刑法修正案(十一)》将《中华人民共和国刑法》第二百二十九条修改为:"承担资产评估、验资、验证、会计、审计、法律服务、保荐、安全评价、环境影响评价、环境监测等职责的中介组织的人员故意提供虚假证明文件,情节严重的,处五年以下有期徒刑或者拘役,并处罚金。""第一款规定的人员,严重不负责任,出具的证明文件有重大失实,造成严重后果的,处三年以下有期徒刑或者拘役,并处或者单处罚金。"

2. 明确列举不实和虚假检验检测行为

第十三条:"检验检测机构不得出具不实检验检测报告。

检验检测机构出具的检验检测报告存在下列情形之一,并且数据、结果存在错误或者无法复核的,属于不实检验检测报告:

(一)样品的采集、标识、分发、流转、制备、保存、处置不符合标准等规定,存在样品污染、混淆、损毁、性状异常改变等情形的;

(二)使用未经检定或者校准的仪器、设备、设施的;

(三)违反国家有关强制性规定的检验检测规程或者方法的;

(四)未按照标准等规定传输、保存原始数据和报告的。"

第十四条:"检验检测机构不得出具虚假检验检测报告。

检验检测机构出具的检验检测报告存在下列情形之一的,属于虚假检验检测报告:

(一)未经检验检测的;

(二)伪造、变造原始数据、记录,或者未按照标准等规定采用原始数据、记录的;

(三)减少、遗漏或者变更标准等规定的应当检验检测的项目,或者改变关键检验检测条件的;

(四)调换检验检测样品或者改变其原有状态进行检验检测的;

(五)伪造检验检测机构公章或者检验检测专用章,或者伪造授权签字人签名或者签发时间的。"

背景解读:目前,《中华人民共和国产品质量法》《中华人民共和国食品安全法》等法律、行政法规对不实和虚假检验检测作出了禁止性规定。但在监管实践中难以界定并区分不实、虚假与一般性违法违规行为,为严厉打击不实和虚假检验检测行为,明确列举了4种不实检验检测情形和5种虚假检验检测情形,充分吸收采纳了监管执法中的经验做法,有利于检验检测机构明确必须严守的行业底线,也有利于各级市场监督管理部门突出打击重点。对不实检验检测报告的判定须满足过程和结果两方面要素:一是检验检测过程不符合标准或相关强制性规定;二是检验检测数据结果错误或无法复核。而当检验检测报告与《检验检测机构监督管理办法》(39号令)第十四条规定的任意一条相匹配时,即可判定为虚假检验检测报告。

第十三条列举了4种不实检验检测情形,第十四条列举了5种虚假检验检测情形。

3. 落实新型市场监管方式

第十七条:"县级以上市场监督管理部门应当依据检验检测机构年度监督检查计划,随机抽取检查对象、随机选派执法检查人员开展监督检查工作。因应对突发事件等需要,县级以上市场监督管理部门可以应急开展相关监督检查工作。国家市场监督管理总局可以根据工作需要,委托省级市场监督管理部门开展监督检查。"

第二十条:"市场监督管理部门可以依法行使下列职权:

(一)进入检验检测机构进行现场检查;

(二)向检验检测机构、委托人等有关单位及人员询问、调查有关情况或者验证相关检验检测活动;

(三)查阅、复制有关检验检测原始记录、报告、发票、账簿及其他相关资料;

(四)法律、行政法规规定的其他职权。检验检测机构应当采取自查自改措施,依法从事检验检测活动,并积极配合市场监督管理部门开展的监督检查工作。"

背景解读:为加快推动新型市场监管机制建设,提升系统性监管效能,"39号令"对检验检测监管体制和监管职权进行了重新梳理,对多种新型监管手段进行了规定。将"双随机、一公开"监管要求与重点监管、分类监管、信用监管有机融合。重点突出信用监管手段的运用和衔接,规定市场监督管理部门应当依法将检验检测机构行政处罚信息等信用信息纳入国家企业信用信息公示系统等平台,推动检验检测监管信用信息归集、公示,也为下一步将检验检测违法违规行为纳入经营异常名录和严重违法失信名单进行失信惩戒提供了依据。

4. 强调违法违规法律责任

第二十四条:"县级以上市场监督管理部门发现检验检测机构存在不符合本办法规定,但无需追究行政和刑事法律责任的情形的,可以采用说服教育、提醒纠正等非强制性手段予以处理。"

第二十六条:"检验检测机构有下列情形之一的,法律、法规对撤销、吊销、取消检验检测资质或者证书等有行政处罚规定的,依照法律、法规的规定执行;法律、法规未作规定的,由县级以上市场监督管理部门责令限期改正,处3万元罚款:

(一)违反本办法第十三条规定,出具不实检验检测报告的;

(二)违反本办法第十四条规定,出具虚假检验检测报告的。"

背景解读:对于检验检测机构违反义务性规定的情形,"39号令"区分风险、危害程度,采取了不同的行政管理方式。对于违反一般性管理要求的事项,指导监管执法人员采用"说服教育、提醒纠正等非强制性手段";对于不实和虚假检验检测行为则依法严厉打击。"39

号令"未规定统一的退出机制,而是采取了"援引＋直接规定"的模式,在不突破部门规章立法权限的基础上最大限度满足监管工作需要。

直接规定法律责任:"法律、法规未作规定的,由县级以上市场监督管理部门责令限期改正,处3万元罚款"。

援引上位法规定资格罚:由于相关法律、法规对于不实和虚假检验检测报告的处罚规定不一,"取消其检验资格""撤销其检验资格""吊销检验机构资质证书"各种规定并存。部分法律、法规规定的资格罚主要有:

(1)《中华人民共和国产品质量法》第五章"罚则"中第五十七条:"产品质量检验机构、认证机构伪造检验结果或者出具虚假证明的,责令改正,对单位处五万元以上十万元以下的罚款,对直接负责的主管人员和其他直接责任人员处一万元以上五万元以下的罚款;有违法所得的,并处没收违法所得;情节严重的,取消其检验资格、认证资格;构成犯罪的,依法追究刑事责任。

产品质量检验机构、认证机构出具的检验结果或者证明不实,造成损失的,应当承担相应的赔偿责任;造成重大损失的,撤销其检验资格、认证资格。"

(2)《中华人民共和国大气污染防治法》第七章"法律责任"中第一百一十二条:"违反本法规定,伪造机动车、非道路移动机械排放检验结果或者出具虚假排放检验报告的,由县级以上人民政府生态环境主管部门没收违法所得,并处十万元以上五十万元以下的罚款;情节严重的,由负责资质认定的部门取消其检验资格。

违反本法规定,伪造船舶排放检验结果或者出具虚假排放检验报告的,由海事管理机构依法予以处罚。

违反本法规定,以临时更换机动车污染控制装置等弄虚作假的方式通过机动车排放检验或者破坏机动车车载排放诊断系统的,由县级以上人民政府生态环境主管部门责令改正,对机动车所有人处五千元的罚款;对机动车维修单位处每辆机动车五千元的罚款。"

(3)《中华人民共和国道路交通安全法》第七章"法律责任"中第九十四条第二款:"机动车安全技术检验机构不按照机动车国家安全技术标准进行检验,出具虚假检验结果的,由公安机关交通管理部门处所收检验费用五倍以上十倍以下罚款,并依法撤销其检验资格;构成犯罪的,依法追究刑事责任。"

(4)《医疗器械监督管理条例》第七章"法律责任"中第九十六条:"医疗器械检验机构出具虚假检验报告的,由授予其资质的主管部门撤销检验资质,10年内不受理相关责任人以及单位提出的资质认定申请,并处10万元以上30万元以下罚款;有违法所得的,没收违法所得;对违法单位的法定代表人、主要负责人、直接负责的主管人员和其他责任人员,没收违法行为发生期间自本单位所获收入,并处所获收入30%以上3倍以下罚款,依法给予处分;受到开除处分的,10年内禁止其从事医疗器械检验工作。"

(5)《化妆品监督管理条例》第五章"法律责任"中第七十一条:"化妆品检验机构出具虚假检验报告的,由认证认可监督管理部门吊销检验机构资质证书,10年内不受理其资质认定申请,没收所收取的检验费用,并处5万元以上10万元以下罚款;对其法定代表人或者主要负责人、直接负责的主管人员和其他直接责任人员处以其上一年度从本单位取得收入的1倍以上3倍以下罚款,依法给予或者责令给予降低岗位等级、撤职或者开除的处分,受到开除处分的,10年内禁止其从事化妆品检验工作;构成犯罪的,依法追究刑事责任。"

三、主要监督管理方式

《国务院关于加强和规范事中事后监管的指导意见》(国发〔2019〕18号)文件中指出:"坚持放管结合、并重,把更多行政资源从事前审批转到加强事中事后监管上来,落实监管责任,健全监管规则,创新监管方式,加快构建权现明确、公平公正、公开透明、简约高效的事中事后监管体系"。"39号令"对检验检测监管体制和监管职权进行了重新梳理,对多种新型监管手段进行了规定,将"双随机、一公开"监管要求与重点监管、分类监管、信用监管有机融合。

(一)"双随机、一公开"监督检查

"双随机、一公开"监督检查是为了贯彻落实党中央、国务院和省政府决策部署,在市场监管职能整合的大背景下,加快建立健全以"双随机、一公开"监管为基本手段、重点监管为补充、信用监管为基础的新型监管机制,取代原有的日常监督检查(日常巡查、百分百全覆盖)、专项监督检查、飞行监督检查等传统监管方式,重点解决权力寻租、过度监管、信息不公开(全程留痕)和监管资源(人员、能力)不足等问题,切实减轻企业负担,提高监管效率,优化营商环境。"双随机、一公开"意为随机抽取检查对象、随机选派执法检查人员,抽查情况及查处结果及时向社会公开。

1. 政策依据

根据《国务院关于在市场监管领域全面推行部门联合"双随机、一公开"监管的意见》(国发〔2019〕5号)、《市场监管总局关于全面推进"双随机、一公开"监管工作的通知》(国市监信〔2019〕38号)精神,为持续深化"放管服"改革,湖北省人民政府相继印发《关于在市场监管领域全面推行部门联合"双随机、一公开"监管的实施意见》(鄂政发〔2019〕19号)和《关于印发湖北省市场监管领域部门联合"双随机、一公开"监管工作实施办法的通知》(鄂政办发〔2020〕55号),湖北省市场监督管理局出台《关于全面推进"双随机、一公开"监管工作的通知》(鄂市监发〔2019〕95号),建立完善"一单两库一细则",即随机抽查事项清单、随机抽查市场主体名录库、随机抽查执法检查人员名录库、随机抽查工作细则。其中《湖北省市场监管局随机抽查事项清单》(第一批)明确抽查事项25项,检验检测机构检查位列第19项。

2. 检查方式

每年7—10月,各省市场监督管理局会按一定比例对全省检验检测机构开展监督抽查。根据环境、建工、机动车等重点领域监管要求,省市场监督管理局还会联合省生态环境厅、省住建厅、省公安厅等有关部门开展联合检查,实现进一次门,查多项事。各市、县级市场监督管理部门在地方政府的统一领导下,参照省级市场监督管理局监管模式,建立完善各辖区"双随机、一公开"监管工作机制。

3. 检查重点

一是强化重点环节核查。各地对本辖区机构进行监督检查时会有所侧重,一般而言,监督检查会对获资质认定机构基本情况、报告和原始记录、能力与过程、样品管理、分包情况、能力验证、变更情况、证书标志使用、标准物质和耗材使用情况等几大方面进行检查,重点核查"人、机、料、法、环"等关键因素。

二是强化质量体系核查。随着各检验检测机构逐步规范,市场监督管理部门加大了对质量管理体系运行情况的检查,重点核查质量手册、程序文件、作业指导书和记录文件是否符合运行实际,各检验检测机构是否正确使用内审和管理评审改进提升质量管理体系等,通过核查质量管理体系有效性验证各检验检测机构是否具备持续保证检测结果一致性的能力。

三是强化持续改进核查。参照质量管理体系内审的要求,市场监督管理部门可以将上一次(前期)检查发现问题整改情况也纳入检查重点,旨在引导机构不断发现问题,解决问题,提升技术能力和服务水平。

4. 检查比例

各级市场监督管理部门按照年度工作要点要求制订抽查工作计划,坚持"横向不交叉、纵向不重复"原则,因地制宜确定本区域总体抽查比例,避免重复、反复检查。以某地级市为例,市级年度检验检测机构总体抽查比例为30%,约15家检验检测机构(不包括机动车检验检测机构)。其中包含省级抽查2~8家,市级抽查7~13家,即省级抽查过的检验检测机构不重复检查,但一并计入年度总体抽查比例。

(二)能力验证

能力验证就是利用实验室间比对,按照预先制定的准则评价参加者的能力,是评价机构技术能力的重要手段之一。能力验证与现场评审组成了互为补充的两种能力评价方式,同时,也是机构进行质量控制的重要手段之一。"39号令"第十八条明确规定:"省级以上市场监督管理部门可以根据工作需要,定期组织检验检测机构能力验证工作,并公布能力验证结果。检验检测机构应当按照要求参加前款规定的能力验证工作。"

能力验证实施注意事项:

(1)实施前的策划。应确定能力验证的目的,根据要求来选择技术水平高、经验丰富、具有较强分析和解决问题的人员来承担;组织好对拟选择方法的验证工作,熟悉方法的原理、每一个试验步骤、试验中的注意事项,包括结果计算等内容;同时还应关注设备的核查、试剂和标准物质的准备等。

(2)实施过程中的测试。从收到样品开始,关注对样品的包装、完好性以及储存运输条件的检查;注意作业指导书中关键过程信息,包括测量单位、有效数字或小数位数等,同时注意对照检查与指定方法试验条件(如称样量等)的一致性;最终组织好内部数据的整理、审核及结果的报告。

(3)完成后结果的处理。获得能力验证满意结果,是对机构技术能力的一种有效证明。获得能力验证结果后,机构应及时地组织分析评价。对于能力验证组织方反馈的评定结果,特别是出现可疑结果和不满意结果时,机构应结合使用标准的要求分析评价该项目能力的使用范围,必要时采取暂停该项目检测活动、分析原因、启动纠正措施等工作。

近年来,我国检验检测资质认定主管部门高度重视和运用能力验证手段,省级以上市场监督管理部门可以根据工作需要,定期组织检验检测机构能力验证工作,并公布能力验证结果。检验检测机构应当按照要求参加规定的能力验证工作。

(1)总局能力验证活动。自2005年起,国家市场监督管理总局(以及国家认监委)都会在社会广泛关注的重点领域组织能力验证活动。通常会在每年的3月至4月下达能力验证活动的计划,具备相关项目(参数)检测能力的国家级资质认定检验检测机构应当参加能力验证项目。能力验证费用由国家市场监督管理总局承担。其他机构也可以自己选择合适的项目参加。

(2)省局能力验证活动。近年来,湖北省市场监督管理局(原湖北省质量技术监督局)也在重点领域组织了每年度的能力验证活动。通常也是在每年4月下达能力验证活动的计划,全省所有获得本次能力验证项目检验检测资质的检验检测机构必须参加,能力验证项目不收取费用。其他机构也可以自己选择合适的项目参加。

(3)其他能力验证活动。中国合格评定国家认可委员会(CNAS)根据国际实验室认可合作组织(ILAC)、亚太认可合作组织(APAC)相关要求制定了能力验证政策和要求。寻求CNAS认可和已获准认可的机构必须满足CNAS的能力验证相关政策,并按照CNAS能力验证领域、频次要求参加能力验证。各机构可以结合检测能力开展的具体情况及需求选择合适能力验证提供者组织的项目来参加。表6-1是能力验证相关资料。

表6-1 能力验证相关资料

能力验证相关资料	CNAS-CL03:2010《能力验证提供者认可准则》(2019-02-20第二次修订)
	CNAS-CL04:2017《标准物质及标准样品生产者能力认可准则》(2019-02-20第一次修订)
	CNAS-GL032:2018《能力验证的选择核查与利用指南》
	CNAS-GL003:2018《能力验证样品均匀性和稳定性评价指南》
	CNAS-GL002:2018《能力验证结果的统计处理和能力评价指南》
	CNAS-RL07:2018《标准物质/标准样品生产者认可规则》
	CNAS-RL02:2018《能力验证规则》
	CNAS-RL06:2018《能力验证提供者认可规则》

（三）重点监管

在"双随机、一公开"监督检查的基础上，各级市场监督管理部门结合实际，对问题反映集中的环境监测、机动车检验等重点领域及重点区域，通过提高对应领域、区域抽查比例的方式实施重点监管。以某地级市为例，机动车检验检测机构抽查比例为100%，且每半年检查一次。

1. 重点监管范围

一是机动车检验检测机构。国务院于2018年7月3日公开发布的《打赢蓝天保卫战三年行动计划》中要求："严厉打击机动车排放检验机构尾气检测弄虚作假、屏蔽和修改车辆环保监控参数等违法行为"。机动车检验检测涉及人民群众生命财产安全，被国家市场监督管理总局列入一类风险机构。二是环境监测检验检测机构。《打赢蓝天保卫战三年行动计划》中要求："强化监测数据质量控制"，"开展环境监测数据质量监督检查专项行动，严厉惩处环境监测数据弄虚作假行为"。三是问题多发领域，即在各级检查中发现的、问题较为突出、出现频率较高的领域。如2019年湖北省市场监督管理局将水利工程检验检测机构列入重点监管领域。四是社会关切领域，即根据特殊时期、事件等确定的社会关注度高的领域。如新冠肺炎疫情时期，卫生疾控、食品等检测机构列入检查重点等。五是投诉举报类问题。对通过投诉举报、转办交办、数据监测等发现的具体问题，将开展针对性检查，对发现的问题线索依法依规处理。

2. 监管方式

各级市场监督管理部门仍然按照"双随机、一公开"要求开展监管，检查人员随机抽取，检查结果及时公开。同时，它是一种特殊形式的监管方式。其主要特点是重点监管范围的检测机构抽查比例更高，市、县一级可以达到100%。甚至为了便于管理或区别对待，有的地方将重点范围的检验检测机构单独建立数据库。

3. 监管重点

与"双随机、一公开"监管基本一致，部分重点领域会提出更多要求。如根据《交通运输部、工信部、公安部、市场监管总局关于印发常压液体危险货物罐车治理工作方案的通知》（交运发〔2021〕35号）要求，对常压危化品罐体检测机构及常压危化品罐车检测机构提出了更加具体的要求。

（四）信用监管

信用监管是市场经济规范发展的必然产物，是社会信用体系的主要抓手，同时满足优化营商环境和强化事中事后监管的总体要求，是下一阶段政府监管的发展方向。列入失信名单的检验检测机构，是监管部门事中事后监管的重点对象，一般开展全覆盖检查，并加大检查频次和检查力度。

1. 政策依据

党中央在《法治中国建设规划（2020—2025年）》中明确"加快推进社会信用立法，完善失信惩戒机制"。国务院办公厅出台《国务院办公厅关于进一步完善失信约束制度构建诚信建设长效机制的指导意见》（国办发〔2020〕49号）。国家市场监督管理总局先后发布《企业信息公示暂行条例》《市场监管管理严重违法失信名单管理办法》，要求对企业法人性质的检验检测机构的"行政许可准予、变更、延续信息"和"行政处罚信息"，应通过国家企业信用信息公示系统予以公示。为严格落实从业机构对检验检测结果的主体责任和产品质量连带责任，应健全对参与检验检测活动从业人员全过程责任追究机制，建立机构对检验检测结果负责任的制度，落实"谁出证、谁负责，谁签字、谁担责"。推行从业机构公开承诺和信息公示制度，建立从业机构及从业人员的诚信档案，完善永久退出和终身禁入等失信惩戒机制，提高违法失信成本。

2. 监管重点

传统监管手段存在信息不对称或信息获取不充分问题，往往需要进行全面排查来掌握相关机构信息，从而导致监管力量投入大，效率低，效果不佳。信用监管通过整合利用公共信用信息、市场信用信息、投诉举报信息、互联网信息，充分采集监管对象的相关信息，利用大数据、人工智能等新一代信息技术，按照信用状况对监管对象进行分级分类，为实施差别化管理提供依据，能够营造"守信处处激励、失信寸步难行"的良好氛围。

目前，信用监管处于基础建设阶段，主要方式是各级市场监督管理部门将较严重违法违规行为上传至各级信用平台，将相关检验检测机构列入失信名单，迫使违法违规机构不能参与公开招投标项目，进而引导各机构强化诚信意识。

3. 信用修复

市场监管系统信用平台的信息在不断补充，行政处罚信息会在平台中公示，这种方式对检验检测机构在经济上、名誉上都可以形成强烈管制。根据相关法律法规要求，目前，发改系统信用平台（信用中国、信用湖北等）按信用修复程序移出严重违法失信名单，最少需要满3个月。市场监管系统信用平台（国家企业信用信息公示系统）按信用修复程序移出严重违法失信名单，最少需要满1年。

（五）分类监管

分类监管是一种基于信用监管体系、运行风险等的差异化、科学监管体系，有利于提升监管有效性和及时性。分类监管对象同时适用于"双随机、一公开"监管和重点监管。各级市场监督管理部门可以合理运用分类监管理念，对不同风险等级、不同信用状况的检验检测机构采取不同的抽查比例。

1. 政策依据

《检验检测机构监督管理办法》(第39号令)第十九条明确,"省级市场监督管理部门可以结合风险程度、能力验证及监督检查结果、投诉举报情况等,对本行政区域内检验检测机构进行分类监管"。国家认监委有关负责人在对新修订的《检验检测机构资质认定管理办法》(第163号令)进行解读时提出,要建立检验检测机构诚信档案,根据机构信用等级实施分类监管,公布"红名单"和"黑名单"。

2. 监管方式

目前已发布有两个推荐性国家标准——GB/T 31880—2015《检验检测机构诚信基本要求》、GB/T 36308—2018《检验检测机构诚信评价规范》。依据《检验检测机构资质认定分类监管实施意见》,将检验检测机构分为A、B、C、D四个级别并明确评价标准,逐步建立监督管理档案,并据此实施不同的监管频次和管理方式。原则上,对A类检验检测机构予以"信任",B类检验检测机构予以"鼓励",C类检验检测机构予以"鞭策",D类检验检测机构予以"整顿"。具体来说,A类每三年检查一次,B类每两年检查一次,C类每一年检查一次,D类每一年不少于两次。

市级市场监督管理部门还可以充分发挥行业协会作用,通过行业自律推进分类监管,即由行业协会对各细分行业检验检测机构运行情况组织开展自查,对明显不具备技术能力的、存在违法违规现象的机构,提交市场监督管理部门重点监管。

四、监督检查情况分析

(一)国家级及省级市场监督管理部门近两年来的监督检查情况

根据检验检测机构资质认定管理的相关要求,国家市场监督管理总局和各省市市场监督管理局每年都开展了检验检测机构的各类监督检查工作。下面介绍一下2020年度和2021年度国家级和省级市场监督管理部门开展监督检查的具体情况及发现的主要问题。

1. 2020年国家级资质认定检验检测机构监督抽查情况

2021年3月15日,国家市场监督管理总局发布了《市场监管总局、自然资源部、生态环境部、国家药监局关于2020年度国家级资质认定检验检测机构监督抽查情况的通告》(2021年第9号),通报了对300家国家级资质认定检验检测机构监督抽查的结果。

具体情况如下:

(1)注销资质认定证书的机构8家。

(2)对存在基本条件和技术能力不能够持续符合资质认定条件和要求、出具的检验检测数据和结果失实、超资质认定能力范围出具报告等问题的21家机构责令整改,整改期限不超过3个月,整改期间不得向社会出具具有证明作用的检验检测数据、结果。同时交属地市场监督管理部门依法进一步处理。

(3)对存在使用已失效的资质认定标志和转让出租出借资质认定证书和标志等问题的3家机构责令改正。同时交属地市场监督管理部门依法进一步处理。

(4)对存在未依据标准或者技术规范规定的程序和要求出具检验检测数据和结果、未按照规定管理保存原始记录、未按照规定分包等问题的115家机构,责令其1个月内改正。

抽查主要问题包括:

(1)不满足运营条件、未开展检验检测业务活动的机构8家。

(2)基本条件和技术能力不能够持续符合资质认定条件和要求的机构2家。

(3)出具的检验检测数据、结果失实的机构2家。

(4)超出资质认定能力范围出具报告的机构17家。

(5)使用已失效的资质认定标志的机构2家。

(6)转让、出租、出借资质认定证书和标志的机构1家。

(7)其他存在未依据标准或者技术规范规定的程序和要求出具检验检测数据结果、未按照规定管理保存原始记录、未按照规定分包等问题的机构115家。

2. 2021年国家级资质认定检验检测机构监督抽查情况

2022年4月6日,国家市场监督管理总局发布了《市场监管总局、自然资源部、生态环境部、水利部、国家药监局关于2021年度国家级资质认定检验检测机构监督抽查情况的通告》(2022年第9号),通报了对300家国家级资质认定检验检测机构监督抽查的结果。

具体情况如下:

(1)现场检查前已主动申请注销资质认定证书的机构5家。

(2)涉嫌出具不实、虚假检验检测报告的机构9家。

(3)存在超出资质认定证书规定的检验检测能力范围出具检验检测数据、结果的机构9家。

(4)其他为存在未按规定办理变更手续、未按规定分包检验检测项目等一般性违规问题的机构71家。

抽查主要问题包括:

(1)严重违法违规问题。一是出具虚假检验检测报告。本次监督抽查发现的主要情形有未经检验检测出报告,伪造、变造原始数据、记录,减少、遗漏或者变更标准等规定的应当检验检测的项目。二是出具不实检验检测报告。本次监督抽查发现的主要情形有未按照标准等规定传输、保存原始数据和报告,违反国家强制性规定的检验检测方法要求导致数据、结果存在错误或无法复核。三是超出资质认定证书规定的检验检测能力范围,出具检验检测数据、结果。

(2)一般性违规问题。一是未按规定及时办理变更手续。二是未按规定分包检验检测项目或者应当注明而未注明分包情况。三是未按照国家有关强制性规定的检验检测规程或方法进行检验检测。四是未在检验检测报告上加盖检验检测机构公章或者检验检测专用章。五是未经授权签字人签发或授权签字人超出其技术能力范围签发报告。

(3)普遍性问题。本次监督抽查发现的机构存在的普遍性问题,虽不构成违法违规,但需要通过说服教育、提醒纠正等手段督促机构自行改正。一是原始记录不规范。部分机构存在原始记录信息不充分、不完整现象。二是法律法规不熟悉。对《检验检测机构监督管理办法》和《检验检测机构资质认定管理办法》要求掌握不全面,理解不准确。三是内部管理不科学。主要表现为设备标识管理不规范,设备状态标识不统一,内部标识使用不严谨,样品流转、存储不满足标准规范要求等。

3. 2020年度省级资质认定检验检测机构监督检查情况

依据《市场监管总局 自然资源部 生态环境部 国家药监局关于组织开展2020年度检验检测机构监督抽查工作的通知》(国市监检测〔2020〕75号)要求,2020年12月,湖北省市场监督管理局通报了2020年度对105家省级资质认定检验检测机构监督抽查的结果。

具体情况如下:
(1)建议自行改正通过的机构52家。
(2)建议责令改正、未改正处以罚款的机构32家。
(3)建议责令整改、改正,并处罚款,未改正撤销资质的机构10家。
(4)另有7家机构处于"关停并转"状态,建议"注销资质认定证书"。
抽查主要问题包括:
(1)主体责任意识不强。主要涉及变更、分包等不符合要求的问题。
(2)实验室管理不规范。主要涉及场所环境、样品、标准物质管理以及设备校准、使用记录等问题。
(3)检验检测报告和原始记录不够规范。主要涉及未严格按标准检验、记录信息不完整、报告与记录不一致等问题。
(4)质量管理体系运行不足。主要涉及体系文件的编制、标志的使用等问题。
(5)其他涉嫌违法违规行为。主要涉及基本条件和技术能力不能技术满足要求、未按规定参加能力验证、授权签字人违规签发报告等问题。

4. 2021年省级资质认定检验检测机构监督抽查情况

2021年11月20日,湖北省市场监督管理局发布了《湖北省市场监督管理局关于2021年检验检测机构"双随机、一公开"监督抽查工作的通报》,通报了120家省级资质认定检验检测机构监督抽查的结果。

具体情况如下:
(1)21家机构自行改正后通过。
(2)43家机构依据39号令第二十五条处理。
(3)5家机构依据39号令第二十六条第(一)款处理。

(4)14家机构依据39号令第二十六条第(二)款处理。

(5)22家机构依据163号令第三十五条处理。

(6)8家机构因已接受总局检查或关停并转等其他原因未实施现场检查。

抽查主要问题包括：

(1)资质认定方面。一是部分机构未按要求办理法人代表、最高管理者、技术负责人、授权签字人、标准、地址等事项变更。二是个别机构分场所营业执照公司名称与资质认定证书名称不一致。三是个别机构涉嫌存在超出资质认定证书能力附表范围出具报告等违法违规行为。四是部分机构报告未正确使用资质认定标志。

(2)管理体系方面。一是部分机构管理体系文件、自我申明未及时按最新要求修订。二是部分机构公正性声明发布不规范。三是部分机构管理体系运行不完善，存在人员管理、文件管理、分包、内部审核、管理评审、日常质量监督、质量控制实施不规范的情况，个别机构存在"两张皮"现象。

(3)仪器设备、设施和场所环境方面。一是个别机构仪器设备、设施、标准物质、场所环境不能满足检验检测技术要求。二是部分机构仪器设备未及时按要求进行量值溯源。三是部分机构仪器设备的标识、期间核查、维护保养等管理不规范、记录不全。四是部分机构未对场所环境进行有效监控和记录。

(4)报告及原始记录方面。一是个别机构涉嫌存在虚假报告等违法违规行为。二是部分机构未严格依据相关标准或者技术规范规定的项目、程序和要求进行检测。三是部分机构报告和原始记录不规范，存在信息不完整、错误等问题。四是部分机构未按要求保存报告、原始记录和电子数据。

(二)检验检测机构应对外部检查的准备工作

国家市场监督管理总局及湖北省市场监督管理局近年来组织的监督抽查工作，主要关注生态环境监测、机动车检验、食品和医疗器械等重点领域，以打击"弄虚作假"等严重违法违规行为作为重点目标。针对抽查结果的处理，各级市场监督管理部门均按照"163号令修正案"及"39号令"等相关法律法规的要求进行。若监督检查中发现了不实和虚假检验检测等问题，则要严格依据《中华人民共和国产品质量法》《中华人民共和国食品安全法》《中华人民共和国道路交通安全法》《中华人民共和国大气污染防治法》《医疗器械监督管理条例》《化妆品监督管理条例》等法律法规进行查处。

检验检测机构应随时关注行业政策变化，了解各类监督检查的实施流程，在确保日常质量管理体系正常运行的前提下，注意整理保存机构的统计年报、能力验证等满足监督管理部门要求的全部证据。下面结合湖北省市场监督管理局组织实施的2022年度省级检验检测机构"双随机 一公开"监督检查工作的开展，依据《2022年度检验检测机构双随机、一公开(监督)检查表》的要求介绍一下检验检测机构在应对检查时的重点准备工作。

2022年度省级检验检测机构"双随机 一公开"监督检查主要检查内容包括基本情况、变更情况、报告和原始记录、能力与过程、样品管理、分包情况、能力验证、证书标志使用、耗材使用情况,共计 9 个方面 34 条内容。

1. 基本情况

检查主要内容:

(1)机构是否完成自查,是否填写 2022 年度检验检测机构自查表。

(2)省级资质认定证书是否在有效期内,确认机构的名称和主体是否与资质认定证书相符合。

(3)异地分支机构或多场所是否取得资质认定或在同一资质认定证书范围内。

(4)抽查部分管理体系运行记录,是否能够证明其基本条件和技术能力持续符合资质认定条件和要求。

机构主要自查准备:机构自查自纠并在统计直报系统中完成结果的提交,查看证书是否在有效期内,对照抽查的报名情况核查一下对外出具报告的名称及地址与证书信息是否一致。还要看内部审核及管理评审的记录是否齐全,对照一下近两年的记录信息是否存在雷同情况,内部审核的依据是否包括 RB/T 214 等相关要求,管理评审的输入、输出信息是否充分,是否有跟踪改进建议的记录。

2. 变更情况

检查主要内容:

(5)机构名称、地址、法人性质等出现变化,是否按要求办理变更手续。

(6)法定代表人、最高管理者、技术负责人、检验检测报告授权签字人等出现变化,是否按要求办理变更手续。

(7)检验检测标准或者检验检测方法发生变更的,是否按要求办理变更手续。[客观因素包括但不限于以下情况的除外:①新旧标准同时存在于能力附表中;②机构已申请变更,但资质认定部门还未批复(备案);③无法取得相关标准文本等。]

机构主要自查准备:对照证书授权内容核查机构是否名称、地址、关键人员等发生重大变化情况;结合机构所属领域内的主要标准变更核查机构对方法变更的备案情况。

3. 报告和原始记录

检查主要内容:

(8)是否制定检验检测报告和原始记录保存期限不得少于 6 年的规定。每个领域随机抽取 10 份自 2016 年 6 月 1 日至检查当日的报告和原始记录,检查是否保存完整。

(9)报告是否由授权签字人签发,报告的专业领域是否在授权签字人的被授权范围内。

(10)人员不在岗期间,报告和原始记录上是否存在不在岗人员签名的情况。

(11)所抽取的报告,是否存在对应的原始记录,载明的时间与存档原始记录的时间是否一致。

(12)检查原始记录、仪器设备管理档案、环境监测记录、标准物质使用情况等,核对现场相关的设备、设施、环境、检验材料、标准物质等是否一致。

(13)是否未按照标准等规定传输、保存原始数据和报告,出现数据、结果存在错误或无法复核的情况。

(14)对能够自动保存电子记录或数据的仪器设备,检查其是否按要求保存记录或数据。

(15)是否减少、遗漏或者变更标准等规定的应当检验检测的项目。

(16)是否改变对检验检测报告产生影响的环境、设备等关键检验检测条件。

(17)是否未经检验检测,直接出具检验检测数据、结果。

(18)是否存在伪造、编造原始数据、记录。

机构主要自查准备:查看体系文件对报告和记录保存的要求,对照存档的业务台账抽查近6年报告的保存情况;重点关注报告对照与协议书、原始记录及设备使用记录信息的一致性;重点对照发证附表中授权签字人的信息核查授权签字人签发报告的情况,关注报告时间的逻辑关系,是否有不实或虚假情况,并要对照标准及协议书检查项目的符合性。

4. 能力与过程

检查主要内容:

(19)报告中的检验检测依据(标准、技术规范、方法或项目参数等)是否在资质认定证书能力附表范围内。

(20)报告和原始记录中涉及的关键检验检测设备,是否存在明显不满足检验检测相关标准或技术规范的情况。

(21)检验检测环境条件和人员是否存在不符合标准或技术规范要求的情况。

(22)是否使用未经检定或者校准的仪器、设备、设施出具检验检测报告,出现数据、结果存在错误或无法复核的情况。

(23)是否按照国家有关强制性规定的样品管理、仪器设备管理与使用、检验检测规程或者方法、数据传输与保存等要求进行检验检测。

机构主要自查准备:对照产品标准指定的方法要求核对记录信息的相关性,核查报告中采取的标准是否在已发证的授权证书附表范围内;设备的配备及量值溯源是否满足要求,关键的配套辅助设备设施是否配备到位,对照设备台账信息核查检定或校准情况;环境条件和人员是否满足标准或技术规范中的情况,对照检查环境条件的配置及对环境条件监控的情况和人员的技术档案及相应的人员考核授权情况;关注涉及强制性国家标准或行业强制性规定的检验检测活动时,核查样品台账、设备使用、过程记录等是否符合规定要求。

5. 样品管理

检查主要内容:

(24)是否存在样品的采集、标识、分发、流转、制备、保存、处置不符合标准等规定,是否存在样品污染、混淆、损毁、性状异常改变等情形,是否出现数据、结果存在错误或无法复核的情况。

(25)是否存在调换检验检测样品或改变其原有状态,进行检验检测并出具检验检测数据、结果的情况。

机构主要自查准备:查看样品管理台账中的收样、领样、分发及处置等流程的记录是否齐全;关注样品间及实验室内流转样品的状态标识及唯一性标识情况。

6. 分包情况

检查主要内容:

(26)如有分包,是否分包给依法取得资质认定并有能力完成分包项目的检验检测机构。

(27)报告中是否按规定标注了分包方名称、分包项目等分包情况。

(28)分包是否有业务委托人的书面同意。是否有其他管理文件另有明确规定不能分包的情况,如CCC检测项目不得分包。

机构主要自查准备:分包方的资质及评价;分包与委托方之间的记录;报告中分包信息的说明。

7. 能力验证

检查主要内容:

(29)机构是否已按照规定参加省级以上市场监督管理部门组织的能力验证或比对。

机构主要自查准备:对照总局及省局近两年能力验证计划安排及机构资质授权情况查看机构参加能力验证活动情况;是否对结果进行了分析,尤其关注出现不满意结果时是否采取了相应的措施。

8. 证书标志使用

检查主要内容:

(30)存在转让、出租、出借、伪造、变造、冒用资质认定证书或标志的情况。

(31)出具报告时间是否在资质认定证书有效期内,或是否使用被撤销、注销的资质认定证书或者标志。

(32)是否存在整改期内出具加盖资质认定标志检验检测报告的情况。

(33)报告上未加盖检验检测机构公章或者检验检测专用章,或伪造检验检测机构公章或者检验检测专用章。

机构主要自查准备:对照授权证书附表核查报告的标志使用情况,重点关注报告中检验依据是否在授权证书附表的能力范围内,授权签字人是否在授权证书附表的授权签字人名单及对应领域内;针对未授权项目的报告是否使用了CMA标识,是否按规定在报告显著位置注明"相关项目未取得资质认定,仅作为科研、教学或内部质量控制之用"或类似表述;关注在外部网站等使用资质认定证书或附表时,其公示使用的版本与发证证书的一致性。

9. 耗材使用情况

检查主要内容:

(34)标准物质、化学试剂等耗材的使用数量和购置时间是否存在明显不符合实际的情况。

机构主要自查准备:对照机构业务台账及报告,查看所涉及使用标准物质的采购、使用情况的匹配性。

第二节 机构内部管理建议

对于获得资质认定的检验检测机构,内部在建立和保持管理体系时,应结合机构自身实际,定期识别机构内部运行风险点,不断规范各项从业活动,以确保检验检测数据、结果的真实性和准确性。

一、机构内部运行风险点

RB/T 214《通用要求》的4.5.10"纠正措施、应对风险和机遇的措施和改进"中提到:"检验检测机构应考虑与检验检测活动有关的风险和机遇,以利于:确保管理体系能够实现其预期结果;把握实现目标的机遇;预防或减少检验检测活动中的不利影响和潜在的失败;实现管理体系改进。检验检测机构应策划:应对这些风险和机遇的措施;如何在管理体系中整合并实施这些措施;如何评价这些措施的有效性。"

检验检测机构在建立健全和有效运行管理体系的基础上,应结合检验检测工作实际情况,把握检验检测工作前、中、后3个过程中的关键环节,做好风险管理工作。下面结合"39号令"的第十三条及第十四条中所列出的不实检验检测报告和虚假检验检测报告情形,分别从样品管理、设备管理、方法控制、原始记录、报告和管理体系6个方面列举一下机构在内部运行过程中可能存在的主要风险点。

(一)样品管理的风险

用于检验检测的样品是机构的"料",同时也是"客户的财产",保护其完整性是检验检测的需要,也是保护客户机密和所有权的需要,更是机构证明诚信服务的需要,检验检测机构在样品管理过程中重点要关注样品全生命周期的管理。"39号令"的第十三条第(一)款中将"样品的采集、标识、分发、流转、制备、保存、处置不符合标准等规定,存在样品污染、混淆、损毁、性状异常改变等情形的",并且数据、结果存在错误或者无法复核的,列举为不实检验检测报告情形,第十四条第(四)款中将"调换检验检测样品或者改变其原有状态进行检验检测的"列举为虚假检验检测报告情形。

机构在样品管理环节可能存在的风险主要包括:
(1)样品的接收记录信息不全;
(2)样品流转过程中无编号标识和状态标识;
(3)制备后的样品试件无编号标识;
(4)样品的制备或养护过程不满足标准要求或记录信息不全;
(5)样品的流转及处置信息不全;

(6)样品的储存条件不满足要求;
(7)样品的储存条件无监控记录。

【典型案例】

玻璃检测室内堆放 20 多个装有啤酒瓶、保温瓶等样品的大纸盒,其中装有已完成检测的啤酒瓶样品的纸盒上未明确样品状态标识,纸盒内的啤酒瓶样品也缺少唯一性标识(样品编号)。

来源说明:考虑资质认定与 CNAS 实验室认可管理体系运行要求基本一致,本章列举的案例均借鉴 CNAS 通报的典型案例进行整理。

（二）设备管理的风险

设备是实现检验检测的主要技术手段,是检验检测活动所必需并影响结果的仪器、软件、测量标准、标准物质、参考数据、试剂、消耗品、辅助设备或相应组合装置等的总称,设备的正确选择、配备、使用和维护直接关系到检验检测数据的可靠性和准确性。应重点关注设备的量值溯源以及结果的确认工作。"39 号令"的第十三条第（二）款中将"使用未经检定或者校准的仪器、设备、设施的",并且数据、结果存在错误或者无法复核的,列举为不实检验检测报告情形。

机构在设备管理环节可能存在的风险主要包括:
(1)缺少关键设备、标准物质、辅助设备;
(2)设备参量不满足标准要求;
(3)标准物质的储存不符合规定要求;
(4)新设备或搬迁后的设备未组织验证;
(5)设备未组织校准,或者校准的参量不满足使用要求;
(6)设备的档案中缺少验收记录、使用和维护记录等信息。

【典型案例】

2019 年,CNAS 对重庆某检测公司投诉调查时发现,实验室熔体流动速率仪的校准证书显示:仅校准了 190 ℃温度点,而未校准 PP 测定温度 230 ℃及规程要求的温度梯度、切割时间、口模直径、砝码等参数。用于管材拉伸断裂伸长率测定的电子万能试验机的引伸计也未进行校准。

（三）方法控制的风险

检验检测机构应使用适合的方法和程序进行检验检测工作,包括样品的抽样、处理、运输、储存和准备,包括测量不确定度的评定以及使用统计技术进行数据分析。应重点关注强制性规定的检测方法的使用。"39 号令"的第十三条第（三）款中将"违反国家有关强制性规定的检验检测规程或者方法的",并且数据、结果存在错误或者无法复核的,列举为不实检验检测报告情形。第十四条第（三）款中将"减少、遗漏或者变更标准等规定的应当检验检测的项目,或者改变关键检验检测条件的"列举为虚假检验检测报告情形。

机构在方法控制环节可能存在的风险主要包括:

(1)使用的方法与指定要求不一致,也无相关的说明;
(2)有必要编制方法作业指导书来指导检测过程时未编制相关的技术文件;
(3)方法的偏离未按规定进行技术判断及授权;
(4)标准方法的有效性跟踪不及时;
(5)新方法或变更后的方法未组织方法验证;
(6)检测过程中的称样量、检测次数、质控、数据处理等不符合规定要求。

【典型案例】

2017年,CNAS对某化肥农药农膜商品质量检测中心投诉调查时发现,实验室出具的9份报告中,均采用HG/T 3276—1999《腐植酸铵肥料分析方法》进行腐植酸的检测,而该标准已于2013年6月1日就被HG/T 3276—2012《腐植酸铵肥料分析方法》所代替。该机构未能有效识别该标准已变更情况,且依旧使用作废标准开展检测(且使用了CNAS标识)。

(四)原始记录的风险

检验检测活动的过程记录是进行检验检测所得数据和信息的累积,每项检验检测原始记录应包含充分的信息以便在可能时识别不确定度的影响因素及在尽可能接近原条件的情况下复现。"39号令"的第十三条第(四)款中将"未按照标准等规定传输、保存原始数据和报告的",并且数据、结果存在错误或者无法复核的,列举为不实检验检测报告情形。第十四条第(二)款中将"伪造、变造原始数据、记录,或者未按照标准等规定采用原始数据、记录的",列举为虚假检验检测报告情形。

机构在原始记录环节可能存在的风险主要包括:
(1)检验样品的准备、处置和制备到结果数据的处理等环节记录信息不充分;
(2)从笔记本上转抄检验记录;
(3)不规范的修改;
(4)原始记录缺失,尤其是方法验证时所进行的典型试验或质控时的原始记录;
(5)电子记录的保存及信息的一致性;
(6)检测记录与设备使用记录信息的一致性。

【典型案例】

2015年8月,CNAS对西安某实验室进行投诉调查时发现,实验室不能提供出3份检测报告对应的原始记录,无相关的声学检测设备和必需的力学性能检测夹具等设备,也没有相关项目检测分包的记录,且不能说明报告中结果数据的来源。

2018年8月,CNAS对浙江某实验室进行专项监督时发现,某份防火板委托单记录的单体燃烧性能样品数量为1组(1000 mm×1500 mm和500 mm×1500 mm两种尺寸各1块),经询问收样人员,与实际收样数量一致。但报告和原始记录中样品数量为3组(两种尺寸各3块);2份防火板燃烧增长速率指数和600 s内总放热量的手写原始记录有3次检测数据和1个平均值,但检测仪器中的检测值仅有1个与平均值一致的数值。

(五)报告的风险

质检报告是产品质量的"体检证"、消费行为的"安全证"、市场经济的"信用证"。报告的准确性和可靠性直接关系客户的切身利益和检验检测机构自身的形象。"163 号令修正案"的第十九条中指出:"检验检测机构应当在资质认定证书规定的检验检测能力范围内,依据相关标准或者技术规范规定的程序和要求,出具检验检测数据、结果。""39 号令"的第十四条第(一)、(五)款中分别将"未经检验检测的""伪造检验检测机构公章或者检验检测专用章,或者伪造授权签字人签名或者签发时间的",列举为虚假检验检测报告情形。

机构在报告环节可能存在的风险主要包括:

(1)无免责声明(客户提供的数据,仅对来样负责);

(2)报告缺少关键信息或信息错误,比如抽样日期、接受日期、检测日期、报告的发布日期等不齐全或出现逻辑上的错误;

(3)报告结果中带有非法定计量单位或者测量单位与方法要求不一致;

(4)非授权人签字或超范围签报告;

(5)超能力范围检验(主要有 3 种形式):①故意超能力范围检验;②标准变更后未及时进行验证和变更;③乱用 CMA 标识或用章;

(6)修改不规范。

【典型案例】

2007 年 7 月,CNAS 对检测实验室进行投诉调查时发现,实验室未进行检测,也未进行分包,出具了 1 份"起动用免维护铅酸蓄电池"检验报告和 1 份"固定型阀控密封式 GFMD"检验报告,报告中数据来自委托方沈阳某蓄电池有限公司的自测的两份报告,报告上使用了 CNAS 认可标识。

2018 年 8 月,CNAS 对深圳某实验室进行专项监督和投诉调查时发现,某份检测报告和原始记录有球压试验和灼热丝试验测试数据,但试验样品上没有测试或取样痕迹。经追查,试验员复述不出当时球压试验和灼热丝试验样品安装和试验过程情况,也提供不出对试验样品加工及进行状态调节的记录和证据,实验室承认未对该报告对应样品进行上述两项试验,而是抄录了其他样品的试验结果。

(六)管理体系不能持续满足要求的风险

检验检测机构的质量管理体系包括质量策划、质量控制(结果控制)、质量保证(过程控制)、质量改进。对于检验检测机构来说,建立管理体系,并且规范地去运行它,机构才能进入良性循环。"163 号令修正案"的第十八条中指出:"检验检测机构应当定期审查和完善管理体系,保证其基本条件和技术能力能够持续符合资质认定条件和要求,并确保质量管理措施有效实施。检验检测机构不再符合资质认定条件和要求的,不得向社会出具具有证明作用的检验检测数据和结果。"RB/T 214《通用要求》的 4.5.1"(管理体系)总则"中指出:"检验检测机构应建立、实施和保持与其活动范围相适应的管理体系,应将其政策、制度、计划、程序和指导书制定成文件,管理体系文件应传达至有关人员,并被其获取、理解、执行。检验检测机构管理体系至少应包括:管理体系文件、管理体系文件的控制、记录控制、应对风险和机遇的措施、改进、纠正措施、内部审核和管理评审。"

机构在管理体系环节可能存在的风险主要包括:

(1)管理体系文件不到位,缺少相应的规定,或者规定不完整、不符合要求;

（2）管理体系运作不到位，有文件规定但不按规定执行，或有文件规定但执行不到位，或有文件规定但执行不一致；

（3）管理体系运行效果不到位，质量管理和技术活动运行无记录，或质量管理和技术活动运行记录信息无效，或质量管理和技术活动运行记录信息缺失。

【典型案例】

某单位装修办公楼后，进行室内空气氨、甲醛、苯和 TVOC 检测。对涉及的委托实验室（采样）和分包方实验室（分析）进行调查时发现实验室管理体系多环节均出现问题。

（1）合同评审问题：委托方和检测单位（分包方）之间签署的委托协议中缺少检测方法标准的信息；实验室没有将分包安排以书面形式通知与委托方，也没有得到分包方的书面同意。

（2）分包方评价问题：被委托实验室缺少对分包方评价记录，分包方的授权能力"GB/T 18204.2—2014 8.2 氨 纳氏试剂法"，委托方出具报告中所写的方法是"GB/T 18204.2—2014 8.1 氨 靛酚蓝法"。

（3）采样问题：采样时到达现场采样人员 6 人，6 个采样点同时进行，其中在采样单签字 2 人，具有上岗证 1 人；现场提供的样品采集原始记录，仪器编号及通道栏为空项。

（4）检测过程偏离标准方法：分包方提供的甲醛标准曲线配制原始记录是 2 月份，而实际是在 5 月份进行检测；样品吸光度超出标准曲线最高点吸光度，实验室未进行稀释；分包方标准溶液用纯水稀释，与标准方法的介质不一致等。

（5）报告问题：实验室发出的报告氨项目测试依据"GB/T 18204.2—2014 8.1"与分包方的能力"GB/T 18204.2—2014 8.2"不一致；实验室苯检测依据"GB/T 11737—89"与分包方报告检测依据"GB/T 18883—2002 附录 B"不一致等。

（6）委托单、样品流转单、检测报告中检测项目参数不一致：委托单中检测项目参数为苯系物、甲醛、氨和 TVOC，样品流转单中为苯、甲醛、氨、TVOC，检测报告中为苯系物（实际只测定苯）。

二、机构从业规范

为了能更好地为社会提供服务，检验检测机构应该关注外部政策及行业相关要求，结合机构实际不断规范内部检验检测各项工作，并积极配合市场监督管理部门开展的监督检查工作，不断增强机构的责任意识。

关于检验检测从业规范，"39 号令"对检验检测机构在取得资质许可准入后的行为规范进行了系统梳理，明确了与检验检测活动的规范性、中立性等有重大关联的义务性规定，包括检验检测活动基本要求、人员要求、过程要求、送样检测规范、分包要求、报告形式要求、记录保存要求、保密要求、社会责任及行政管理要求等事中事后的管理。而对检验检测机构的许可准入程序及评定、能力维持要求等，仍由"163 号令修正案"进行调整。下面简要介绍人员管理、分包管理、变更备案、统计报送、证书管理、扩项申请这几个重点内容。

(一)人员管理

影响检验检测工作质量的诸多因素中,人员是其中最重要的因素。人员素质、合理的结构、适时的培训、严格的考核、有效的管理和监督,形成一个完整的人员管理体系。根据《国务院关于加强质量认证体系建设促进全面质量管理的意见》(国发〔2018〕3 号),要严格落实从业机构对检验检测结果的主体责任、对产品质量的连带责任,健全对参与检验检测活动从业人员的全过程责任追究机制。"39 号令"的第五条指出:"检验检测机构及其人员应当对其出具的检验检测报告负责,依法承担民事、行政和刑事法律责任。"检验检测机构及其人员应当独立于其出具的检验检测报告所涉及的利益相关方,不受任何可能干扰其技术判断的因素影响,保证其出具的检验检测报告真实、客观、准确、完整。

针对人员的管理,重点关注以下几个方面:

(1)从事检验检测活动的人员,不得同时在两个以上检验检测机构从业。

(2)授权签字人的管理。规范授权签字人的两级授权管理,机构的授权签字人应在机构资质认定授权附表中的人员名单及其对应的授权领域范围内签发报告,非授权签字人不得签发报告。

(3)人员能力的维持。机构除关注人员选择、人员培训、人员监督及人员授权管理等环节外,还应重点关注人员持续能力的监控,可以结合质控、现场见证、报告审核、模拟试验等方式,结合人员的岗位变动、方法的变更、设备的变化等实际情况来进行。

(二)分包管理

通常情况下,检验检测机构应独立完成合同要求的检验检测工作,特殊情况下机构可以选择以分包方式选择其他机构协助完成部分检验检测工作。"39 号令"第十条对分包有明确规定:"需要分包检验检测项目的,检验检测机构应当分包给具备相应条件和能力的检验检测机构,并事先取得委托人对分包的检验检测项目以及拟承担分包项目的检验检测机构的同意。

检验检测机构应当在检验检测报告中注明分包的检验检测项目以及承担分包项目的检验检测机构。"

针对分包的实施与管理,要注意以下几个方面:

(1)不能百分百的分包。常有些机构会问:"我们可以全部项目分包吗?"这个问题的答案是"不行!"。这是红线问题,如果机构自己不能承担其中任何项目的检测,我们可以直接帮忙客户寻找其他具备能力的机构来完成该项检验检测工作。

(2)选择分包给有资质并有能力的检验检测机构时,首先在合同评审环节需得到委托方的同意,并经分包方同意从该检验检测机构或实验室结果报告中摘取数据纳入本检验检测机构的报告中。最终机构在结果报告中须注明分包的项目,还应在报告上清晰注明分包机构名称和资质认定的证书编号,报告可以盖 CMA 章。

(3)选择分包给有能力但无资质认定授权的检验检测机构时,合同评审及数据的要求同上,最终机构在结果报告中也须注明分包的项目,还应在报告上清晰注明分包机构名称、机构资质未获授权,以及"相关项目未取得资质认定,仅作为科研、教学或内部质量控制之用"或类似表述,报告不能盖 CMA 章。

(4)检验检测机构不得将法律法规、技术标准等文件禁止分包的项目实施分包。比如:国家监督抽查不允许分包;司法鉴定不允许将抽样/取样、鉴定结果的分析和判断以及鉴定意见形成等重要工作进行分包;机动车检验和食品复检工作不允许分包。

(三)变更备案

检验检测机构出现机构名称、地址、法人、最高管理者、技术负责人、授权签字人、标准或检测方法发生变更,或资质认定检验检测项目取消的情况,应当向资质认定部门申请办理变更手续。办理变更手续前机构应注意完成以下几个方面的工作:

(1)暂停变更所涉及工作内容。机构应立即停止变更所涉及内容使用 CMA 标识,必要时发布暂停活动通知到相应的部门及人员,保留相关记录,待资质认定授权管理部门组织现场评审方式确认后,方可继续(恢复)在相应领域内使用相应标识。

(2)组织内部技术确认。机构应对涉及技术变化的内容组织好内部的技术确认工作。

涉及地址变更的,主要核查是机构的设备和实验室的环境是否能保持原来的状态。设备的核查的主要方法是校准、检定,也可以由机构自行进行核查,如测试标准物质核查,和其他设备比对核查等。对环境的核查主要是保证新搬迁的环境条件满足标准和仪器的要求,如电压满足设备的要求,温湿度满足相关测试标准的要求等。

涉及标准方法变更的,主要结合标准方法所涉及变更的内容,对照机构内部的实际情况,从"人、机、料、方、环、测"等关键环节进行评价,核查是否能满足变更后的标准方法的要求,必要时提出人员、设备、环境等资源补充的相关要求。

(3)办理变更申请。完成内容相关工作后,省内机构可通过政务服务网的检验检测机构申报端口完成变更的相应备案申报工作。通过湖北省政务网登陆(网址:http://zwfw.hubei.gov.cn/)选择"检验检测机构资质认定增项"进入申请环节,其他申报流程及相关要求同初次申请。

(4)恢复正常工作。待完成现场评审及后续的审批后,机构根据资质认定授权部门的审批意见,恢复启动变更所涉及的暂停工作。

(四)统计报送

"39 号令"第十六条对机构的统计报送自律方面提出了要求:"检验检测机构应当在其官方网站或者以其他公开方式对其遵守法定要求、独立公正从业、履行社会责任、严守诚实信用等情况进行自我声明,并对声明内容的真实性、全面性、准确性负责。

检验检测机构应当向所在地省级市场监督管理部门报告持续符合相应条件和要求、遵守从业规范、开展检验检测活动以及统计数据等信息。

检验检测机构在检验检测活动中发现普遍存在的产品质量问题的,应当及时向市场监督管理部门报告。"

(1)年度统计数据报送。国家统计局制定并发布了《检验检测统计调查制度》,国家市场监督管理总局(原国家质量监督检验检疫总局)自 2014 年开始在全国范围内开展了检验检测服务业统计工作,每年 1 月启动填报工作,各检验检测机构通过系统填报机构的人员、设备、科研、业务运行等各项数据,由各地方市场监督管理部门、行业管理部门及认可机构来进行最终数据的审核及整理,最终形成年度检验检测统计分析报告。总局通过召开新闻发布会的形式向社会发布每年度检验检测机构行业的统计分析情况。

(2)报告编号信息报送。为便于社会查询和监督,各检验检测机构还应通过统计直报系统定期上传检验检测报告编号。每季度的第一个月内,各检验检测机构需在检验检测统计直报系统中报送上一季度出具的全部有效检验检测报告编号。查询者通过国家市场监督管理总局网站首页"服务"—"我要查"—"认证认可检验检测"—"检验检测报告编号查询平台"进行检验检测报告编号查询。查询者在平台输入检验检测报告的编号,可查验出具该检验检测报告的检验检测机构名称、地址、资质认定证书以及出具该检验检测报告的时间等,进而可进行检验检测报告的跟踪查验,维护自身权益。

(五)证书管理

检验检测机构资质认定证书内容包括:发证机关、获证机构名称和地址、法律责任承担单位、检验检测能力范围、有效期限、证书编号、资质认定标志。

资质认定标志的整个图形由英文字母 CMA 形成的图案和资质认定证书编号组成。CMA 是 China inspection body and laboratory mandatory approval 的英文缩写。资质认定证书附表分两部分,第一部分是经资质认定部门批准的授权签字人及其授权签字范围,第二部分是经资质认定部门批准检验检测的能力范围。取得资质认定证书的检验检测机构,向社会出具具有证明作用的数据和结果时,必须在附表所限定的检验检测的能力范围内出具检验检测报告或证书,并在报告或者书中正确使用 CMA 标志。

根据"163 号令修正案"的相关规定,资质认定证书有效期为 6 年。需要延续资质认定证书有效期的,应当在其有效期届满 3 个月前提出复评审申请。复评审范围涉及资质认定要求的全部内容及机构获授权的全部技术能力。

为了优化行政审批事项管理,资质认定部门根据检验检测机构的申请事项、信用信息、分类监管等情况,采取书面审查、现场评审(或者远程评审)的方式进行技术评审,并作出是否准予延续的决定。对上一许可周期内无违反市场监管法律、法规、规章行为的检验检测机构,资质认定部门可以采取书面审查方式,对于符合要求的,予以延续资质认定证书有效期。

为确保证书有效延续,机构取得资质认定的证书管理重点要关注:对授权的能力进行有效的管理,以持续保持技术能力;对机构的质量管理体系进行有效的管理,以持续保持体系有效运行;在证书授权的能力范围内开展工作,在证书授权的机构名称、地址以及附表中指定的能力范围、授权签字人范围内出具检验检测报告。

未加盖资质认定标志(CMA)的检验检测报告、证书,不具有对社会的证明作用。检验检测机构接受相关业务委托,涉及未取得资质认定的项目,又需要对外出具检验检测报告、证书时,相关检验检测报告、证书不得加盖资质认定(CMA)标志,并应在报告显著位置注明"相关项目未取得资质认定,仅作为科研、教学或内部质量控制之用"或类似表述。

（六）扩项申请

检验检测机构获得资质认定授权后，可以在其授权范围内开展检验检测活动，出具的检验检测报告可以使用资质认定标识。在资质认定授权证书有效期内，机构也可以根据需要，在"资质认定管理清单"范围内向授权管理部门提出扩大授权范围的申请。扩项申请的范围主要包括：增加检测方法、依据标准/规范、检测项目/参数，增加检测场所，取消限制范围等。

资质认定授权管理部门可以在机构复评审时对机构提出的扩项能力进行评审，也可以根据机构的需要，单独安排扩项评审。扩项申请的评审流程与机构初次申请、复评审时流程相同，也需要经过申请、评审、批准等流程（可自主选择采取一般流程或者告知承诺方式）。

在扩项申请中需要注意的是：

（1）检验检测机构申请资质认定的能力范围包括方法标准、产品标准两部分，产品标准中引用的方法标准应单独取得资质认定。

（2）法律、行政法规规定应当取得资质认定的事项清单，由市场监管总局制定并公布，并根据法律、行政法规的调整实行动态管理。法律法规未规定应当取得检验检测机构资质认定的，如对于仅从事科研、医学及保健、职业卫生技术评价服务、动植物检疫以及建设工程质量鉴定、房屋鉴定、消防设施维护保养检测等领域的机构，无需取得资质认定，不再颁发资质认定证书。已取得资质认定证书的，有效期内不再受理相关资质认定事项，不再延续资质认定证书有效期。

（3）法律、行政法规对检验检测机构资质管理另有规定的，应当按照国务院有关部署和要求实施检验检测机构资质认定，避免相同事项的重复认定、评审。

（4）关于新旧标准换版保留旧标准问题的说明。为了便于开展产品质量监督抽查检验检测，满足相关执法监督需要，总局认可检测司在2020年3月《认可检测司关于新旧标准换版保留旧标准检验检测资质认定有关问题的复函》中明确，"允许检验检测机构在资质认定能力附表中保留或者依监督抽查文件申请扩增旧标准，相关扩项程序可依标准变更情形适当简化"。

扫描上方二维码观看
检验检测机构资质认定管理基础知识